조각투자(STO)로 건물주 되는 법

원제무

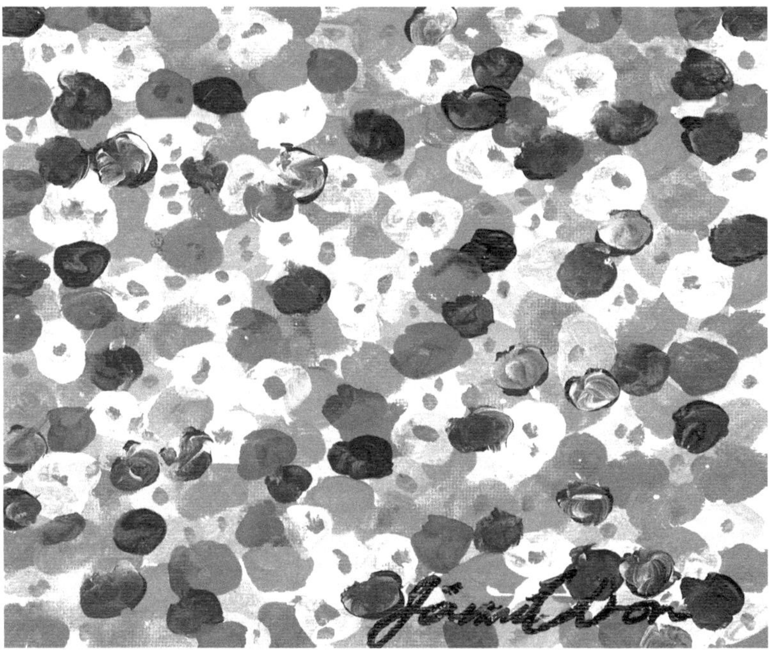

publishing and culture
피앤씨미디어

머리말

소유의 패러다임이 바뀌는 순간, 당신은 어디에 서 있는가?

인류는 오래전부터 땅과 건물에 대한 소유를 통해 부를 축적해왔다. 그러나 대한민국에서 '부동산'이라는 단어는 늘 양가적 감정을 불러일으킨다. 한편으로는 자산 증식의 가장 확실한 수단이자 세대 간 부의 이전을 가능케 하는 핵심 도구였지만, 다른 한편으로는 접근 불가능한 장벽과 계층 이동의 한계를 상징하는 무거운 현실이기도 했다. 강남의 빌딩, 여의도의 오피스텔, 도심 한복판의 상가는 언제나 '그들만의 리그'처럼 느껴졌고, 평범한 직장인과 청년들에게는 요원한 꿈에 불과했다.

그런데 지금, 역사적 전환점이 찾아왔다. 블록체인 기술과 자본시장의 혁신이 만나 탄생한 부동산 조각투자, 즉 증권형 토큰 발행(STO, Security Token Offering)은 부동산 소유의 문법을 근본적으로 재정의하고 있다. 수십억 원이 필요했던 빌딩 투자가 이제 커피 한 잔 가격으로 가능해진 것이다. 이는 단순한 투자 방식의 변화가 아니다. 자산에 대한 접근성의 대중화이며, 금융 포용성의 새로운 지평이고, 디지털 시대가 선사하는 경제적 평등의 실질적 구현이다.

'커피 한 잔 값으로 강남 빌딩의 주인이 된다'는 명제는, 한때 환상처럼 들렸으나 이제는 기술적 현실이 된다. 그러나 이 매혹적인 기회의 이면에는 낯선 용어와 복잡한 메커니즘, 그리고 식별해야 할 위험이 공존한다. 블록체인의 분산원장기술은 어떻게 거래의 신뢰를 보장하는가? 수많은 플랫폼 속에서 진정한 옥석을 가려내는 기준은 무엇이며, 실패하지 않는 투자를 위한 기초자산 분석의 핵심은 무엇인가?

본서는 교수로서 오랜 시간 도시부동산 프로젝트 파이낸싱과 투자를 연구해온 필자가, 이러한 시대적 변화를 목도하며 일반 투자자들에게 실질적 길잡이를 제공하고자 집필한 결과물이다. 부동산 STO는 아직 초기 단계에 있지만, 그 잠재력과 파급력은 실로 혁명적이다. 문제는 대중의 이해도와 정보 접근성이 여전히 낮다는 점이다. 전문 용어의 장벽, 기술적 복잡성, 규제 환경의 불확실성 등이 투자자들을 주저하게 만든다.

이 책은 그러한 장벽을 허물기 위해 61개의 가상사례를 통해 알기 쉽게 부동산 STO의 모든 것을 입체적으로 조망한다. 제1부에서는 STO의 개념적 토대와 기술적 메커니즘을 다룬다. 블록체인의 분산원장기술이 어떻게 거래의 투명성과 위·변조 불가능성을 보장하는지, 스마트 컨트랙트가 어떻게 수익 분배를 자동화하는지를 명확히 규명한다. 단순히 '새로운 투자 상품'이 아니라, 기술이 가져온 구조적 혁신임을 이해하게 될 것이다.

제2부는 실전 투자 가이드다. 플랫폼 선택부터 계좌 개설, 기초자산 가치분석, 매매 타이밍 포착까지 투자의 전 과정을 단계별로 안내한다. 특히 기초자산의 입지 분석, 임대수익률 계산, 감정평가보고서 독해 등 실무적 역량을 배양하는 데 중점을 둔다. 이론과 실제 사례를

결합함으로써, 독자는 단순한 지식 습득을 넘어 실제 투자 결정 능력을 갖추게 된다.

제3부는 전략과 리스크 관리를 심화한다. 안정적 배당 추구형부터 시세 차익 극대화형까지 투자 성향별 전략을 제시하고, 자산 유형·지역·만기 구조별 포트폴리오 분산 방법을 구체화한다. 또한 배당소득 과세, 금융투자소득세, 증여·상속 시 가치 평가 등 세금 전략과 자본시장법 하의 규제 체계까지 포괄한다. 투자는 수익 창출뿐 아니라 세후 순수익의 극대화와 법적 리스크 관리가 동반되어야 완성되기 때문이다.

본서의 가장 큰 특징은 61개의 가상사례를 통한 입체적 학습이다. 추상적 개념과 이론만으로는 실전 투자 역량을 길러낼 수 없다. 각 사례는 구체적 상황과 수치, 분석 과정을 담고 있어 독자는 마치 실제 투자를 경험하듯 학습하게 된다. 성공 사례뿐 아니라 실패 사례, 리스크가 현실화된 상황까지 포함함으로써 균형 잡힌 시각을 제공한다.

MZ세대는 이미 소유의 개념을 재정의하고 있다. 물리적 점유보다 경제적 효용을, 독점적 소유보다 유연한 분산을, 전통적 자산보다 디지털 자산을 선호하는 흐름은 거스를 수 없는 대세다. 부동산 STO는 바로 이러한 세대적 전환과 기술적 혁신이 만나 탄생한 필연적 산물이다. 인플레이션 헷지 수단으로 서의 효용, 글로벌 부동산 시장에 대한 접근성 확대, 유동성과 투명성의 동시 확보 등 STO가 제공하는 가치는 기존 투자 수단을 압도한다.

그러나 기회는 준비된 자에게만 온다. 기술적 이해 없는 맹목적 투자는 위험하며, 체계적 분석 없는 선택은 손실로 이어진다. 본서는 독자가 단순한 투자자를 넘어 '교양 있는 투자자(Informed Investor)'로 성장하도록 돕는다. 부동산 STO의 본질을 이해하고, 리스크를 관리하며, 장기적 관점에서 포트폴리오를 설계할 수 있는 역량을 갖춘 투자자 말이다.

이 책은 막연한 두려움으로 투자를 망설이는 입문자부터, 더 높은 수익률을 추구하는 기존 투자자에 이르기까지, '디지털 건물주'라는 새로운 정체성을 꿈꾸는 모든 이를 위한 정밀한 지도이다. 본서가 독자 여러분의 자산을 안전하게 증식 시키고, 디지털 금융 시대의 당당한 주역으로 나아가는 데 든든한 길잡이가 되기를 희망한다.

부동산 시장의 패러다임은 이미 변화하기 시작했다. 소액으로 우량 자산에 분산 투자하고, 블록체인이 보장하는 투명한 거래 기록 위에서 안심하며, 스마트 컨트랙트가 자동으로 배분하는 수익을 실시간으로 확인하는 시대. 그 시대의 문턱에서, 이 책은 독자 여러분에게 확신을 가지고 첫 걸음을 내딛을 수 있는 나침반이 되고자 한다.

건물주가 되는 꿈은 더 이상 소수의 특권이 아니다. 지식과 전략, 그리고 용기가 있다면 누구나 부동산 자산의 소유자가 될 수 있다. 본서가 그 여정의 동반자가 되기를 진심으로 바란다. 새로운 투자의 문 앞에서, 이제 당신이 그 문을 열 차례다.

차 례

제1부

새로운 투자의 문, 부동산 STO

제2부

성공적인 투자를 위한 실전 가이드

주제6 실패하지 않는 투자: 기초자산 가치분석

주제7 수익률 분석과 성과 평가

주제8 수익률 극대화: 매수와 매도 타이밍 포착법

제3부

투자 전략 및 리스크 관리와 세금 전략

주제9 나만의 투자 스타일 구축하기

주제10 부동산 STO 포트폴리오 분산 투자

제1부

새로운 투자의 문,
부동산 STO

주제 1

부동산 투자의 패러다임 전환, 조각투자(STO)란 무엇인가?

1

부동산 조각투자(STO)의 개념 및 등장 배경과 가상사례

1.1. 거대한 부동산을 내 손안에: 부동산 조각투자(STO)의 개념

서울 강남의 빌딩, 성수동의 핫한 상업 시설, 혹은 제주도의 아름다운 호텔. 과거 이러한 우량 부동산에 대한 투자는 막대한 자본을 가진 소수의 전유물로 여겨져 왔다. 그러나 이제 기술의 발전은 이러한 견고한 성벽에 균열을 내고, 새로운 투자의 지평을 열고 있다. 그 중심에 바로 "부동산 조각투자(STO, Security Token Offering)"가 존재한다.

부동산 조각투자는 말 그대로, 하나의 거대한 부동산을 피자 조각처럼 잘게 나누어 그 소유권을 주식처럼 판매하는 개념에서 출발한다. 하지만 이것이 단순한 공동 구매와 근본적으로 다른 이유는 '증권형 토큰(Security Token)'이라는 혁신적인 기술을 기반으로 하기 때문이다.

AI Painting "STO and Building"(drawn by ChatGPT)

"증권형 토큰(Security Token)"이란, 부동산과 같은 실물 자산에 대한 소유권, 지분, 수익 분배 청구권 등의 권리를 블록체인 기술을 활용하여 디지털 화한 것을 의미한다. 즉, 투자자는 부동산 등기부등본 대신, 위·변조가 불가능한 디지털 증서인 '토큰'의 형태로 자신의 지분을 소유하게 되는 것이다.

이는 단순한 멤버십이나 포인트 개념을 넘어, 자본시장법의 규제를 받는 명백한 '증권'으로서의 법적 지위를 가진다. 따라서 투자자는 법적 보호 아래 자신의 자산을 안전하게 소유하고, 배당수익을 얻거나 주식처럼 타인에게 매매할 수 있는 권리를 보장받게 된다.

따라서 부동산 STO는 "블록체인 기술을 통해 실물 부동산의 소유권을 디지털 증권의 형태로 '토큰화(Tokenize)'하여, 일반 대중이 소액으로도 부동산에 투자하고 그 권리를 유통할 수 있도록 만든 혁신적인 금융 기법"이라 정의할 수 있다. 이는 부동산 시장의 유동성을 극대화하고, 투자 기회의 민주화를 실현하는 중요한 전환점이 되는 것이다.

1.2. 왜 지금 STO인가? 시대적 요구와 기술의 결합

부동산 STO의 등장은 우연이 아닌, 경제, 기술, 사회적 변화가 맞물려 만들어낸 필연적 결과이다. 그 등장 배경은 다음과 같이 다각적으로 분석할 수 있다.

1.2.1. 경제적 배경: 넘을 수 없었던 투자의 벽

첫째, 천정부지로 치솟은 부동산 가격이다. 핵심 지역의 상업용 부동산은 수십, 수백억 원을 호가하여 개인 투자자의 접근을 원천적으로 차단해왔다. 이러한 상황에서 소액으로 우량 부동산에 투자하여 자산을 증식시키고자 하는 대중의 강력한 수요가 STO 시장의 태동을 이끌었다.

둘째, 장기화된 저금리 기조와 유동성이다. 은행 예금만으로는 자산 가치 하락을 방어하기 어려운 시대가 도래하면서, 투자자들은 전통적인 주식, 채권을 넘어 새로운 대체 투자처를 모색하게 되었다. 부동산 STO는 안정적인 임대수익과 자본 차익을 동시에 추구할 수 있는 매력적인 대안으로 부상한 것이다.

1.2.2. 기술적 배경: 블록체인이 선사한 신뢰와 효율성

AI Painting "STO in Blockchain"(drawn by Gemini)

부동산 STO를 가능하게 한 핵심 동력은 단연 블록체인(Blockchain) 기술이다. 블록체인의 분산원장 기술은 거래 기록을 중앙 서버가 아닌, 네트워크 참여자 모두가 공유하고 검증하게 한다.

(1) **투명성과 불변성**: 모든 소유권 이전 기록이 블록체인에 영구적으로 기록되어 위·변조가 불가능하다. 이는 투자자에게 강력한 신뢰를 제공하며, 거래의 투명성을 획기적으로 높인다.

(2) **자동화와 효율성**: '스마트 계약(Smart Contract)' 기술을 통해 임대료 배당, 소유권 이전 등의 절차를 프로그래밍된 조건에 따라 자동으로 실행할 수 있다. 이는 중개인을 최소화하여 거래 비용을 절감하고, 복잡한 프로세스를 단순화하여 효율성을 극대화한다.

1.2.3. 사회·제도적 배경: 변화하는 투자 패러다임

디지털 환경에 익숙한 MZ세대가 금융 시장의 주역으로 부상하면서, 비대면, 소액, 플랫폼 기반의 투자 방식에 대한 선호도가 높아졌다. 이들은 주식, 가상자산을 넘어 새로운 디지털 자산 투자에 대한 거부감이 적으며, STO는 이러한 세대의 투자 트렌드와 정확히 부합한다.

또한, 각국 금융 당국이 디지털 자산의 잠재력을 인식하고 관련 법규와 제도를 정비하기 시작한 것도 STO 시장의 성장을 촉진하는 결정적 계기가 되었다. 한국 역시 2023년부터 증권형 토큰의 발행 및 유통을 허용하는 가이드라인을 발표하며 제도적 기반을 마련하고 있다.

이처럼 부동산 STO는 높은 진입장벽이라는 시장의 '결핍'을 블록체인이라는 '기술'로 해결하고, 변화하는 세대의 '수요'와 정부의 '제도'가 결합하여 탄생한 시대적 산물인 것이다.

주요 조각투자 플랫폼

플랫폼명	투자 대상	투자 방식
뮤직카우	음악 저작권	음악저작권료 청구권을 쪼개서 매매, 매달 저작금 수익을 지분만큼 정산
뱅카우	소	송아지에 지분 투자한 뒤 성장한 소가 경매로 팔리면 지분만큼 수익 배분
카사	부동산	빌딩 등 부동산에 지분 투자한 뒤 임대료 수익을 배당받고, 매각 시 시세차익 실현
테사	미술품	유명 작가 미술품을 공동 구매한 뒤 경매 등으로 재판매해 시세차익 배분
트위그	수퍼카	페라리 등 수퍼카 공동 구매한 뒤 판매, 전시, 처분 등으로 얻는 수익 배분
트레져러	명품 시계, 가방, 와인 등	고가 제품에 지분 투자한 뒤 판매해 시세차익 배분

자료: 각 사 이코노미스트

이코노미스트 - STO 새 자금조달 수단 되나…선점 나선 증권가 [https://economist.co.kr]

1.3. 부동산 조각투자(STO) 방법별 비교 분석

구분	수익증권 기반 STO	지분증권 기반 STO	부채증권 기반 STO
목표	부동산 자산의 운영수익(임대료 등) 및 매각차익 공유를 통해 안정적인 현금흐름과 자본이득을 동시에 추구하는 것을 목표로 한다.	부동산 소유 법인(SPC, 리츠 등)의 주주가 되어 배당수익, 주가 상승에 따른 시세차익 및 의결권을 통한 경영 참여를 목표로 한다.	부동산을 담보로 한 대출 채권에 투자하여 약정된 이자수익을 안정적으로 확보하고, 만기 시 원금을 상환 받는 것을 목표로 한다.
분석방법 및 기술	현금흐름할인법(DCF), 자산가치평가(감정평가), 상권 및 입지 분석, 임대차 현황 분석 등을 활용한다. 블록체인 스마트 컨트랙트를 통해 수익 분배 규칙을 자동화하고 투명성을 확보한다.	기업가치평가 모델(EV/EBITDA 등), 주가수익비율(PER), 주가순자산비율(PBR) 등 전통적 주식 가치평가 및 재무 분석 기법을 적용한다. 블록체인은 주주명부 관리 및 의결권 행사에 활용될 수 있다.	담보인정비율(LTV), 총부채상환비율(DTI), 이자보상배율(ICR) 등 채권의 안정성 지표와 채무자의 신용도를 중점적으로 분석한다. 스마트 컨트랙트로 이자 지급 및 원리금 상환을 자동화한다.
역할	- 투자자는 신탁 계약에 따라 부동산으로부터 발생하는 수익을 받을 권리(수익권)를 보유하는 수익자의 지위를 갖는다. - 발행사는 자산 운용 및 관리 책임을 지는 수탁자 또는 자산관리회사가 된다.	- 투자자는 부동산 소유 법인의 주주로서 의결권, 이익배당청구권 등 상법상 주주의 권리를 가진다. - 발행사는 부동산 자산을 소유하고 운용하는 주식회사 형태의 법인이 된다.	- 투자자는 부동산 프로젝트에 자금을 공급하는 채권자의 역할을 수행한다. - 발행사는 자금을 조달하여 부동산을 개발하거나 매입하는 채무자가 된다.

장점	- 직관적인 구조로 이해 용이 - 안정적인 배당수익 기대 - 부동산 가치 상승 시 매각차익 공유	- 의결권을 통한 경영 참여 가능 - 기업 성장과 연계된 높은 수익률 기대 - 자본 이득의 잠재력 큼	- 확정된 이자수익으로 안정성 높음 - 선순위 채권의 경우 원금 회수 가능성 큼 - 시장 변동성에 대한 영향 비교적 적음
단점	- 의사결정 권한 제한 - 자산 매각 전 유동성 제약 가능성	- 기업 경영 리스크 내재 - 주가 변동성으로 인한 원금 손실 위험	- 기대수익률이 상대적으로 낮음 - 채무 불이행(디폴트) 리스크 존재
분석도구	- 부동산 가치평가 모델 (DCF, CCA) - GIS(지리정보시스템) - 빅데이터 기반 상권 및 임대료 분석 시스템 - 감정평가 보고서	- 재무제표 분석 툴 (DART 등) - 기업 신용평가 보고서 - 주식시장 분석 플랫폼 - 사업계획 타당성 분석 보고서	- 신용평가(Credit Scoring) 모델 - LTV/DTI 자동 계산기 - 부동산 담보가치 자동 산정(AVM) 시스템 - 법률 및 권리관계 분석 서류
부동산 활용예시	도심 핵심 상권의 중소형 오피스 빌딩: 건물에서 발생하는 임대수익을 투자자에게 분기별로 배당하고, 5년 후 건물을 매각하여 발생한 차익을 지분율에 따라 분배하는 프로젝트이다.	데이터센터 개발 프로젝트: 데이터센터를 소유하고 운영하는 특수목적법인(PFV)의 주식을 토큰 화하여 발행. 투자자는 배당과 향후 기업 가치 상승에 따른 자본 이득을 기대한다.	물류창고 신축 프로젝트 파이낸싱(PF): 물류창고 개발에 필요한 중순위 대출(메자닌론)을 토큰화하여 모집. 투자자는 프로젝트 기간 동안 매월 고정된 이자를 지급받고 만기에 원금을 상환 받는다.

1.4. 전통적 투자 방식과 부동산 STO의 비교

부동산 STO가 가져온 혁신은 기존의 부동산 투자 방식과 비교했을 때 더욱 명확하게 드러난다.

구분 항목	전통적 부동산 직접/간접 투자 (리츠 등)	부동산 조각투자 (STO)
최소 투자금액	수억 원 ~ 수십억 원(직접)/ 수백만 원 이상(리츠)	수천 원 ~ 수만 원의 소액으로 투자 가능
유동성(현금화)	낮음(매수자 탐색에 수개월 소요)/ 보통(주식시장 거래)	높음 (디지털 자산 거래소에서 24시간 실시간 거래 가능)

거래 투명성	제한적 (복잡한 등기 및 계약 절차)	매우 높음 (블록체인에 모든 거래 기록이 투명하게 공개)
거래 비용	높음 (중개수수료, 세금, 법무 비용 등)	낮음 (스마트 계약으로 중개 비용 최소화)
접근성	낮음 (전문 지식 및 정보 비대칭성 존재)	높음 (모바일 플랫폼을 통한 간편한 정보 확인 및 투자)
소유권 형태	부동산 등기 (직접)/주식(리츠)	증권형 토큰 (디지털화된 증권)

1.5. 가상사례: 대학생 A 씨, 성수동 카페 건물주가 되다

'저세상 힙' 성수역 4번 출구, 이젠 그곳에 MZ 몰린다 - 리얼푸드 https://www.realfoods.co.kr

1) **대상 자산:** 서울시 성동구 성수동의 트렌디한 F&B(식음료) 상업시설. 1층에는 유명 베이커리 카페, 2-3층에는 미슐랭 셰프의 레스토랑이 입점하여 안정적인 월 임대료 수익이 발생하고 있다. 해당 건물의 총 가치는 100억 원이다.

도시부동산을 전공하는 대학원생 A 씨는 전공 수업을 통해 도시 재생과 상권 활성화에 관심이 많다. 특히 그는 오래된 공장 지대가 독특한 문화 상업 공간으로 탈바꿈한 성수동의 잠재력을 높이 평가하며, 언젠가 이곳의 건물에 투자하는 것을 꿈꿔왔다. 하지만 수십억 원에 달하는 건물 가격은 그에게 현실의 벽처럼 느껴졌다.

2) **STO 플랫폼 앱을 만남:** 그러던 어느 날, A 씨는 'S-CUBE'라는 이름의 부동산 STO 프로젝트를 접하게 된다. STO 플랫폼 앱을 통해 그는 100억 원 가치의 해당 건물이 1토큰당 5,000원의 가치를 지니는 총 200만 개의 증권형 토큰(SCT, Seongsu-Cube Token)으로 발행된다는 사실을 알게 되었다. 플랫폼은 건물의 등기부등본, 감정평가서, 임대차 계약 현황, 예상 연간 배당수익률(5.5%)까지 투명하게 공개하고 있었다.

3) **법적으로 이 100억 원짜리 건물의 0.005% 지분을 소유한 '디지털 건물주'가 되다:** A 씨는 자신의 전공 지식을 활용하여 해당 건물의 입지와 미래가치를 분석했다. 그는 3개월간 아르바이트로 모은 50만 원으로 'S-CUBE' 프로젝트에 투자하기로 결심한다. 그는 앱을 통해 간편하게 100개의 SCT를 매수했다. 이제 그는 법적으로 이 100억 원짜리 건물의 0.005% 지분을 소유한 '디지털 건물주'가 된 것이다.

4) **첫 분기 배당금이 입금되다:** 3개월 후, A 씨의 모바일 지갑으로 첫 분기 배당금이 입금되었다. 건물 임대료 수익에서 발생한 이익이 스마트 계약을 통해 토큰 보유자들에게 자동으로 분배된 결과이다. 그는 커피 한 잔 값으로 시작한 투자가 실제로 수익을 창출하는 것을 보며 부동산 투자가 더 이상 먼 나라의 이야기가 아님을 체감한다.

5) **결과 및 시사점:** 1년 뒤, 성수동 상권이 더욱 활성화되면서 'S-CUBE' 건물의 자산 가치가 상승하자, SCT의 시장 가격도 1토큰당 5,800원으로 올랐다. A 씨는 보유한 토큰 중 절반인 50개를 시장에 매도하

여 8,000원의 시세 차익(50 × 800원, 수수료 제외)을 실현하고, 나머지 50개는 장기 보유하며 꾸준한 배당수익을 얻는 전략을 세운다. 그는 소액 투자 경험을 통해 거시적인 부동산 시장의 흐름과 자산 관리의 중요성을 몸소 배우는 귀중한 경험을 하게 된 것이다.

이 사례는 부동산 STO가 어떻게 개인의 투자 기회를 확장하고, 자본의 규모와 상관없이 누구나 우량 자산의 성과를 공유할 수 있는 시대를 열어가고 있는지를 명확하게 보여주는 것이다.

2

부동산 집합투자의 다양한 스펙트럼: 플랫폼, 공공, 그리고 커뮤니티

2.1. 대중화한 핵심 주체는 '루센트블록(Lucent Block)'과 같은 혁신적인 금융 플랫폼이다.

부동산 투자의 패러다임이 변하고 있다. 과거 부동산이 '소유'의 대상이었다면, 이제는 '경험'과 '참여'의 대상으로 진화하고 있다. 이러한 변화의 중심에는 고가의 부동산을 작게 나누어 다수가 공동으로 소유하는 '조각투자' 개념이 자리한다.

본 글은 일반 대중에게 가장 잘 알려진 증권형 토큰(STO) 플랫폼 사례부터, 그 개념을 확장하여 공공의 가치와 지역 커뮤니티의 가치를 실현하는 부동산 집합투자의 다양한 운영 사례들을 심층적으로 분석하고자 한다. 루센트블록의 '안국 다운타우너'가 상업적 성공 가능성을 입증했다

[맛있는부동산] "늦으면 투자 못해" 순식간에 완판 부동산 조각투자 https://www.fnnews.com

면, '대전창업스페이스'와 '전주 시화연풍'은 부동산이 창출할 수 있는 사회적, 문화적 가치의 스펙트럼을 보여주는 중요한 사례이다.

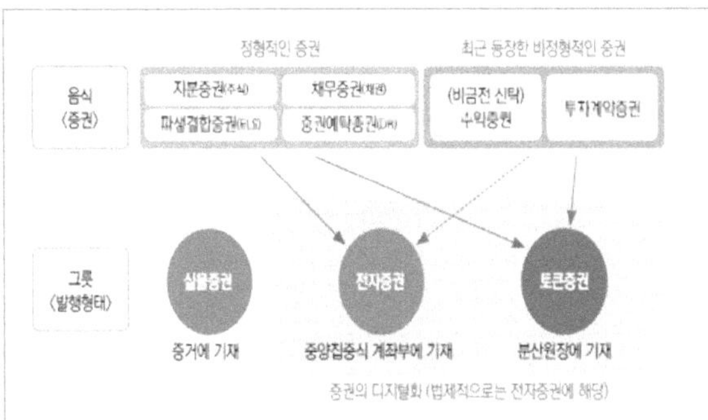

자료: 금융위원회. 2023. 토큰 증권(Securities Token) 발행·유통 규율체계 정비방안 – 자본시장법 규율 내에서 STO를 허용하겠습니다. 2월 6일, 보도자료

2.1.1. 혁신의 아이콘: STO 플랫폼 '루센트블록'과 '소유(Sou)'

부동산 조각투자를 대중화한 핵심 주체는 혁신적인 금융 플랫폼이다. '루센트블록(Lucent Block)'은 그 대표주자이다. 이들은 '소유(Sou)'라는 플랫폼을 통해 일반인이 접근하기 어려웠던 고가의 상업용 부동산을 디지털증권(DABS, Digital Asset-Backed Securities)으로 발행한다.

루센트블록은 국내 최초의 STO(토큰증권발행) 구조화 사례로, 부동산 조각투자 서비스 '소유'를 운영하는 플랫폼DL다. 2021년 5월 금융위원회로부터 혁신 금융 서비스로 지정 받았으며, 부동산 수익증권을 소액으로 사고팔 수 있게 했다.

주요 특징	세부 내용
국내 최초의 STO 구조화	금융당국 가이드라인에 부합하는 구조이며, 국내 STO 시장의 선도적인 사례이다.
부동산 조각투자 서비스 '소유'	고가 부동산에 소액(최소 5천 원)으로 투자하고, 월 임대 수익 및 매각 차익을 얻을 수 있다.
전자증권 제도 도입	전자증권법에 따라 투자자 권리를 상장 주식과 동일하게 보호받을 수 있다.
안정적인 시스템	신탁사와 협력하여 원장과 플랫폼 정보를 동시에 저장하며, 예치금과 자산은 증권사를 통해 관리된다.
투자자 혜택	투자 수익 외에도 건물 관련 할인이나 쿠폰 등 다양한 소유 경험 혜택을 제공한다.
플랫폼 확장	최근 부동산을 넘어 다양한 실물자산으로 사업 영역을 확장하고 있으며, 신탁수익증권 유통 관련 투자중개업 인가를 추진하고 있다.

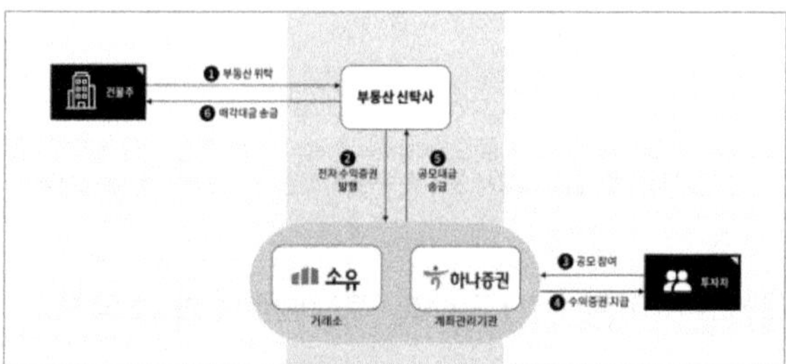

'각양각색' 부동산 조각투자 플랫폼, 투자할 때 뭘 따져야 할까?
https://www.opinionnews.co.kr

핵심은 '접근성'과 '유동성'이다. 수십, 수백억 원에 달하는 빌딩을 5,000원, 1만 원 단위로 '조각'내어 판매함으로써 누구나 건물주가 될 기회를 제공한다. 또한, 투자자들은 이 디지털증권을 플랫폼 내에서 주식처럼 거래할 수 있어, 전통적인 부동산 투자의 가장 큰 단점이었던 낮은 유동성 문제를 해결했다. 루센트블록은 복잡한 부동산 등기나 신탁 과정을 기술로 단순화하여, 대중의 투자 장벽을 획기적으로 낮춘 혁신의 아이콘이라 할 수 있다.

2.1.2. 성공 신화의 서막, '안국 다운타우너' 매각 사례: 투자자들은 초기 공모가 대비 약 14%에 달하는 누적 수익률(임대 배당 + 매각 차익)을 달성

루센트블록의 '소유' 플랫폼이 시장의 신뢰를 얻은 결정적 계기는 '안국 다운타우너' 사례이다. 이는 조각투자 플랫폼이 '청약'부터 '운영', 그리고 '매각 차익 실현'까지 전 과정을 성공적으로 완수한 첫 번째 사례이기 때문이다.

'안국 다운타우너'는 유명 수제버거 브랜드가 입점한 근린생활시설로, 2022년 '소유'의 2호 공모 상품으로 출시되어 6시간 만에 완판되는 기염을 토했다. 투자자들은 공모에 참여하여 건물의 지분을 보유하고, 그 기간 동안 건물에서 발생하는 임대 수익을 매월 배당 받았다.

더욱 극적인 것은 '엑시트(Exit)' 과정이다. 약 1년 4개월 후, '소유'는 이 건물을 성공적으로 매각(통매각)하였고, 투자자들은 초기 공모가 대비 약 14%에 달하는 누적 수익률(임대 배당 + 매각 차익)을 달성했다. 이는 부동산 조각투자가 단순한 구호가 아니라, 실질적인 '수익 실현'이 가능한 투자 모델임을 시장에 증명한 상징적인 사건이다.

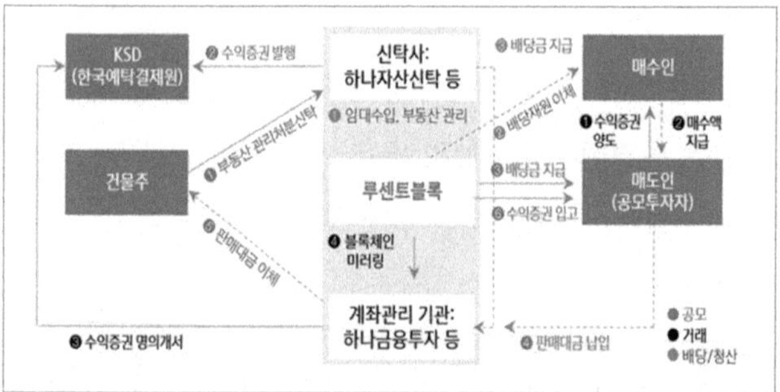

부동산 조각투자 플랫폼 '소유', 국내 최초의 STO 구조화 사례로
삼성증권 리포트에 소개 - 매일경제 https://www.mk.co.kr

2.1.3. 공공의 가치를 짓다: '대전창업스페이스'의 공공주도형 모델

대전시민 주목! 5천원으로 '우리동네' 투자···혁신기업 '의기투합' 루센트블록 3호 건물로
대전 '창업스페이스'선정 https://www.hellodd.com

'대전창업스페이스(D-Space)'는 '안국 다운타우너'와는 전혀 다른 맥락의 집합투자 사례이다. 이는 민간의 이익 극대화가 아닌, '공공의 가치'와 '지역 경제 활성화'를 목적으로 하는 공공주도형 모델이다.

이 프로젝트는 대전시와 같은 공공기관이 주도하여 자금을 조달하고, 지역의 스타트업 생태계를 육성하기 위한 핵심 인프라(부동산)를 구축한 것이다. 여기서 '투자자'는 민간 개인이 아닌 '공공'이며, '수익' 역시 현금 배당이 아닌 '사회적 수익률(Social Return)'로 나타난다. 즉, 창업 공간을 저렴하게 제공하여 혁신 기업을 유치하고, 일자리를 창출하며, 도시 전체의 경쟁력을 높이는 것이 이 부동산의 존재 이유이다.

이는 부동산이 단순한 임대 수익의 원천을 넘어, 도시의 미래를 위한 '사회간접자본'으로서 기능할 수 있음을 보여준다. 민간 STO가 '수익의 공유'에 초점을 맞춘다면, 공공주도형 모델은 '기회의 공유'에 방점을 둔 것이다.

2.1.4. 지역을 되살리는 힘: '전주 시화연풍'의 커뮤니티 기반 재생

'전주 시화연풍'은 또 다른 차원의 접근법을 제시한다. 이는 '커뮤니티 기반'의 도시재생 및 로컬 브랜딩 사례이다. '시화연풍'은 전주 한옥마을 인근의 오래된 공간을 지역의 정체성을 담은 복합문화공간(숙박, 카페, 전시 등)으로 탈바꿈시킨 프로젝트이다.

소유 5호 공모 건물 '전주 시화연풍', 7월 24일 공모 청약 시작 https://news.nate.com

이러한 프로젝트의 자금 조달은 종종 '사회적 금융'이나 '커뮤니티 펀딩'의 형태를 띤다. 투자자들은 단순한 재무적 수익(FI)보다는 '지역적 가치'와 '문화적 자부심'을 중시한다. 이들은 해당 공간의 성공이 곧 지역 경제의 활성화와 문화 보존으로 이어진다고 믿는다.

'시화연풍'과 같은 로컬 콘텐츠 기반 부동산 개발은 그 자체로 강력한

'집객 효과'를 가지며, 부동산의 가치를 끌어올린다. 이는 부동산 투자가 자본의 논리로만 움직이는 것이 아니라, 지역의 고유한 스토리와 문화를 자산화할 때 더 큰 성공을 거둘 수 있음을 증명한다. 투자자는 '건물주'가 되는 동시에 '지역 문화의 후원자'가 되는 것이다.

2.1.5. 부동산 집합투자의 3가지 모델 비교와 미래 전망

앞서 분석한 세 가지 유형(안국, 대전, 전주)의 사례는 부동산 집합투자가 각기 다른 목적을 위해 얼마나 다양하게 활용될 수 있는지를 명확히 보여준다. 각 모델의 특징은 다음 표와 같이 요약할 수 있다.

구분	STO 플랫폼 모델 (안국 다운타우너)	공공주도형 모델 (대전창업스페이스)	커뮤니티 기반 모델 (전주 시화연풍)
주도 주체	민간 플랫폼 (루센트블록)	공공기관 (지방자치단체 등)	지역 커뮤니티, 사회적 기업
핵심 목적	재무적 이익 극대화 (수익성)	사회적 가치 실현 (공공성)	지역 활성화 및 문화 보존(지역성)
주요 수익	1. 임대 배당(운영 수익) 2. 매각 차익(자본 이익)	1. 일자리 창출 2. 혁신 생태계 조성 3. 사회적 수익(SROI)	1. 지역 경제 활성화 2. 로컬 브랜딩 강화 3. 문화적 자부심
투자자/수혜자	일반 대중 (개인 투자자)	공공 (시민 전체)	지역 주민, 가치 투자자
부동산의 역할	고수익 투자 자산 (Asset)	사회간접자본 (Infrastructure)	지역 문화 거점 (Landmark)

결론적으로, 부동산 조각투자는 단순히 '빌딩 매매'의 축소판이 아니다. 이는 자본을 결집하는 방식의 혁신을 통해, 부동산이라는 거대한 자산을 각기 다른 사회적 목표를 달성하는 도구로 활용하게 만든다.

미래의 부동산 투자 시장은 이 세 가지 모델이 융합되는 방향으로 나아갈 것이다. 즉, STO 기술을 활용하되, '대전창업스페이스'처럼 사회적 가치를 추구하거나 '전주 시화연풍'처럼 지역 문화에 투자하는 '임팩트 STO'가 등장할 것이다. 대중은 이제 자신의 투자금이 단순한 수익을 넘어, 우리 사회와 지역에 '환상적인' 긍정적 영향을 미치기를 기대하고 있다.

3

부동산 투자의 대중화: 정부의 '토큰증권(STO)' 정책 심층 분석과 가상사례

3.1. 토큰증권(STO)은고가의 부동산을 주식처럼 작은 단위로 '조각'내어 다수가 공동으로 소유하는 방식이다.

전통적으로 부동산은 막대한 초기 자본이 필요한 '그들 만의 리그'로 여겨졌다. 수십, 수백억 원에 달하는 빌딩에 일반 개인이 투자하는 것은 상상하기 어려웠다. 그러나 최근 '부동산 조각투자'가 등장하며 이 견고한 성벽에 균열이 가기 시작했다.

이는 고가의 부동산을 주식처럼 작은 단위로 '조각'내어 다수가 공동으로 소유하는 방식이다. 이러한 혁신적 시도는 금융 당국의 규제라는 벽에 부딪혔으나, 정부는 이를 억압하는 대신 '제도권'으로 포용하는 길을 선택했다. 그 핵심이 바로 '토큰증권(Token Securities)', 즉 "STO(Security Token Offering)"이다. 본 글은 정부가 어떻게 이 새로운 디지털 자산을 제도화하고, 이것이 부동산 투자 시장에 어떤 환상적인 변화를 가져올 것인지 5가지 핵심 주제로 나누어 심층적으로 분석한다.

Drawn by ChatGPT

3.1.1. 왜 지금 '토큰증권'이 부동산 시장의 게임 체인저인가?

부동산 조각투자는 이전에도 존재했다. 하지만 대부분 '투자계약증권'의 형태를 띠었는데, 이는 발행은 가능하나 투자자들이 자유롭게 사고팔 수 있는 '유통 시장'이 부재한 '반쪽짜리' 증권이었다. 내가 산 '빌딩 조각'을 현금화하고 싶어도 공식적인 거래소가 없어 투자금 회수에 큰 어려움이 있었다.

정부가 '토큰증권'이라는 새로운 틀을 제시한 이유는 명확하다. 바로 '유동성 공급'과 '투자자 보호'이다. 정부는 블록체인 기술을 활용한 '토큰'의 형식을 인정하되, 그 본질은 자본시장법의 규제를 받는 '증권'임을 명확히 했다.

5대 은행 토큰증권 사업 준비 현황

농협은행	▸ 한국인터넷진흥원, 비디젠과 컨소시엄 운영 중 ▸ 오는 10월 중 토큰증권 플랫폼 출시
하나은행	▸ 하나증권, 미래에셋증권, SK텔레콤과 컨소시엄 운영 중 ▸ 토큰증권 플랫폼 구축 중
우리은행	▸ SK증권, 삼성증권과 컨소시엄 운영 중 ▸ 토큰증권 플랫폼 구축 중
신한은행	▸ 서울옥션블루, 열매컴퍼니와 업무협약 ▸ 미술품 조각 투자 서비스 하반기 출시
국민은행	▸ 중앙은행 디지털화폐, 디지털 자산 보관 사업 참여 준비

MT 머니투데이

한우도 조각투자…STO 선점 나선 은행권 – 머니투데이 2024.07.01 https://www.mt.co.kr

즉, 투자자는 주식처럼 명확한 법적 보호를 받으면서, 동시에 새로 개설될 디지털 증권시장에서 자신의 '빌딩 조각'을 언제든 자유롭게 거래할 수 있게 된다. 이는 부동산 투자가 '소유'에서 '거래'의 영역으로 넘어가며, 진정한 '부동산 투자의 대중화'가 시작됨을 의미한다.

3.1.2. 제도의 밑그림: '토큰증권 가이드라인'의 핵심-2023년 초, '토큰증권 발행·유통 규율체계 정비방안'

정부는 2023년 초, '토큰증권 발행·유통 규율체계 정비방안'과 가이드라인을 발표했다. 이는 새로운 법을 만든 것이 아니라, 기존의 '자본시장법' 내에서 토큰증권을 어떻게 해석하고 적용할지를 명확히 한 '혁신적 법 해석'이다.

핵심은 "토큰은 그릇일 뿐, 내용물이 증권이면 증권으로 규제한다"는 것이다. 이는 암호화폐(가상자산)와 토큰증권을 명확히 분리하는 선언이다. 비트코인 같은 가상자산이 법적 실체가 모호한 '디지털 코드'에 가깝다면, 토큰증권은 부동산, 미술품, 주식 등 '실물 자산'에 대한 '권리(증권)'를 블록체인 기술로 디지털 화한 것이다.

이 가이드라인에 따라, 모든 토큰증권은 주식과 동일하게 공시 의무, 불공정거래 금지 등 엄격한 금융 규제를 적용 받는다. 투자자 입장에서는 '묻지마 투자'가 아닌, 명확한 정보에 기반한 '안전한 투자'가 가능해진 것이다.

학습코너 블록체인(Block Chain)

블록체인이란 거래 정보를 '블록' 단위로 저장하고, 이 블록들을 '사슬'처럼 연결하여 P2P 네트워크에 분산 저장하는 기술입니다. 중앙 서버 없이 네트워크 참여자들이 거래 기록을 공유하고, 누구도 임의로 수정

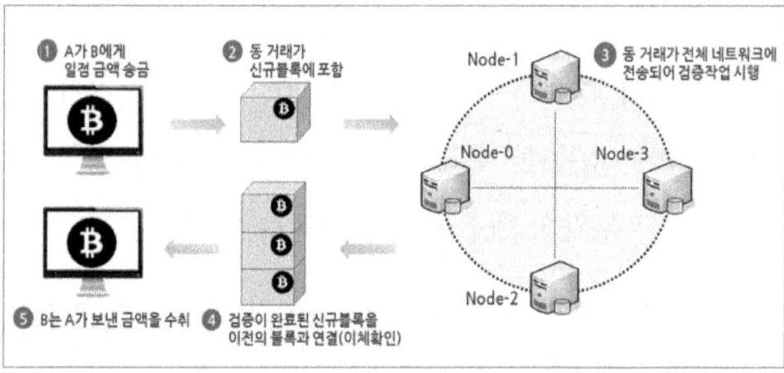

블록체인기반 거래절차(참고: https://www.igloo.co.kr)

하거나 삭제할 수 없어 투명하고 안전한 거래 기록을 보장하는 기술입니다.

■ 핵심 특징

- 분산 원장: 중앙 서버가 아닌 네트워크에 참여하는 모든 컴퓨터에 데이터가 분산되어 저장됩니다.
- 변경 불가능성: 한 번 블록에 기록된 거래는 수정하거나 삭제할 수 없으며, 새로운 블록은 이전 블록과 연결되어 전체 체인을 검증합니다.
- 투명성: 네트워크 참여자 모두가 동일한 거래 내역을 공유하고 열람할 수 있어 투명성이 높습니다.
- 안전성: 데이터가 분산되어 있고 위변조가 불가능하기 때문에 해킹이나 시스템 오류의 위험이 낮습니다.
- 탈중앙화: 중앙 기관이나 중개자 없이 개인 간의 직접적인 거래가 가능해집니다.

■ 작동 방식

- 데이터 기록: 거래가 발생하면 해당 거래 정보는 '블록'이라는 데이터 덩어리에 담깁니다.

• 블록 연결: 이 블록들은 시간 순서대로 '사슬'처럼 연결됩니다. 각 블록은 이전 블록의 정보를 가지고 있어 연결성을 유지합니다.

• 분산 저장: 이렇게 만들어진 블록 체인은 네트워크에 참여하는 모든 컴퓨터에 복제되어 저장됩니다.

• 합의 및 검증: 새로운 거래가 발생하면 네트워크 참여자들의 합의(합의 알고리즘)를 통해 검증된 후, 새로운 블록에 추가됩니다.

■ 활용 분야

• 가상화폐: 비트코인과 같은 가상화폐의 거래 기록을 안전하게 관리하는 데 사용됩니다.

• 물류 및 공급망 관리: 상품의 생산부터 유통까지 전 과정을 추적하고 관리하는 데 활용됩니다.

• 금융 서비스: 투명하고 안전한 금융 거래 및 자산 관리에 기여합니다.

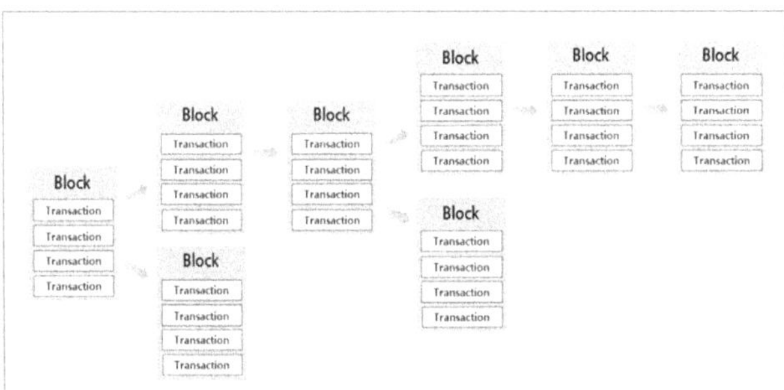

링크드리스트로 묶이는 블록체인 구조(출처: bitcoin-facharbit)

3.1.3. '진짜 부동산'을 담다: 비금전신탁 수익증권 발행 허용

부동산 조각투자와 관련하여 가장 환상적인 정책 변화는 바로 '비금전신탁 수익증권' 발행 허용이다.

(1) **과거(금전신탁)**: 투자자가 돈을 신탁사에 맡기면, 신탁사가 이 돈으로 부동산을 매입하고 운영 수익을 배당했다. 이 경우 투자자의 권리는 '돈'에 묶여있어 '부동산 자체'에 대한 직접적 권리라 보기 어려웠다.

(2) **현재(비금전신탁)**: 이제는 '부동산' 그 자체를 신탁하고, 이 부동산에서 발생하는 소유권 및 수익에 대한 권리를 '수익증권'으로 발행할 수 있게 되었다.

이는 투자자가 '부동산 운영 수익'만이 아니라 '부동산 자체의 가치 상승'에 직접적으로 연동되는 권리를 갖게 됨을 의미한다. 발행 절차 또한 훨씬 간결해져, 다양한 우량 부동산이 더 쉽게 STO 상품으로 출시될 수 있는 길이 열렸다. 이는 부동산 STO 시장의 '폭발적 성장'을 예고하는 가장 중요한 제도적 변화이다.

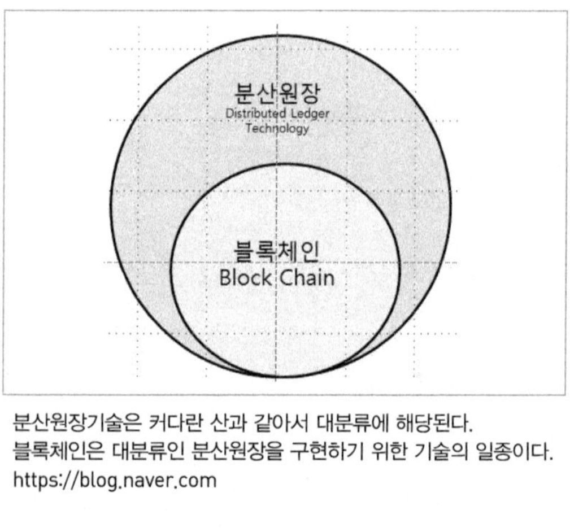

분산원장기술은 커다란 산과 같아서 대분류에 해당된다.
블록체인은 대분류인 분산원장을 구현하기 위한 기술의 일종이다.
https://blog.naver.com

3.1.4. 기술과 제도의 만남: 분산원장을 활용한 전자증권 발행

정부는 '증권'을 '토큰'의 형태로 발행하는 기술적 기반으로 '분산원장 기술(DLT, Distributed Ledger Technology)', 즉 블록체인을 공식적으로 인정했다.

기존의 주식이나 채권은 한국예탁결제원(KSD)의 중앙집중형 '전자등록 시스템'에만 등록되었다. 하지만 정부는 일정한 요건을 갖춘 기관(발행인 계좌관리기관)이 '분산원장'을 증권의 공식 장부로 사용할 수 있도록 허용했다.

이것이 혁신적인 이유는 다음과 같다.

(1) **효율성**: 중앙기관의 승인 없이도 24시간 실시간 발행 및 권리 이전이 가능하다.

(2) **투명성**: 모든 거래 기록이 블록체인에 투명하게 기록되어 위·변조가 불가능하다.

(3) **스마트 컨트랙트**: "임대료가 들어오면 즉시 투자자에게 자동 배당한다"와 같은 계약 조건을 자동 실행할 수 있어, 신뢰 비용이 획기적으로 절감된다.

기술이 제도의 날개를 달고, 제도가 기술의 안정성을 보장하는 이상적인 결합이 완성된 것이다.

학습코너 **분산원장기술(DLT, Distributed Ledger Technology)**

분산원장기술(DLT, Distributed Ledger Technology)은 중앙 집중식 서버 없이 여러 컴퓨터에 분산된 원장(데이터베이스)을 공유하고 동기화하는 기술입니다. 각 참여자가 원장의 복사본을 가지고 있으며, 새로운 기록이 추가될 때 모든 사본이 업데이트되어 중앙 기관 없이도 신뢰성을 확보하는 것이 특징입니다. 블록체인은 DLT의 한 유형으로, DLT는 더 넓은 개념을 포함합니다.

■ 분산원장기술(DLT)의 주요 특징

- 탈중앙화: 특정 중앙 기관에 의존하지 않고 네트워크 참여자들이 데이터를 관리하고 기록합니다.
- 공동 기록 및 관리: 네트워크상의 여러 노드(컴퓨터)가 원장의 복사본을 저장하고, 합의 과정을 통해 공동으로 데이터를 기록하고 관리합니다.
- 투명성 및 보안성: 암호 기술을 사용하여 데이터의 진위와 무결성을 보장하며, 분산된 저장 구조 덕분에 단일 장애 지점이 없어 보안성이 높습니다.
- 실시간 동기화: 새로운 거래나 데이터가 발생하면, 네트워크 내의 모든 참여자에게 동일한 내용이 실시간으로 동기화됩니다.

■ 분산원장과 블록체인의 관계

- 블록체인: DLT를 구현한 하나의 구체적인 기술입니다. 데이터가 '체인'처럼 연결된 '블록' 형태로 저장되는 특정 구조를 가집니다.
- 분산원장기술(DLT): 원장 데이터를 분산, 공유, 동기화하는 기술 전반을 일컫는 더 넓은 개념입니다. 블록체인 뿐만 아니라 다양한 형태의 분산된 데이터베이스 구조를 포함할 수 있습니다.

■ 개인 지갑 사이의 거래

분산원장기술로 인해 개인과 개인이 직접 거래할 수 있게 되었다. 중앙기관(은행 등)으로부터 벗어나 자유롭게 개인 간의 거래가 가능하다는 뜻이다.

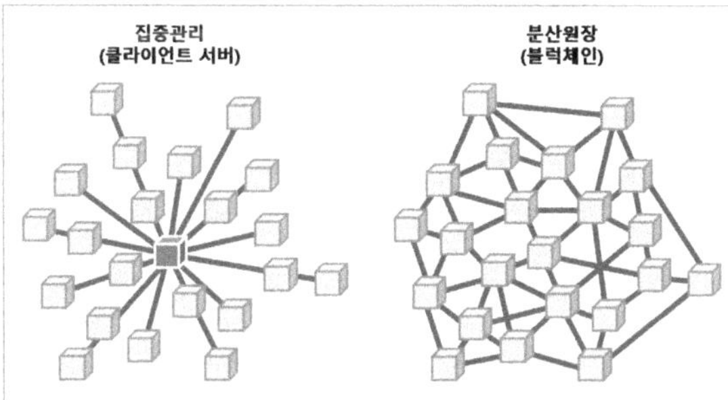

분산원장기술(DLT : Distributed Ledger Technology)은 중앙시스템의 제어 없이 거래 정보를 검증하고 합의한 원장을 공동으로 관리하는 것으로 블록체인 네트워크에서 이용되는 핵심기술이다 https://aimrich.co.kr

3.1.5. 새로운 '장'의 개설: 디지털 증권 유통 플랫폼과 KRX 시장

정부 정책의 화룡점정은 '유통', 즉 '거래소' 설립 방안이다. 정부는 두 가지 형태의 시장 개설을 추진하고 있다.

첫째, '장외거래중개업(OTC) 플랫폼'의 신설이다. 이는 다양한 종류의 비정형적 토큰증권(투자계약증권, 비금전신탁 수익증권 등)을 전문적으로 중개하는 새로운 형태의 거래 플랫폼이다. 다양한 부동산 조각투자 상품이 투자자를 만나는 1차 시장 역할을 할 것이다.

둘째, '한국거래소(KRX) 디지털 증권시장'의 시범 개설이다. 이는 기존의 주식시장(KOSPI, KOSDAQ)과 같은 공적인 '거래소' 시장이다. 이곳에는 상대적으로 표준화되고 유동성이 풍부한 우량 STO 상품들이 상장되어, 주식처럼 실시간 경쟁매매를 통해 거래될 것이다.

이 두 시장의 특징은 다음 표와 같이 요약할 수 있다.

구분	장외거래중개 플랫폼(신설)	한국거래소(KRX) 디지털 증권시장
성격	다자간 상대매매(OTC 방식)	경쟁매매(거래소 시장 방식)
주요 상품	비정형·소규모 증권 (예: 소형 꼬마빌딩 STO)	정형화·표준화된 증권 (예: 대형 오피스 빌딩 STO)

특징	상품의 다양성, 맞춤형 거래	높은 유동성, 신속한 가격 발견
역할	STO의 1차적 유통 시장	STO의 2차(공적) 유통 시장

결론적으로, 정부의 토큰증권 정책은 '부동산(실물자산)'과 '금융(증권)', 그리고 '기술(블록체인)'을 융합하는 거대한 청사진이다. 이는 개인에게는 '환상적인' 투자 기회의 문을 열어주고, 기업에게는 새로운 자금 조달의 길을, 국가 경제에는 새로운 성장 동력을 제공하는 진정한 의미의 '금융 혁신'이 될 것이다.

3.2. 가상 사례: 100만 원으로 '강남 테헤란로 프라임 오피스' 공동 소유주가 된 개인 투자자

정부의 토큰증권(STO) 정책이 부동산 투자 시장의 패러다임을 어떻게 변화시키는지 보여주는 가상 사례를 다음과 같이 구성한다.

단계	주요 국면	세부 내용(사례 적용)
배경 (Problem)	자본의 한계와 전통적 투자	- 개인 투자자 A 씨는 여유 자금 500만 원을 보유하고 있다. - 수천억 원에 달하는 '강남 테헤란로 프라임 오피스 빌딩' 투자는 사실상 불가능한 영역이었다. - 과거에는 고액 자산가들만의 리그였으며, 소액 투자는 간접적인 공모 펀드 외에는 방법이 없었다.
기회 (Issuance)	'비금전신탁' 기반 STO 상품의 등장	- 한 메이저 증권사(발행인)가 3,000억 원 가치의 해당 오피스 빌딩 실물 자체를 신탁 사(KSD)에 '비금전신탁'하는 방식으로 STO 상품을 기획한다. - 이는 과거 '금전신탁'과 달리, 투자자가 '부동산 자체의 가치 상승'에 직접 연동되는 권리를 갖게 됨을 의미한다.
기술 (Technol-ogy)	'DLT'와 '스마트 컨트랙트'의 결합	- 해당 수익증권은 1주(토큰)당 1만 원의 단위로 총 3,000만 주가 발행된다. - 모든 권리 내역은 '분산원장기술(DLT)'의 공식 장부에 기록된다. - 투자자 A 씨는 500만 원(500주)을 청약하여 배정받는다.

운용 (Operation)	투명한 수익 배분과 투자자 보호	- A 씨는 분기별 임대료 수익이 '스마트 컨트랙트'에 의해 지정된 계좌로 자동 입금되는 것을 경험한다. - 또한, 자본시장법의 규제에 따라 해당 빌딩의 공실률, 자산평가액 등 운용 현황이 정기적으로 공시되어 투명한 정보에 기반한 투자가 가능해진다.
엑시트 (Exit)	'KRX 디지털 증권시장'을 통한 유동성 확보	- 2년 후, A 씨는 주택 구입을 위해 현금화가 필요 해졌다. - 과거 '투자계약증권'이었다면 공식 유통시장이 부재하여 투자금 회수가 불가능했을 것이다. - 하지만 해당 STO는 우량 자산으로 인정받아 '한국거래소(KRX) 디지털 증권시장'에 상장되었다. - A 씨는 주식 거래 앱(MTS)을 통해 시장 가(주당 11,500원)에 500주 전량을 즉시 매도하여, 2년간의 배당 수익과 더불어 75만 원(15%)의 시세 차익을 실현한다.
결론 (Conclusion)	부동산 투자의 민주화 실현	- 본 사례는 STO 정책이 '실물자산(부동산)'과 '기술(DLT)', 그리고 '제도(자본시장법)'를 융합 시킨 결과이다. - 소액 투자자 A 씨가 ①우량 실물자산에 직접 투자하고, ②안전하게 법적 보호를 받으며, ③언제든 원하는 시점에 '거래소'를 통해 현금화할 수 있게 되었다는 점에서, 이는 '부동산 투자의 진정한 대중화'와 '유동성 혁명'이 시작되었음을 증명하는 것이다.

4

"자산의 디지털화, 증권형 토큰(Security Token)의 개념을 이해한다."와 가상사례

4.1. 실물자산과 디지털의 경계를 허무는 혁신

우리가 살아가는 세상은 물리적으로 존재하는 "실물자산(Real Asset)"으로 가득 차 있다. 눈앞의 빌딩, 발을 딛고 있는 토지, 예술품과 같은 유형의 자산부터 특허권, 저작권 등 무형의 자산까지, 이 모든 것은 가치를 지니며 소유의 대상이 된다. 그러나 이러한 전통적 자산들은 그 본질적인 '물리성'과 '불가분성'으로 인해 거래 절차가 복잡하고, 특정 소수만이 소유할 수 있는 높은 진입장벽을 가지고 있었다.

"자산의 디지털화(Digitalization of Assets)"는 바로 이 지점에서 시작하는 거대한 패러다임의 전환이다. 이는 실물자산이 가진 고유한 가치와 권리를 분리하여, 블록체인이라는 디지털 세상 위에서 자유롭게 거래될 수 있는 '정보'의 형태로 변환하는 과정이다. 그리고 이 과정의 핵심에 바로 "증권형 토큰(Security Token)"이 존재한다. 본 장에서는 자산 디지털화의 본질과 그 결과물인 증권형 토큰의 개념을 명확히 이해하고자 한다.

4.2. 자산의 디지털화: 가치를 코드로 변환하는 연금술

자산의 디지털 화란, 특정 자산에 대한 '소유권' 또는 '수익에 대한 권리' 등 법적 권리를 디지털 형태로 변환하여 블록체인 상에 기록하는 것을 의미한다. 이는 단순히 자산의 정보를 컴퓨터에 입력하는 것과는 차원이 다른 개념이다. 블록체인 기술을 통해 그 권리가 위·변조 불가능하고, 투명하게 추적되며, 프로그래밍 된 규칙에 따라 이전될 수 있는 '디지털 증서'로 재탄생하는 것이다.

이 과정은 다음과 같은 단계를 통해 이루어진다.

1) **자산 선정 및 가치 평가**: STO의 대상이 될 부동산을 선정하고 공신력 있는 기관을 통해 자산의 가치를 평가한다.

2) **권리의 구조화**: 선정된 자산의 소유권을 직접 이전하는 대신, 해당 자산에서 발생하는 미래의 수익(임대료, 매각차익 등)을 받을 수 있는 권리(수익증권)를 신탁 등의 법적 장치를 통해 생성한다.

3) **토큰 발행**(Tokenization): 구조화된 법적 권리를 일정한 수의 디지털 토큰으로 분할하여 발행한다. 각각의 토큰은 해당 권리에 대한 일정한 지분을 나타낸다.

이로써, 거대하고 움직일 수 없는 부동산은 수만, 수백만 개의 디지털 토큰으로 변모하여 전 세계 누구에게나 빠르고 효율적으로 전달될 수 있는 준비를 마치게 된다.

4.3. 증권형 토큰(Security Token)의 본질: 단순한 코인이 아닌 '디지털 증권'

많은 사람들이 '토큰'이라는 단어에서 비트코인이나 이더리움과 같은 암호화폐를 떠올린다. 그러나 증권형 토큰은 그 목적과 본질에서 명확한 차이를 보인다. 증권형 토큰은 이름 그대로 '증권(Security)'의 성격을 지닌 디지털 자산이다. 이는 자본시장법 등 금융 규제의 테두리 안에서 발행되고 유통되며, 투자자에게 법적으로 보호받는 권리를 부여한다.

4.3.1. 증권형 토큰의 핵심적인 특징

증권형 토큰의 핵심적인 특징은 다음과 같다.

(1) **자산 기반**(Asset-Backed): 모든 증권형 토큰은 반드시 그 가치를 뒷받침하는 실물자산(부동산, 미술품 등)이나 금융자산(주식, 채권 등)을 기반으로 한다.

(2) **권리 표상**(Representation of Rights): 토큰은 그 자체로 존재하는 것이 아니라, 특정 자산에 대한 배당청구권, 이자수취권, 의결권, 매각차익 분배청구권 등 구체적인 법적 권리를 대표한다.

(3) **규제 준수**(Regulatory Compliant): 증권형 토큰은 발행 시점부터

투자자 보호를 위한 엄격한 금융 규제를 준수해야 한다. 이는 투자자에게 안정성을 제공하는 가장 중요한 요소이다.

4.3.2. 증권형 토큰과 유틸리티 토큰의 목적, 목적, 가치기반, 핵심권리, 규제, 예시

구분	증권형 토큰 (Security Token)	유틸리티 토큰 (Utility Token: 비트코인, 이더리움 등)	핵심 차이
목적	자산에 대한 투자 및 이익 분배(배당, 이자, 시세차익)	특정 서비스나 플랫폼 이용 및 접근 권한 부여	'투자 계약'의 성격 유무
가치 기반	부동산, 주식 등 실물/금융자산의 가치에 직접 연동	해당 플랫폼의 활성도 및 미래 성장 가능성에 기반	가치의 근원이 실물인가, 생태계인가의 차이
핵심 권리	배당청구권, 의결권 등 주주 또는 채권자의 권리	특정 서비스 이용권, 투표권, 보상 등 사용자의 권리	법적으로 보호되는 금융 권리인가, 서비스 약관상 권리인가의 차이
규제	자본시장법 등 금융투자상품 규제를 엄격히 적용	일반적으로 금융 규제의 직접적 대상이 아님(국가별 상이)	금융 당국의 감독을 받는지 여부
예시	부동산 조각투자 토큰, 비상장주식 토큰	비트코인, 이더리움(플랫폼 사용료), 파일코인(저장 공간 사용)	투자 수익을 기대하는가, 특정 기능을 사용하려는 가

증권형 토큰 전면 허용...NFT 시장엔 악재일까? https://www.mk.co.kr

결론적으로 증권형 토큰은 블록체인 기술을 활용하여 전통적인 '증권'을 더욱 투명하고, 효율적이며, 유동성 높게 만든 진화된 형태의 금융 상품인 것이다.

4.4. 가상 사례: 『잊힌 골목의 등대, '은하수 양조장'의 디지털 부활』

붉은 벽돌의 미-겨울에 더 아름다울 도시, 성수 https://www.mk.co.kr

여기에 자산의 디지털화와 증권형 토큰의 개념을 생생하게 보여줄 수 있는 하나의 가상 이야기를 제시한다.

1) **배경:** 서울의 오래된 골목, 성수동의 한 켠에는 1970년대에 지어진 '은하수 양조장'이 잊힌 채 잠들어 있다. 붉은 벽돌과 높은 굴뚝이 인상적인 이 건물은 근대 산업유산으로서의 가치가 높지만, 소유주인 3대째 장인 박 씨는 건물을 보수하고 새로운 문화 공간으로 탈바꿈 시킬 자금이 부족한 상황이다. 은행의 문턱은 높았고, 건물을 통째로 매각하는 것은 가문의 역사를 포기하는 일이었다.

2) **디지털 연금술의 시작:** 한 STO 플랫폼 기업이 박 장인의 고민을 듣고 '은하수 양조장'의 디지털화를 제안한다. 프로젝트의 목표는 양조장을 복합문화공간(수제 맥주 브루어리, 갤러리, 카페)으로 재 탄생

시키고, 여기서 발생하는 운영수익을 투자자들과 공유하는 것이다.

3) 'EUNHA' 토큰의 탄생:

(1) **자산 가치 평가 및 권리 구조화:** '은하수 양조장'의 현재 가치와 리모델링 후 미래가치를 종합 평가하여 총 30억 원의 자금을 모집하기로 결정한다. 이를 위해 신탁 계약을 통해 '은하수 양조장'의 향후 10년간 운영수익 및 매각 시 우선수익권이라는 법적 권리를 만들어낸다.

(2) **토큰화:** 이 권리를 30만 개로 분할하여, 1개당 1만 원의 가치를 지니는 증권형 토큰 'EUNHA'를 발행한다. 이제 'EUNHA' 토큰 1개는 '은하수 양조장'이라는 실물자산에 대한 수익권의 디지털 증표가 된다.

4) 새로운 주주들의 등장:

(1) **도시재생을 연구하는 대학원생 김 씨는 이 프로젝트의 사회적 가치에 주목한다.** 그는 자신의 논문 연구를 위해, 그리고 소중한 산업유산을 지키는 데 동참한다는 의미로 50만 원을 투자해 'EUNHA' 토큰 50개를 구매한다. 그는 토큰을 구매함으로써 단순히 돈을 투자한 것이 아니라, 이 공간의 역사와 미래에 대한 '디지털 주주'가 된 기분을 느낀다.

(2) **수제 맥주 애호가인 외국인 마이클은 한국 방문 시 우연히 프로젝트 소식을 접한다.** 그는 본국에서 STO 플랫폼을 통해 'EUNHA' 토큰 100개를 구매한다. 그는 미래에 '은하수 양조장'에서 자신이 주주인 브루어리의 맥주를 마시는 상상을 하며 즐거워한다.

5) 결과 및 시사점: 'EUNHA' 토큰은 성공적으로 완판되어 30억 원의 자금이 모였다. '은하수 양조장'은 과거의 멋과 현대적 감각이 어우러진 멋진 공간으로 재탄생하여 성수동의 새로운 랜드마크가 된다. 김 씨와 마이클은 분기마다 'EUNHA' 토큰 보유 수량에 따라 브루어리와 갤러리의 운영 수익을 자신의 디지털 지갑으로 정확하게 배당받는다. 그들은 언제든 플랫폼에 접속해 양조장의 재무 상태와 수익 보고서를 투명하게 확인할 수 있다.
이 사례는 자산의 디지털화가 어떻게 한 사람의 꿈과 잠자던 자산의 가치를 깨워, 국경과 자본의 크기를 넘어선 수많은 사람과 연결하고 새로운 가치를 창출하는지를 보여주는 것이다. '은하수 양조장'의 붉은 벽돌은 이제 단순한 건축 자재가 아니라, 수많은 토큰 보유자들의 꿈과 권리를 담고 있는 '디지털 자산'으로 거듭나게 된 것이다.

5

"STO와 같은 블록체인 기술이 부동산 시장의 투명성과 유동성을 어떻게 바꾸어 나가는가?"와 가상사례

5.1. 부동산 시장의 전통적 한계와 블록체인의 등장

전통적인 부동산 시장은 정보의 비대칭성, 높은 거래 비용, 그리고 무엇보다 낮은 유동성이라는 고질적인 문제점을 내포하고 있다. 수십, 수백억 원에 달하는 자산을 소수의 거대 자본만이 소유할 수 있었으며, 한

번 투자하면 자금을 회수하기까지 수년이 걸리는 비유동성은 일반 투자자들의 접근을 막는 거대한 장벽으로 작용해왔다.

그러나 블록체인 기술의 등장은 이러한 견고한 패러다임을 근본적으로 변화시킬 잠재력을 제시한다. 특히 부동산 조각투자, 즉 증권형 토큰 발행(STO)은 블록체인의 핵심 속성인 투명성과 효율성을 바탕으로 부동산 시장의 오랜 숙제였던 유동성 문제를 해결하는 혁신적인 대안으로 부상하고 있다. 본 장에서는 블록체인 기술이 구체적으로 어떻게 부동산 시장의 투명성과 유동성을 혁신하는지 심층적으로 탐구하고자 한다.

5.1.1. 블록체인이 확보하는 부동산 시장의 투명성

블록체인 기술은 데이터의 기록 및 관리 방식을 분산화하고 암호화함으로써 누구도 임의로 정보를 위·변조할 수 없는 신뢰의 인프라를 구축한다. 이는 부동산 시장에 다음과 같은 방식으로 투명성을 부여한다.

1) 분산원장기술(DLT)을 통한 정보의 투명성

모든 거래 기록과 소유권 현황이 암호화되어 연결된 블록(Block)에 저장되고, 이 원장이 네트워크 참여자들에게 공유된다. 이는 중앙 관리 기관 없이도 데이터의 무결성을 보장하며, 모든 이해관계자가 동일한 정보에 접근할 수 있게 한다. 예를 들어, 건물의 소유권 이전 이력, 담보 설정 내역, 임대차 계약 현황 등이 투명하게 공개되어 정보 비대칭 문제를 획기적으로 해소할 수 있다.

2) 스마트 컨트랙트를 통한 계약 이행의 투명성

스마트 컨트랙트는 사전에 프로그래밍된 조건이 충족되면 자동으로 계약 내용이 실행되는 디지털 계약이다. 부동산 STO에서는 임대수익 배당, 매각차익 분배 등의 과정을 스마트 컨트랙트로 자동화할 수 있다. 이는 자금 집행 과정에서 발생할 수 있는 발행사의 자의적 판단이나 인적 오류를 원천적으로 차단하고, 약속된 조건에 따라 모든 것이 투명하고 공정하게 이행될 것을 보장한다.

3) 소유권 증명의 명확성

토큰 화된 부동산의 소유권은 개인의 디지털 지갑에 기록된다. 이는 기존의 복잡한 등기부등본 절차를 간소화하며, 자신의 소유권을 언제 어디서든 명확하게 증명할 수 있게 한다. 모든 토큰의 이동 기록은 블록체인 상에 영구적으로 남기 때문에, 소유권 분쟁의 소지를 크게 줄일 수 있다.

구분	전통적 부동산 거래	블록체인 기반 부동산 STO	블록체인 기반 부동산 STO의 기대 효과
정보 접근성	등기소, 중개인 등 특정 주체를 통해서만 제한적으로 확인 가능	네트워크 참여자 누구나 실시간으로 원장 정보에 접근 가능	정보 비대칭 해소 및 신뢰 비용 감소
계약 이행	중개인, 법무사, 은행 등 다수 중개인의 수기 절차에 의존	스마트 컨트랙트에 의해 조건 충족 시 자동적, 강제적으로 이행	계약 불이행 리스크 감소 및 분쟁 예방
소유권 관리	복잡한 서류 기반의 등기 시스템, 위조 및 분실 위험 존재	디지털 지갑을 통한 명확한 소유권 증명 및 불변의 거래 기록	소유권 증명의 간소화 및 안정성 증대

5.1.2. 블록체인이 창출하는 부동산 시장의 유동성

유동성이란 자산을 손실 없이 얼마나 빨리 현금화할 수 있는가를 의미한다. 블록체인 기술은 부동산이라는 대표적인 비유동 자산을 다음과 같은 방식으로 유동화시킨다.

1) 자산의 분할(Fractionalization)을 통한 접근성 확대

수백억 원대의 상업용 빌딩과 같은 고가 자산을 디지털 토큰으로 잘게 쪼개어 소액으로도 투자가 가능하게 한다. 단돈 몇만 원으로

도 강남의 빌딩 주주가 될 수 있는 길을 여는 것이다. 이는 투자자 저변을 전 세계 개인 투자자들로 확대하여 잠재적 매수자 풀을 극대화하고, 이는 곧 유동성 증대로 이어진다.

2) 24/7 글로벌 거래 시장 형성

부동산 토큰은 국경과 시간의 제약 없이 24시간 365일 운영되는 디지털 자산 거래소를 통해 거래될 수 있다. 이는 특정 국가의 정규 거래소 시간에 얽매이지 않고 전 세계 투자자들이 언제든 자유롭게 토큰을 매매할 수 있는 환경을 제공하여 유동성을 비약적으로 향상시킨다.

3) 거래 절차 간소화와 비용 절감

복잡한 서류 작업, 법률 검토, 중개인 수수료 등 전통적 부동산 거래에 수반되던 시간과 비용이 스마트 컨트랙트를 통해 대폭 절감된다. 매매 계약 체결부터 소유권 이전까지의 과정이 자동화되어 수개월이 걸리던 거래가 수일, 혹은 수 시간 내로 단축된다. 낮은 거래 비용과 빠른 속도는 거래 빈도를 높이는 촉매제가 되어 시장의 유동성을 풍부하게 만든다.

5.2. 가상 사례: 『꿈의 빌딩, '솔라리스 타워'의 재탄생』

여기에 대학생 민수와 직장인 지현, 그리고 모든 소액 투자자들의 지적 호기심을 자극할 만한 가상 사례 하나를 제시한다.

1) **배경**: 서울의 테헤란로에 위치한 '솔라리스 타워'는 훌륭한 입지에도 불구하고 낡은 시설과 비효율적인 관리로 잠재력을 발휘하지 못하는 20층짜리 오피스 빌딩이다. 건물주는 리모델링과 스마트 빌딩

서울 강남 7층짜리 건물 '흔들'…120여 명 대피 https://news.kbs.co.kr

으로의 전환을 위한 500억 원의 자금이 필요하지만, 대규모 대출의 이자 부담과 경영권 희석을 우려하고 있다.

2) **STO 솔루션의 도입:** 건물주는 자산운용사와 협력하여 '솔라리스 타워'의 수익증권을 기반으로 한 STO 프로젝트를 기획한다. 빌딩 자산 가치의 40%에 해당하는 500억 원을 50만 개의 '솔라리스 토큰(SLR)'으로 발행하며, 1토큰당 가격은 10만 원으로 설정한다. 투자자는 SLR 토큰을 소유한 만큼 '솔라리스 타워'의 임대수익과 향후 매각차익에 대한 권리를 갖게 된다.

3) **투자의 대중화:**

(1) **부동산을 전공하는 대학생 민수는** 평소 꿈꿔왔던 테헤란로 빌딩 투자를 위해 아르바이트로 모은 100만 원으로 SLR 토큰 10개를 매수한다. 그는 블록체인 원장을 통해 빌딩의 실시간 임대 현황과 자산평가 보고서를 직접 확인하며 자신의 투자가 투명하게 관리되고 있음을 체감한다.

(2) **'솔라리스 타워' 근처에서 근무하는 직장인 지현은** 매일 지나는 건물의 가치를 확신하고, 장기적인 안목으로 300만 원을 투자

하여 SLR 토큰 30개를 매수한다.

(3) **싱가포르의 한 핀테크 투자자는** 한국 상업용 부동산 시장에 관심이 많았지만, 복잡한 규제와 거래 절차 때문에 투자를 망설였다. 그는 STO 플랫폼을 통해 원격으로 SLR 토큰 4)1,000개를 손쉽게 매수한다.

4) **투명성과 유동성의 구현:**

(1) **투명한 수익 분배:** 3개월 뒤, 리모델링 후 첫 분기 임대수익 정산이 이루어진다. 총수익에서 비용을 제외한 순이익이 계산되자, 스마트 컨트랙트는 한 치의 오차나 지연 없이 각 토큰 보유자의 디지털 지갑으로 수익금을 자동으로 분배한다. 민수와 지현은 자신의 스마트폰으로 배당 내역과 산출 근거를 투명하게 확인한다.

(2) **유동성의 힘:** 1년 후, 민수는 교환학생 자금이 급하게 필요해 졌다. 그는 보유한 SLR 토큰 10개를 디지털 자산 거래소에 매물로 내놓는다. 그 사이 '솔라리스 타워'는 성공적인 리모델링과 우량 임차인 유치로 자산 가치가 상승했고, 토큰의 가격은 11만 원으로 올라 있었다. 지현은 건물의 성장성을 보고 추가 투자를 결정, 민수가 내놓은 토큰을 즉시 매수한다. 이 모든 거래는 단 몇 시간 만에 완료된다.

5) **결론 및 시사점:** 5년 후, '솔라리스 타워'는 최첨단 스마트 빌딩으로 탈바꿈하여 글로벌 IT 기업에 성공적으로 매각된다. 초기 투자자들은 상당한 매각차익을 지분율에 따라 분배 받는다. 민수는 작은 투자로 큰 수익을 얻었을 뿐만 아니라, 도시 재생 프로젝트에 직접 참

여했다는 자부심을 얻었다. 이처럼 '솔라리스 타워' 사례는 부동산 STO가 어떻게 거대 자본의 전유물이던 부동산 투자의 문턱을 낮추고, 투명한 정보와 풍부한 유동성을 기반으로 모두가 참여할 수 있는 새로운 투자 생태계를 창조하는지를 명확히 보여주는 것이다.

6

"부동산 조각투자가 개인의 자산 포트폴리오에 미치는 영향을 고찰한다."와 가상사례

6.1. 포트폴리오 이론의 새로운 지평

현대 투자학의 근간을 이루는 "포트폴리오 이론(Portfolio Theory)"의 핵심은 '모든 달걀을 한 바구니에 담지 말라'는 격언으로 요약된다. 이는 서로 다른 위험과 수익 특성을 가진 자산들을 조합하여, 개별 자산이 가진 위험을 상쇄하고 안정적인 수익을 추구하는 전략을 의미한다. 전통적으로 개인 투자자의 포트폴리오는 주식과 채권이라는 두 개의 큰 축을 중심으로 구성되어 왔다. 여기에 소수의 고액 자산가 들만이 부동산이라는 강력한 세 번째 축을 추가할 수 있었다.

그러나 부동산 조각투자(STO)의 등장은 이러한 전통적인 포트폴리오 구성의 공식을 근본적으로 바꾸고 있다. 이제는 누구나 소액으로 우량 부동산 자산을 자신의 포트폴리오에 편입시킬 수 있게 된 것이다. 본 절에서는 부동산 조각투자가 개인의 자산 포트폴리오에 구체적으로 어떠한 영향을 미치며, 이를 통해 어떻게 더 견고하고 균형 잡힌 자산 배분을 완성할 수 있는지를 심층적으로 고찰하고자 한다.

6.2. 부동산 자산 편입의 포트폴리오 효과

부동산은 주식이나 채권과는 매우 다른 고유의 특성을 지닌 자산군이다. 이를 포트폴리오에 포함시켰을 때 다음과 같은 긍정적 효과를 기대할 수 있다.

1) **위험 분산 효과**(Diversification): 부동산 시장의 경기는 주식이나 채권 시장의 흐름과 일치하지 않는 경우가 많다. 이러한 "낮은 상관관계(Low Correlation)"는 포트폴리오의 안정성을 높이는 핵심 요소이다. 예를 들어, 주식 시장이 외부 충격으로 급락하더라도, 안정적인 임대수익이 발생하는 부동산 자산은 포트폴리오 전체의 가치 하락을 방어하는 '안전판' 역할을 수행할 수 있다.
2) **안정적인 현금흐름 창출**(Stable Cash Flow): 부동산 조각투자의 가장 큰 매력은 정기적인 배당수익이다. 이는 주식의 배당과 유사하지만, 임대차 계약을 기반으로 하기에 예측 가능성이 더 높고 변동성이 낮다. 이러한 안정적인 현금흐름은 포트폴리오에 꾸준한 수입원을 제공하여 재투자의 기회를 만들거나 생활 안정에 기여할 수 있다.
3) **인플레이션 헤지**(Inflation Hedge): 인플레이션, 즉 화폐 가치 하락 시기에 실물자산인 부동산의 가치와 임대료는 물가 상승률과 동반하여 상승하는 경향이 있다. 이는 포트폴리오의 실질 구매력을 보존해 주는 강력한 방어 수단이 된다. 주식이나 예금 자산이 인플레이션에 취약한 점을 보완하는 결정적인 역할을 하는 것이다.

6.3. 전통적 포트폴리오와 STO 편입 포트폴리오의 비교

구분	전통적 포트폴리오 (주식 60%/채권 40%)	STO 편입 포트폴리오 (주식 50%/채권 30%/부동산 STO 20%)
기대수익률	시장 상황에 따라 변동성 큼	중위험·중수익 구조로 안정성 보강
위험 (변동성)	높음 (주식 시장의 등락에 직접적 영향)	낮아짐 (상관관계 낮은 부동산 자산이 변동성을 흡수)
현금흐름	주식 배당 및 채권 이자 (주기 및 규모 불확실성 존재)	배당/이자에 안정적 임대수익 추가 (현금흐름의 질적 향상)
인플레이션 방어	제한적 (일부 주식 제외 시 취약)	강함 (실물자산 편입으로 강력한 헤지 기능 수행)
자산군	전통적 금융자산에 국한	실물자산으로 확장 (포트폴리오의 다각화 수준 심화)

6.4. 개인의 생애주기와 투자 목표에 따른 활용 전략

부동산 조각투자는 투자자의 연령, 소득 수준, 위험 감수 성향 등 생애주기 및 투자 목표에 따라 다양하게 활용될 수 있다.

1) **사회초년생(20~30대)**: 소액으로 투자를 시작하여 장기적인 자산 형성의 기반을 다질 수 있다. 매월 적립식으로 유망한 지역의 부동산 토큰을 매수하며 '디지털 건물주'로서의 경험을 쌓고, 복리 효과를 통해 목돈을 마련하는 전략이 유효하다.

2) **중장년층(40~50대)**: 주식 위주의 공격적인 포트폴리오에 부동산 STO를 편입하여 안정성을 더할 수 있다. 특히 은퇴를 앞두고 안정적인 현금흐름의 중요성이 커지는 시기이므로, 매월 꾸준한 배당수익을 제공하는 우량 상업용 부동산 자산의 비중을 높이는 것이 바람직하다.

3) **은퇴 생활자(60대 이상)**: 자산 가치의 성장보다는 안정적인 생활비 확보가 최우선 목표가 된다. 예금이나 채권만으로는 낮은 금리와 인플레이션을 방어하기 어렵기에, 이보다 높은 배당수익률을 제공하는 부동산 STO는 은퇴 포트폴리오의 핵심적인 현금흐름 창출원이 될 수 있다.

6.5. 가상 사례: 『평범한 직장인 김 대리의 '나만의 포트폴리오' 건축기』

여기에 부동산 조각투자가 개인의 포트폴리오를 어떻게 변화시키는지 보여주는 구체적인 가상 사례를 제시한다.

1) **배경**: 입사 5년 차 직장인 김 대리(32세)는 매월 100만 원씩 꾸준히 저축하고 있지만, 자산은 은행 예금과 국내 성장주 펀드 두 곳에만 집중되어 있다. 그는 자산이 잘 불어나지 않는 것 같아 고민하던 중, 부동산 STO라는 새로운 투자 방식을 접하게 된다.

2) **포트폴리오 리밸런싱의 시작**: 김 대리는 자신의 현재 포트폴리오가 지나치게 공격적이거나 혹은 너무 안정적인 자산에만 치우쳐 있음을 깨닫고, '나만의 포트폴리오'를 새롭게 건축하기로 결심한다. 그의 새로운 월 100만 원 투자 계획은 다음과 같다.

   (1) **미국 S&P500 ETF(50만 원)**: 글로벌 우량주에 장기 투자하여 자산 성장을 추구한다.(주식 대표)

   (2) **국내 국고채 ETF(20만 원)**: 안정적인 이자 수익과 위험 분산을 담당한다.(채권 대표)

   (3) **부동산 STO(30만 원)**: 안정적인 배당과 인플레이션 헤지를 위해 '두 가지' 다른 성격의 부동산 토큰에 분산 투자한다.

• 강남 오피스 빌딩 토큰('G-Token'): 15만 원. 안정적인 임대수익을 통해 매월 꾸준한 배당금을 확보하는 것을 목표로 한다.
• 성수동 리모델링 상가 토큰('S-Token'): 15만 원. 향후 가치 상승에 따른 높은 매각차익(자본이득)을 기대하는 성장형 자산으로 편입한다.

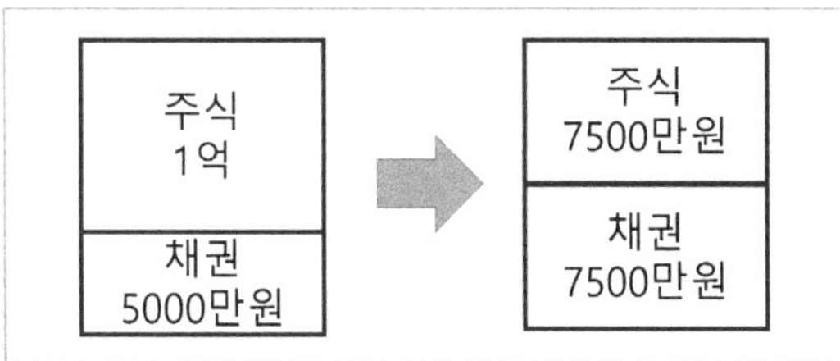

리밸런싱은 본인이 정한 일정 주기마다 현재 포트폴리오의 자산 비중을 목표 비중으로 조정하는 것을 뜻한다. 퀀트 투자에서 리밸런싱이란??: 에임리치 https://aimrich.co.kr

3) 포트폴리오의 변화와 성장:

(1) **초기의 안정성:** 1년 후, 글로벌 경제의 불확실성으로 주식 시장이 10% 하락했다. 김 대리의 S&P500 ETF는 손실을 기록했지만, 같은 기간 'G-Token'에서는 꾸준히 연 5% 수준의 배당금이 입금되어 포트폴리오 전체의 손실 폭을 크게 줄여주었다. 그는 처음으로 위험 분산의 효과를 피부로 체감한다.

(2) **새로운 현금흐름:** 김 대리는 매월 입금되는 'G-Token'의 배당금과 'S-Token'의 분기 배당금을 그냥 두지 않고, 다시 S&P500 ETF를 매수하는 '배당금 재투자' 전략을 실행한다. 이는 복리 효과를 극대화하는 강력한 엔진이 된다.

(3) **성장의 과실**: 3년 후, 성수동 상권이 크게 활성화되면서 'S-Token'의 대상 건물이 성공적으로 매각되었다. 김 대리는 원금 대비 40%에 달하는 매각차익을 분배 받게 된다. 그는 이 자금으로 결혼 준비의 큰 짐을 덜게 된다.

4) **결론 및 시사점**: 김 대리의 사례는 부동산 조각투자가 어떻게 개인의 포트폴리오에 '제3의 기둥'을 세우는지를 명확히 보여준다. 그것은 주식의 '성장성'과 채권의 '안정성' 사이에 놓인 '안정적 성장성'이라는 새로운 영역을 개척하는 것이다. 이를 통해 개인 투자자는 과거 기관 투자자들의 전유물이었던 정교한 자산 배분 전략을 자신의 포트폴리오에 구현하며, 더 건강하고 지속 가능한 부의 성장을 이룰 수 있게 되는 것이다.

주제 2

왜 지금 STO에 주목해야 하는가? 시장의 기회와 잠재력

1

"커피 한 잔 값으로 강남 빌딩 주인이 되는 시대의 개막을 분석한다."와 가상사례

1.1. '강남 빌딩'이라는 상징성과 새로운 시대의 서막

대한민국 사회에서 '강남 빌딩'은 단순한 부동산 이상의 의미를 지닌다. 그것은 부의 정점이자 성공의 상징이며, 수십, 수백억 원의 자본 없이는 감히 넘볼 수 없는 견고한 성채 와도 같았다. 평범한 개인에게 강남 빌딩의 주인이 된다는 것은 현실과는 거리가 먼, 막연한 꿈의 영역에 속하는 일이었다.

그러나 기술의 발전은 불가능해 보였던 상상을 현실로 만들고 있다. 블록체인 기술을 기반으로 한 증권형 토큰(STO)은 이 거대한 자본의 성벽에 수많은 작은 문을 내고 있다. 이제 단돈 몇 천 원, 상징적으로 '커피 한 잔 값'으로 강남 빌딩의 지분을 소유하고, 그곳에서 나오는 임대수익을 배당 받는 시대가 열리고 있는 것이다. 본 장에서는 이러한 변화가 어떠한 원리로 가능하게 되었으며, 우리 사회와 개인의 투자 패러다임에 어떠한 혁명적 변화를 가져오는지 심층적으로 분석하고자 한다.

1.1.1. 무엇이 '커피 한 잔 값' 투자를 가능하게 하는가?

커피 한잔값으로 빌딩 사라 https://www.thescoop.co.kr

한 잔의 커피 값으로 빌딩의 지분을 소유한다는 개념은 다음의 세 가지 핵심 요소가 결합하여 비로소 가능하게 된다.

1) 자산의 유동화와 디지털 분할(Securitization & Fractionalization)

가장 핵심적인 원리는 거대한 부동산을 잘게 쪼개는 기술에 있다.

(1) **유동화**: 먼저, 특정 빌딩에서 발생하는 미래의 임대수익과 매각 차익을 받을 수 있는 권리를 '수익증권'이라는 금융 상품으로 만든다. 이는 눈에 보이는 건물이 아니라, 그 건물에서 나오는 '경제적 가치'를 증권의 형태로 바꾸는 과정이다.

(2) **디지털 분할**: 다음으로, 이렇게 만들어진 수익증권을 블록체인 기술을 이용해 수백만, 수천만 개의 디지털 토큰으로 분할한다. 1,000억 원 가치의 빌딩이라도 1억 개의 토큰으로 나누면 1토큰

의 가격은 1,000원이 된다. 이로써 과거에는 상상할 수 없었던 수준의 소액 투자가 가능해지는 것이다. 이는 마치 거대한 피자 한 판을 수만 개의 작은 조각으로 나누어 누구나 한 입씩 맛볼 수 있게 하는 것과 같다.

2) 블록체인 기술을 통한 비용 절감과 신뢰 확보

소액 투자가 이론적으로 가능하더라도, 거래마다 높은 비용이 발생한다면 실현될 수 없다. 블록체인은 이 문제를 해결하는 핵심 기술이다.

(1) 거래 비용의 혁신: 스마트 컨트랙트는 수많은 투자자에 대한 지분 기록, 배당금 지급, 소유권 이전 등의 과정을 자동으로 처리한다. 이는 기존에 필요했던 은행, 증권사, 법무사 등 수많은 중개기관의 역할을 최소화하여 거래 비용을 획기적으로 낮춘다. 거래 비용이 낮아지기에 커피 한 잔 값의 거래도 경제성을 갖게 된다.

(2) 투명성과 신뢰: 모든 거래 기록은 위·변조가 불가능한 블록체인 원장에 투명하게 기록된다. 투자자는 자신의 지분이 얼마나 되는지, 배당이 어떻게 이루어지는지를 언제든 직접 확인할 수 있어, 소액 투자자라도 안심하고 투자할 수 있는 신뢰 기반을 제공한다.

1.1.2. 전통적 부동산 투자와 STO 조각투자의 비교

구분	전통적 부동산 직접투자	증권형 토큰(STO)을 통한 조각투자
최소 투자금액	수억 ~ 수백억 원 (기관 및 고액 자산가의 영역)	수천 ~ 수만 원 (커피 한 잔 값으로도 가능)
거래 과정	복잡한 서류, 법률 검토, 등기 이전 등 수개월 소요	모바일 앱을 통한 간편한 매수/매도, 수 분 내 완료

유동성	매수자 탐색의 어려움으로 현금화에 오랜 시간 소요(낮음)	2차 거래소를 통해 주식처럼 실시간으로 매매 가능(높음)
정보 접근성	소유주 및 소수 관계자에게 정보 편중(정보 비대칭성 높음)	블록체인 원장 및 플랫폼을 통해 모든 투자자에게 정보 투명하게 공개

1.1.3. 사회·경제적 파급효과: 단순한 투자를 넘어선 패러다임의 전환

부동산 조각투자의 대중화는 단순한 재테크 수단의 등장을 넘어 사회 전반에 걸친 변화를 예고한다.

(1) **자산 형성의 대중화**: 청년 세대와 사회초년생 등 소액 투자자들도 우량 실물자산에 투자하여 자산을 형성할 기회를 갖게 된다. 이는 자산 격차 해소에 긍정적인 영향을 미칠 수 있는 잠재력을 가진다.

(2) **도시 경제와의 새로운 관계 형성**: 내가 투자한 빌딩이 강남에 있다면, 그 지역의 발전에 더 큰 관심을 갖게 될 것이다. 이는 수동적인 도시의 거주자에서, 도시의 성장에 함께 참여하고 그 과실을 공유하는 능동적인 '도시 주주(City Stockholder)'로의 역할 변화를 의미한다.

(3) **새로운 금융 생태계의 탄생**: STO는 부동산을 넘어 미술품, 음원 저작권, 인프라 등 과거에는 유동화가 어려웠던 다양한 자산을 투자 상품으로 탄생시켜 더욱 풍요롭고 다각화된 금융 생태계를 구축하게 될 것이다.

1.2. 가상 사례: 『프로젝트 G-Tower: 우리들의 첫 번째 강남 빌딩』

G-Tower 빌딩코리아 BD https://www.aha114.co.kr

여기에 대학생과 일반인들의 지적 호기심을 자극할 하나의 가상 시나리오를 제시한다.

1) **배경**: 강남역 인근의 'G-Tower'는 15층 규모의 오피스 빌딩이다. 입지는 뛰어나지만, 20년이 넘어 노후화된 시설 탓에 공실률이 높아지고 있었다. 건물주는 대대적인 리모델링을 통해 'G-Tower'를 최신 트렌드를 반영한 공유 오피스 및 IT 스타트업 허브로 바꾸고 싶지만, 200억 원에 달하는 자금 조달에 어려움을 겪고 있다.

2) **STO 프로젝트의 시작**: 건물주는 STO 플랫폼과 손을 잡고 '프로젝트 G-Tower'를 시작한다. 리모델링 및 운영자금 200억 원을 조달하기 위해, 건물 수익증권을 기반으로 1개당 5,000원의 가치를 지닌 'GT' 토큰 400만 개를 발행한다. 이는 서울 시내의 커피 한 잔 값과 비슷한 금액이다.

3) 도시 주주들의 탄생:

(1) **대학생 스터디 그룹:** 도시공학을 전공하는 대학생 유나와 친구들은 각자 5만 원씩을 모아 'GT' 토큰 50개를 함께 구매한다. 이들에게 이것은 단순한 투자를 넘어, 전공 지식을 실제로 적용해보는 살아있는 학습이자, '우리도 강남 빌딩에 투자했다'는 특별한 경험이다.

(2) **직장인 이 대리:** 'G-Tower' 근처 회사에 다니는 이 대리는 매일 지나는 이 건물의 잠재력을 높이 평가하고, 월급의 일부인 100만 원을 투자해 토큰 200개를 매수한다. 그는 자신의 투자로 건물이 어떻게 변해가는지 지켜보는 재미를 기대한다.

(3) **인근 상권 자영업자:** 건물 1층에서 카페를 운영하는 박 사장은 리모델링 후 유동인구가 늘어날 것을 기대하며 500만 원을 투자한다. 그의 투자는 건물 가치 상승뿐만 아니라, 자신의 사업과 상권 전체의 활성화라는 더 큰 그림을 보고 이루어진 것이다.

4) 결과와 변화:

(1) **참여와 소통:** '프로젝트 G-Tower'는 성공적으로 자금을 모집한다. STO 플랫폼은 투자자들에게 리모델링 진행 상황을 3D 그래픽과 영상으로 정기적으로 보고하며, 로비의 컨셉트 디자인과 같은 일부 사안에 대해서는 토큰 보유자들의 온라인 투표를 통해 의견을 반영한다. 투자자들은 방관자가 아닌, 프로젝트의 능동적 참여자가 된다.

(2) **수익의 공유:** 1년 후, 'G-Tower'는 성공적으로 리모델링을 마치고 IT 스타트업들이 가득 찬 힙한 빌딩으로 재탄생한다. 유나와

친구들은 스마트폰 앱을 통해 매 분기마다 자신들의 지갑으로 꼬박꼬박 들어오는 임대수익 배당금을 확인하며 경제적 독립의 첫걸음을 경험한다.

(3) **가치의 성장:** 'G-Tower'의 자산 가치가 상승함에 따라, 2차 거래소에서 'GT' 토큰의 가격은 6,500원으로 상승한다. 이 대리는 자산 증식의 기쁨을 맛보고, 일부를 현금화하여 다른 STO 상품에 재투자하는 포트폴리오 다각화를 시작한다.

5) **시사점:** 이처럼 '프로젝트 G-Tower'는 단지 낡은 건물을 되살린 것을 넘어, 수많은 평범한 사람들에게 '강남 빌딩'의 주인이 될 기회를 제공하고, 도시 공간과 시민의 관계를 재정의했으며, 새로운 부의 형성 방식을 제시한 것이다. 이는 바로 커피 한 잔 값으로 시작된 작은 투자가 모여 거대한 변화를 만들어낸, 새로운 시내의 상징적 사건이라 할 수 있다.

2

"글로벌 부동산 STO 시장의 성장 동력과 미래 전망을 분석한다."와 가상사례

2.1. 국경을 넘는 디지털 대항해시대의 개막

과거 대항해시대가 바다를 통해 부와 기회의 신대륙을 열었다면, 21세기의 블록체인 기술은 국경과 자본의 장벽을 허무는 '디지털 대항해시대'를 열고 있다. 그 선두에 바로 부동산 증권형 토큰(STO)이 있다. 뉴욕 맨해튼의 마천루, 런던의 유서 깊은 상업지구, 싱가포르의 최첨단 데이터센터 등 과거에는 특정 국가의 거대 자본만이 소유할 수 있었던 상징적인 부동산들이 이제 디지털 토큰의 형태로 전 세계 투자자들에게 손짓하고 있다.

본 장에서는 글로벌 부동산 STO 시장이 어떠한 강력한 동력을 기반으로 성장하고 있으며, 이 혁신적인 시장이 앞으로 어떠한 모습으로 진화하여 우리의 투자 지도를 완전히 새롭게 그려 나갈 것인지 그 미래를 전망하고자 한다.

2.2. 글로벌 부동산 STO 시장의 핵심 성장 동력

글로벌 부동산 STO 시장의 성장은 단순히 새로운 기술의 등장을 넘어, 기술, 금융, 사회적 변화가 맞물려 만들어내는 거대한 흐름이다.

2.2.1. 기술적 동력: 신뢰와 효율의 인프라 구축

(1) **블록체인 기술의 성숙:** 초기 블록체인 기술이 가졌던 속도와 확장성의 한계가 극복되고, 보안성이 검증된 고성능 블록체인(레이어 1, 2)이 등장하면서 대규모 금융 거래를 처리할 수 있는 안정적인 기술적 기반이 마련되었다.

(2) **스마트 컨트랙트의 고도화:** 국적이 다른 수만 명의 투자자에게 임대수익을 배당하고, 각국의 규제에 맞춰 거래를 통제하는 복잡한 계약 조건들이 스마트 컨트랙트를 통해 자동화되고 있다. 이는 인간의 개입을 최소화하여 비용을 절감하고, 분쟁의 소지를 원천적으로 차단하는 역할을 한다.

(3) **플랫폼 기술의 발전:** 일반 투자자들도 스마트폰 앱을 통해 손쉽게 해외 부동산 정보를 얻고, 국경을 넘어 간편하게 투자할 수

있는 사용자 친화적인 STO 플랫폼들이 속속 등장하며 기술적 장벽을 허물고 있다.

2.2.2. 금융·경제적 동력: 유동성과 새로운 기회에 대한 갈증

(1) **대체 투자 자산 수요 증가:** 장기화된 저금리 기조 속에서 전통적인 주식과 채권만으로는 만족스러운 수익률을 기대하기 어려워졌다. 이에 따라 안정적이면서도 높은 수익을 추구하는 '대체 투자'에 대한 수요가 폭발적으로 증가했으며, 부동산 STO는 이러한 수요를 충족시킬 최적의 대안으로 부상하고 있다.

(2) 글로벌 자본의 이동성 증대: STO는 각국의 자본이 특정 국가의 규제와 복잡한 절차에 얽매이지 않고, 전 세계의 유망한 부동산 프로젝트로 자유롭게 흘러 들어갈 수 있는 파이프라인 역할을 한다. 이는 자금 조달이 필요했던 부동산 개발사와 새로운 투자처를 찾던 글로벌 자본 모두에게 '윈-윈'이 되는 구조이다.

2.2.3. 사회·제도적 동력: 변화하는 세대와 깨어나는 규제

(1) **디지털 네이티브 세대의 부상:** MZ세대는 유형의 실물 소유보다 디지털 경험과 투명한 정보, 그리고 소액으로도 참여할 수 있는 '조각 소유'를 선호한다. STO는 이러한 세대의 투자 철학과 정확히 부합하는 투자 방식이다.

(2) **주요국의 제도적 기반 마련:** 스위스, 싱가포르, 룩셈부르크, 미국 등 금융 선진국들이 증권형 토큰의 법적 지위를 명확히 하고, 투자자 보호 장치를 포함한 규제 프레임워크를 선도적으로 구축하고 있다. 이는 시장의 불확실성을 해소하고 기관 투자자들이 진입할 수 있는 길을 열어주는 결정적인 역할을 한다.

2.3. 부동산 STO 시장의 미래 전망: 도시와 금융의 경계가 사라진다

글로벌 부동산 STO 시장은 이제 막 초기 단계를 지나 본격적인 팽창 국면으로 진입하고 있다. 미래의 시장은 다음과 같은 모습으로 진화할 것이다.

(1) **투자 자산의 무한한 확장:** 오피스 빌딩, 리테일 상가를 넘어 데이터센터, 스마트 물류창고, 친환경 에너지 시설(태양광, 풍력발전소), 스마트팜, 심지어 미래 도시의 인프라까지 토큰화의 대상이 될 것이다. 가치를 지닌 모든 공간과 인프라가 투자 자산이 되는 시대가 열리는 것이다.

(2) **STO 2.0: 디파이(DeFi)와의 융합:** 부동산 토큰은 단순히 보유하고 배당받는 자산을 넘어, 탈중앙화 금융(DeFi) 프로토콜에서 새로운 가치를 창출하게 될 것이다. 예를 들어, 자신이 소유한 강남 빌딩 토큰을 담보로 맡기고 스테이블 코인을 대출받아 다른 투자를 하거나, 토큰을 유동성 풀에 예치하여 추가적인 이자 수익을 얻는 등 부동산 자산의 금융 효율성이 극대화될 것이다.

(3) **기관 투자자의 본격적인 진입:** 시장의 신뢰도와 규모가 커짐에 따라, 연기금, 국부펀드, 대형 자산운용사 등 막대한 자금을 운용하는 기관 투자자들이 STO 시장의 핵심 참여자로 부상할 것이다. 이는 시장의 안정성을 높이고, 더욱 거대한 프로젝트들을 가능하게 할 것이다.

[곽노건 교수의 웹3 ④] DeFi(디파이, 탈중앙화 금융) https://zdnet.co.kr

■ 글로벌 부동산 STO 시장의 미래 진화 방향

구분	현재(STO 1.0)	미래(STO 2.0)
주요 자산	주요 도시의 상업용 부동산 (오피스, 리테일)	스마트시티 인프라, 데이터센터, 신재생에너지 시설 등 특수 자산
주요 투자자	개인 투자자, 소규모 기관	대형 기관 투자자(연기금, 국부펀드), AI 기반 퀀트 펀드
핵심 기능	자산의 조각 소유 및 배당 수취	DeFi와 결합하여 담보대출, 이자농사 등 추가 수익 창출
시장 범위	각국의 규제 내에서 제한적 국가 간 거래	글로벌 단일 시장 형성, 24/7 실시간 국가 간 거래 보편화
투자자 경험	플랫폼을 통한 투자 및 정보 확인	디지털 트윈, 메타버스와 연계하여 가상공간에서 자산 관리/체험

2.4. 가상 사례: 『프로젝트 오아시스: 사막 위에 세운 도시의 글로벌 주주들』

여기에 글로벌 STO가 만들어갈 미래를 엿볼 수 있는 하나의 가상 프로젝트를 제시한다.

1) **배경:** 2030년, 중동의 한 국가는 석유 의존 경제를 탈피하고 지속가능한 미래를 열기 위해 사막의 심장부에 인공지능과 100% 신재생에너지로 운영되는 스마트시티 '오아시스'를 건설하는 거대 프로젝

트를 발표한다. 총사업비는 5,000억 달러. 국가는 전통적인 방식의 자금 조달을 넘어, 이 도시 자체를 '글로벌 커뮤니티'가 함께 소유하고 만들어가는 모델을 구상한다.

2) **'오아시스' STO의 탄생:** 프로젝트 총괄 기관은 글로벌 투자은행 컨소시엄과 협력하여, 도시의 핵심 상업 인프라(AI 기반 물류 시스템, 도심 항공 모빌리티(UAM) 터미널, 데이터센터 등)에서 발생하는 미래 운영수익을 기반으로 하는 증권형 토큰 'OASIS'를 발행한다. 총 100억 개의 토큰이 발행되며, 전 세계 누구나 각국의 STO 플랫폼을 통해 미화 10달러부터 투자가 가능하다.

3) **글로벌 도시 주주들의 등장:**

   (1) **서울의 도시공학도 이지혜:** 그녀는 수업 과제로 '오아시스' 프로젝트를 접한다. 단순한 리서치를 넘어, 자신의 용돈 30만 원으로 'OASIS' 토큰 20개를 구매한다. 그녀는 플랫폼이 제공하는 '디지털 트윈' 대시보드를 통해 실시간으로 도시가 건설되는 과정을 3D로 확인하며, UAM 터미널의 디자인 선호도에 대한 토큰 주주 투표에 참여한다. 그녀에게 'OASIS'는 단순한 투자처가 아니라, 살아있는 미래 도시 교과서이다.

   (2) **독일의 은퇴 교사 클라우스:** 평생 환경 문제에 관심이 많았던 그는 '오아시스'의 100% 탄소중립 비전에 매료된다. 그는 자신의 연금 포트폴리오의 일부로 5만 유로를 'OASIS' 토큰에 투자한다. 그는 자신의 투자가 단순히 수익을 넘어, 인류의 지속가능한 미래에 기여한다는 사실에 자부심을 느낀다.

(3) **뉴욕의 한 핀테크 헤지펀드:** 이 펀드는 'OASIS' 토큰의 안정성과 성장성을 높이 평가하여 대량 매수한다. 이후, 이들은 매수한 토큰의 절반을 글로벌 DeFi 프로토콜에 담보로 제공하고, 여기서 대출한 자금으로 다른 신흥국 STO 프로젝트에 재투자하여 레버리지 효과를 극대화한다.

4) **결과 및 시사점:** '프로젝트 오아시스'는 전 세계 150개국에서 자금을 유치하며 대성공을 거둔다. 도시가 건설되고 운영되면서 발생한 수익은 스마트 컨트랙트를 통해 매 분기 국경과 환율의 장벽 없이 전 세계 'OASIS' 토큰 보유자들의 디지털 지갑으로 정확하게 배당된다. 10년 후, 이지혜는 '오아시스' 프로젝트의 STO 모델을 분석한 논문으로 박사 학위를 받고, 클라우스는 주주들에게 제공되는 방문 프로그램에 참여하여 자신이 투자한 UAM 터미널에서 이륙하는 비행체를 바라보며 감회에 젖는다.

이 사례는 미래의 부동산 STO가 단순히 개별 건물을 사고파는 것을 넘어, 국가적 비전과 인류의 미래가 담긴 거대한 프로젝트의 소유권을 대중화하고, 전 세계의 자본과 염원을 한데 모으는 가장 강력한 금융 도구가 될 것임을 명확히 보여주는 것이다.

3

"MZ세대의 STO 관련 새로운 투자 트렌드와 소유의 개념 변화를 파악한다."와 가상사례

3.1. 새로운 투자 주체, MZ세대의 등장

자본 시장의 지형이 변화하고 있다. 과거 시장의 중심이 기성세대의 전유물이었다면, 이제는 디지털 환경에 익숙하고 자신만의 가치관을 소비와 투자에 적극적으로 반영하는 "MZ세대(1980년대 초~2000년대 초 출생)"가 새로운 주역으로 부상하고 있다. 이들은 단순히 높은 수익률만을 추구하는 전통적인 투자 방식에서 벗어나, 투자의 과정에서 재미와 의미를 찾고, 사회적 가치를 실현하며, 자신의 정체성을 표현하는 새로운 투자 문화를 만들어가고 있다.

이러한 변화의 중심에 바로 "증권형 토큰 발행(STO, Security Token Offering)"이 존재한다. STO는 블록체인 기술을 통해 부동산과 같은 실물 자산을 디지털 증권으로 변환하여 소액으로도 거래할 수 있게 만든 혁신적인 금융 기법이다. 본 장에서는 MZ세대의 투자 트렌드가 STO와 어떻게 결합하여 시너지를 창출하는지 분석하고, 이로 인해 '소유'라는 전통적 개념이 어떻게 재편되고 있는지를 심층적으로 탐구하고자 한다. 이는 미래 부동산 투자 시장의 향방을 가늠하는 중요한 척도가 될 것이다.

3.2. MZ세대의 투자 트렌드: '소유'에서 '경험'과 '의미'로

MZ세대의 투자 행태는 기성세대와는 확연히 다른 몇 가지 핵심적인 특징을 보인다.

1) **디지털 네이티브(Digital Native)와 게이미피케이션(Gamification)**: 이들은 태생적으로 디지털 환경에 친숙하며, 복잡하고 권위적인 투자 방식보다는 스마트폰 앱을 통해 직관적이고 게임처럼 재미있게 참여할 수 있는 투자 방식을 선호한다. 사용자 친화적인 인터페이스(UI)와 경험(UX)은 이들의 투자 결정에 중요한 요소로 작용한다.

2) **미닝아웃(Meaning-out)과 가치 소비**: MZ세대는 자신의 신념과 가치를 소비를 통해 드러내는 '미닝아웃'에 적극적이다. 이는 투자 영역으로 확장되어, 환경(Environment), 사회(Social), 지배구조(Governance)를 중시하는 ESG 투자나 사회적 가치를 창출하는 기업 및 자산에 투자하려는 경향으로 나타난다. 단순히 재무적 이익을 넘어 사회적 선한 영향력을 행사하는 것을 중요하게 생각하는 것이다.

3) **팬덤(Fandom) 문화와 커뮤니티**: 이들은 특정 브랜드나 아티스트의 팬이 되어 커뮤니티를 형성하고 활동하는 것에 익숙하다. 이러한 팬덤 문화는 투자에도 적용된다. 자신이 투자한 자산이나 프로젝트에 대한 강한 애착을 가지고, 다른 투자자들과 온라인 커뮤니티를 통해 소통하며 정보를 공유하고, 집단적인 영향력을 행사하는 것을 즐긴다.

4) **'소유'보다 '경험'과 '접근'**: '내 집 마련'과 같은 완전한 소유에 대한 강박관념이 기성세대보다 옅다. 대신, 해당 자산을 경험하고 향유할 수 있는 '접근권'에 더 큰 가치를 부여한다. 고가의 자산을 온전히 소유하기보다는, 적은 비용으로 다양한 자산을 경험하고 그로부터 파생되는 문화적, 사회적 혜택을 누리기를 원한다.

이러한 특징들은 부동산 STO가 가진 본질적인 속성과 완벽하게 부합한다. STO는 소액으로 투자가 가능하여 진입장벽이 낮고, 모든 과정이 투명한 디지털 플랫폼 위에서 이루어지며, 특정 가치(예: 역사적 건축물, 친환경 빌딩)를 지닌 부동산에 투자할 수 있는 기회를 제공한다. 이는 MZ 세대를 부동산 투자 시장으로 이끄는 강력한 동인이 된다.

학습코너 게이미피케이션(Gamification)

게이미피케이션은 게임이 아닌 분야에 게임의 요소와 메커니즘을 적용하여 사용자들의 참여를 유도하고 동기를 부여하는 방법입니다. 칭찬, 보상, 도전 과제, 레벨업, 경쟁, 협력 등 게임의 재미와 몰입 요소를 활용해 교육, 마케팅, 업무 등 다양한 활동을 더욱 흥미롭고 효과적으로 만들 수 있습니다.

■ 주요 특징

- 참여 유도: 게임적 요소를 통해 사용자의 흥미를 유발하고 활동에 더 적극적으로 참여하게 만듭니다.
- 동기 부여: 점수, 배지, 리더보드 등 보상 시스템을 통해 성취감을 느끼게 하고 지속적인 참여를 독려합니다.
- 사용자 경험 개선: 지루하거나 복잡한 작업을 재미있게 만들어 사용자의 부담감을 줄이고 긍정적인 경험을 제공합니다.

■ 다양한 분야에 적용

교육, 마케팅, 보건의료, 스포츠, 공공 정책 등 거의 모든 분야에 적용 가능합니다.

■ 적용 사례

- 교육: 학습에 게임 요소를 접목하여 학습자의 흥미와 몰입도

를 높이고, 학습 내용을 더 효과적으로 전달합니다.

- 마케팅: 포인트, 쿠폰, 랭킹 시스템 등을 활용하여 고객의 재방문과 구매를 유도합니다.
- 운동: 운동 기록을 앱에 기록하면 점수를 주고, 친구와 경쟁하는 등 게임처럼 즐길 수 있도록 합니다.

[참고: https://www.google.com]

3.3. 소유 개념의 패러다임 전환: 완전 소유에서 분산 소유로

STO의 등장은 부동산 '소유'의 개념을 근본적으로 바꾸고 있다. 기존의 부동산 소유가 법적 등기를 통해 확인되는 배타적이고 물리적인 권리였다면, STO를 통한 소유는 다수가 자산의 가치를 공유하는 "디지털화된 분산 소유(Digitalized Fractional Ownership)"의 성격을 띤다.

구분	전통적 부동산 소유	STO 기반 분산 소유
소유 형태	단독 혹은 소수 지분 공유 (물리적 등기 기반)	다수의 디지털 증권(토큰) 보유 (블록체인 기반)
접근성	높은 초기 자본 필요, 제한된 참여자	소액 투자 가능, 대중적 참여 용이
유동성	낮음(매각 절차 복잡, 장기간 소요)	높음(디지털 거래소에서 24시간 거래 가능)
투명성	제한적 정보 공개, 정보 비대칭성 존재	블록체인 기반 모든 거래 기록 투명하게 공개
소유의 의미	자산에 대한 배타적 사용 및 처분 권리	자산 가치 공유, 배당 및 시세차익 추구, 커뮤니티 참여
가치 부여	물리적 자산 가치, 입지	물리적 가치 + 스토리, 문화, 경험적 가치

STO 시대의 '소유'는 단순히 자산을 보유하는 것을 넘어, 해당 자산의 스토리에 참여하고, 커뮤니티의 일원이 되며, 그로부터 파생되는 유무형의 가치를 향유하는 복합적인 개념으로 진화한다. 이는 MZ세대가 추구

하는 경험과 의미 중심의 가치관과 정확히 일치하는 지점이다. 내가 투자한 건물이 지역의 랜드마크가 되고, 문화적 명소가 되는 과정을 지켜보며 느끼는 자부심과 연대감은 단순한 시세차익 이상의 만족감을 제공하는 것이다.

3.4. 가상 사례: 구 방직공장을 살린 MZ세대 투자자들

광주 옛 방직공장 터 개발 어떻게? '고층 밀집' 우려도 https://news.kbs.co.kr

1) **배경:** 광주의 오래된 공업지구에 1970년대에 지어진 낡은 방직공장이 있었다. 산업 구조의 변화로 20년간 버려져 있던 이 건물은 철거 위기에 놓였지만, 아름다운 붉은 벽돌 외관과 높은 층고, 독특한 내부 구조 덕분에 건축적 보존 가치가 높게 평가되었다. 한 신생 부동산 개발사는 이 공장을 매입하여 복합문화공간 '스페이스 위빙(Space Weaving)'으로 재탄생시키는 프로젝트를 기획하고, 개발 자금 조달을 위해 STO 공모를 시작한다.
2) **주인공:** 사회초년생이자 아마추어 사진작가인 이지연(28세) 씨. 그녀는 평소 도시 재생과 오래된 건축물에 관심이 많았다. 거액의 부동산 투자는 상상도 못 했지만, '스페이스 위빙' 프로젝트의 비전(지역의 역사를 보존하고, 신진 예술가들에게 공간을 제공하며, 시민들에게 새

로운 문화적 경험을 선사한다)에 깊이 공감한다.

3) **투자 과정:** 지연 씨는 STO 플랫폼 앱을 통해 단 5만 원으로 '스페이스 위빙'의 토큰 1주를 구매한다. 그녀에게 이것은 단순한 투자가 아니라, 방직공장의 역사와 미래를 함께 '소유'하는 의미 있는 행위였다. 그녀는 자신의 SNS에 "커피 10잔 값으로 서울의 역사를 지키는 주주가 되었다"며 투자 사실을 공유했고, 이는 비슷한 가치관을 가진 친구들 사이에서 큰 화제가 된다.

4) **소유 경험의 확장:** 토큰 보유자가 된 지연 씨는 단순한 금전적 수익(임대료 수익 배당) 외에 다양한 혜택을 받는다.

    (1) **커뮤니티 참여:** 투자자 전용 온라인 커뮤니티에 참여하여 건물 리모델링 과정을 실시간으로 지켜보고, 입점할 카페나 편집샵 브랜드에 대한 선호도 투표에 참여한다.

    (2) **독점적 경험:** 토큰 보유자에게만 공개되는 '프리오픈' 행사에 초대받아 누구보다 먼저 변화된 공간을 사진에 담는 특권을 누린다. 건물 내 카페와 레스토랑에서 상시 10% 할인 혜택도 받는다.

    (3) **가치 공유와 자부심:** '스페이스 위빙'이 유명 건축 잡지에 소개되고 젊은이들이 찾는 '힙한' 장소로 떠오르자, 지연 씨는 자신이 이 프로젝트의 성공에 기여했다는 큰 자부심을 느낀다. 그녀에게 '스페이스 위빙'은 단순한 투자 대상이 아니라, 자신의 가치관이 실현된 '나의 공간'이 된 것이다.

5) **결과 및 시사점:** '프로젝트 직조'는 MZ세대의 폭발적인 참여로 목표 금액을 초과 달성하며 성공적으로 마무리된다. 투자자들은 안정적인 배당 수익과 함께 토큰 가치 상승이라는 재무적 성과를 얻었을

뿐만 아니라, 도시의 역사를 지키고 새로운 문화를 만들어냈다는 무형의 가치를 함께 소유하게 되었다. 이는 STO가 어떻게 MZ세대의 투자 트렌드와 결합하여 소유의 개념을 '경험과 참여, 그리고 자부심'으로 확장 시키는지를 보여주는 대표적인 사례가 된다.

MZ세대는 STO라는 새로운 금융 도구를 통해 과거에는 상상할 수 없었던 방식으로 부동산 시장에 참여하고 있다. 이들은 더 이상 높은 자본의 벽 앞에서 좌절하지 않으며, 소액으로도 강남의 빌딩, 역사적 건축물, 미래 가치가 유망한 공간의 주인이 될 수 있게 되었다. 그러나 더욱 중요한 변화는 '소유'에 대한 인식의 전환이다. 이들에게 소유는 배타적 권리의 행사가 아닌, 가치의 공유, 경험의 확장, 커뮤니티를 통한 연대를 의미한다.

4

"인플레이션 시대의 대안: 부동산 STO가 효과적인 헷지(Hedge) 수단이 되는 이유를 규명한다."와 가상사례

4.1. '보이지 않는 세금', 인플레이션과 자산 방어의 필요성

"인플레이션(Inflation)"은 화폐 가치의 하락으로 인해 물가 수준이 지속적으로 상승하는 경제 현상을 의미한다. 이는 실질 구매력을 잠식하여, 예금이나 현금과 같은 화폐성 자산의 가치를 시간이 지남에 따라 점차 소멸시키는 '보이지 않는 세금(invisible tax)'과 같다.

이러한 경제 환경 속에서 자산의 실질 가치를 보존하고 증식시키기 위한 투자 전략, 즉 '헷지(Hedge)'의 중요성은 아무리 강조해도 지나치지 않는다. 전통적으로 실물 자산의 대표 격인 부동산은 인플레이션 헷지의 가장 강력한 수단으로 인식되어 왔다.

그러나 높은 초기 투자 비용, 낮은 유동성, 복잡한 관리 부담 등은 일반 투자자들이 부동산을 통해 효과적으로 인플레이션에 대응하는 것을 어렵게 만드는 높은 장벽이었다. 증권형 토큰 발행(STO)은 바로 이 지점에서 혁신적인 해결책을 제시한다.

STO는 블록체인 기술을 활용하여 부동산 소유권을 디지털화하고 작은 단위로 분할하여, 누구나 소액으로 우량 부동산에 투자하고 그 가치를 공유할 수 있는 길을 열었다. 본 절에서는 인플레이션 시대에 부동산 STO가 왜 효과적인 헷지 수단이 될 수밖에 없는지 그 근본적인 이유를 구조적으로 분석하고, 가상 사례를 통해 그 실효성을 입체적으로 규명하고자 한다.

학습코너 헷지(Hedge)

헷지(Hedge)는 투자 위험을 관리하기 위해 손실 가능성이 있는 자산과 반대되는 포지션을 취하는 것을 의미합니다. 예를 들어 주식 가격 하락으로 인한 손실을 막기 위해, 주식을 보유한 상태에서 선물 또는 옵션과 같은 파생상품을 이용해 '숏(매도)' 포지션을 취하는 것이 대표적인 헷지 전략입니다. 헷지는 롱 헤지(long hedge)와 숏 헤지(short hedge)로 나뉘며, 주로 선물, 옵션, ETF, 선물환 계약 등 다양한 금융 상품을 활용합니다.

■ 헷지의 주요 특징 및 목적

- 위험 관리: 환율, 금리 등 다양한 시장 변동으로 인한 자산 가격 변동 위험을 줄입니다.

- 손실 방어: 현재 보유하고 있는 자산(현물)의 잠재적 손실을 상쇄하기 위해 현물과 반대되는 포지션을 취합니다.
- 수익 확정 및 안정화: 손실을 줄이는 대신 수익이 제한될 수도 있지만, 횡보장이나 약한 하락장에서 안정적인 흐름을 기대할 수 있습니다.
- 파생상품 활용: 주로 선물, 옵션과 같은 파생상품을 이용하여 헷지 포지션을 구축합니다.
- 환 헤지: 해외 투자 시 발생하는 환율 변동 위험을 관리하는 것을 의미합니다.

[참고: https://www.google.com]

4.2. 부동산의 본질적 속성: 인플레이션 방어 기제

부동산이 인플레이션에 강한 자산으로 평가받는 이유는 다음과 같은 내재적 가치와 구조적 특징에 기인한다.

1) **임대료 전가**(Rent Pass-through): 인플레이션 시기에는 원자재, 인건비 등 전반적인 비용이 상승하며, 이는 임대료 상승으로 이어진다. 부동산 소유주는 상승한 물가만큼 임대료를 인상하여 임차인에게 비용을 전가할 수 있다. 이는 건물의 현금 흐름(Cash Flow)을 증가시켜 인플레이션으로 인한 화폐 가치 하락을 상쇄하는 핵심적인 방어 기제가 된다. 특히, 물가상승률에 연동하여 임대료를 조정하는 조항이 포함된 장기 임대차 계약은 매우 안정적인 인플레이션 헷지 구조를 제공한다.
2) **자산 가치 상승**(Asset Value Appreciation): 인플레이션은 건축비, 토지 매입비 등 신규 부동산을 공급하는 데 필요한 비용(대체원가, Re-

placement Cost)을 상승시킨다. 이는 기존에 건설된 부동산의 상대적 가치를 높이는 효과를 가져온다. 즉, 시간이 지날수록 동일한 건물을 짓는 데 더 많은 비용이 들기 때문에, 기존 건물의 가치는 자연스럽게 우 상향하는 경향을 보인다.

3) **레버리지 효과(Leverage Effect)**: 많은 부동산 투자는 고정금리 대출(fixed-rate mortgage)을 활용하는 레버리지 효과를 동반한다. 인플레이션이 발생하면 화폐의 실질 가치가 하락하므로, 투자자가 상환해야 할 부채의 실질적인 부담은 감소한다. 반면, 부동산 자산의 명목 가치는 상승하므로, 부채는 가벼워지고 자산 가치는 무거워지는 이중의 이익을 얻을 수 있다.

이러한 특성들로 인해 부동산은 화폐 가치가 불안정한 시기에 투자자들의 자산을 안전하게 지키는 '안전 피난처(Safe Haven)' 역할을 수행해왔다.

4.3. STO: 현대적 투자자를 위한 인플레이션 헷지 솔루션

부동산 STO는 전통적인 부동산 투자의 인플레이션 헷지 기능을 그대로 유지하면서도, 현대 투자 환경에 최적화된 접근성과 효율성을 더하여 그 효과를 극대화한다.

구분	현금/예금	채권	주식	직접 부동산 투자	부동산 STO
인플레이션 저항성	매우 취약	취약 (고정 이자)	보통(기업에 따라 상이)	강함	매우 강함
접근성 (최소 투자금)	매우 높음	높음	높음	매우 낮음 (고액 필요)	매우 높음 (소액 가능)
유동성	매우 높음	높음	높음	매우 낮음	상대적으로 높음(거래소)

관리 부담	없음	없음	없음	매우 높음	없음 (전문 운용사)
포트폴리오 분산	불가능	용이	용이	어려움	매우 용이

부동산 STO는 다음과 같은 측면에서 전통적 부동산 투자를 뛰어넘는 헷지 수단이 된다.

1) **분산투자를 통한 위험 완화:** STO를 통해 투자자는 소액으로 여러 지역, 여러 용도(오피스, 물류센터, 리테일 등)의 부동산에 자산을 분산할 수 있다. 이는 특정 자산이나 지역의 경기 침체 위험을 줄이고, 보다 안정적인 포트폴리오를 구축하여 인플레이션 헷지 효과를 견고하게 만든다.
2) **전문가의 자산 선별 및 운용:** STO로 발행되는 부동산은 대부분 전문 운용사가 엄격한 기준에 따라 선별한 우량 자산이다. 이들은 임대료 상승 잠재력이 크고, 공실 위험이 적으며, 가치 상승이 기대되는 자산을 발굴하고 운용한다. 일반 투자자는 전문가의 역량을 활용하여 자신의 자산을 효과적으로 인플레이션으로부터 보호할 수 있다.
3) **유동성 확보:** '부동산은 한번 사면 팔기 어렵다'는 통념은 STO 시장에서는 통용되지 않는다. 투자자는 필요시 STO 거래 플랫폼을 통해 보유한 토큰을 매각하여 현금화할 수 있다. 이는 급작스러운 경제 환경 변화에 유연하게 대응할 수 있는 능력을 부여한다.

4.4. 가상 사례: 인플레이션의 파도를 넘은 IT 개발자의 스마트한 선택

1) **배경:** 글로벌 팬데믹 이후, 주요국들의 대규모 양적 완화 정책으로 인해 시장에 막대한 유동성이 풀리면서 심각한 인플레이션이 예고

대세가 된 스마트 물류센터, 우수 물류신기술에도 '주목' https://www.donga.com

되고 있었다. 핀테크 기업의 데이터 분석가인 김현우(34세) 대리는 경제 데이터를 분석하며 자신이 보유한 예금 자산의 가치가 하루가 다르게 하락하고 있다는 사실을 체감한다. 그는 자신의 자산을 인플레이션으로부터 방어할 효과적인 방법을 모색하기 시작한다.

2) **문제 인식**: 서울 아파트 가격은 이미 천정부지로 치솟아 접근이 불가능했고, 주식 시장은 금리 인상 우려로 변동성이 극심했다. 그는 '물가 상승에 연동하여 안정적인 현금 흐름을 창출하는 실물 자산'이 필요하다는 결론에 도달한다.

3) **해결책 발견**: 현우 씨는 리서치 중 'A등급 스마트 물류센터'를 기초자산으로 하는 부동산 STO 상품을 발견한다. 이 물류센터는 국내 굴지의 이커머스 기업과 '소비자물가지수(CPI)에 연동하여 매년 임대료를 최소 3% 이상 인상한다'는 조건의 10년 장기 임대차 계약이 체결되어 있었다. 인플레이션이 심해질수록 임대 수익이 자동으로 증가하는 완벽한 헷지 구조를 갖춘 자산이었던 것이다.

4) **투자 실행**: 그는 자신의 예금 중 2,000만 원을 이 물류센터 STO에 투자한다. 모든 투자 과정은 스마트폰 앱을 통해 투명하고 간편하

게 이루어졌다. 그는 블록체인에 기록된 자신의 소유권을 확인하며 전통적인 부동산 등기부등본과는 다른 차원의 신뢰와 안정감을 느낀다.

5) **결과 및 시사점:** 그 후 2년간, 예상대로 소비자물가지수는 연평균 5% 이상 급등했다.

  (1) **현금 자산:** 은행에 남아있던 그의 예금은 실질 구매력이 약 10% 가까이 하락했다.

  (2) **STO 자산:** 반면, 그가 투자한 물류센터의 임대료는 계약 조건에 따라 매년 5%씩 인상되었다. 이는 그에게 지급되는 분기별 배당금의 꾸준한 증가로 이어졌다. 인플레이션이 그의 다른 자산을 갉아먹는 동안, STO 자산은 오히려 인플레이션을 먹고 성장한 것이다. 더불어, 자산의 현금 창출 능력이 증명되자 토큰의 시장 가치 또한 초기 발행 가 대비 15% 이상 상승했다.

6) **결론:** 현우 씨는 부동산 STO를 통해 인플레이션이라는 거대한 파도에 휩쓸려가지 않고, 오히려 그 파도를 타고 자산을 증식 시키는 데 성공했다. 그는 자신의 데이터 분석 능력을 활용하여 인플레이션의 위험을 예측했고, STO라는 현대적인 투자 도구를 통해 그 위험을 기회로 전환시킨 스마트한 투자자의 전형이 되었다. 인플레이션은 더 이상 일시적인 현상이 아닌, 투자자들이 상시적으로 대비해야 할 경제적 '뉴노멀(New Normal)'이 되고 있다. 이러한 시대적 흐름 속에서 부동산 STO는 단순한 투자 대안을 넘어, 자산 포트폴리오의 안정성을 담보하는 핵심적인 헷지 수단으로 자리매김하고 있다.

STO는 과거 고액 자산가들의 전유물이었던 '인플레이션 방어 전략으로 서의 우량 부동산 투자'를 대중 화하였다. 이제 모든 투자자는 STO를 통해 자신의 자산을 인플레이션의 위협으로부터 효과적으로 보호하고, 나아가 안정적인 성장을 추구할 수 있는 강력한 도구를 갖게 된 것이다. 따라서 미래의 현명한 투자자에게 부동산 STO는 선택이 아닌, 필수적인 포트폴리오 구성 요소가 될 것이다.

5

"STO 관련 국내 규제 환경의 변화: 투자자 보호와 시장 활성화 정책을 진단한다."와 가상사례

5.1. '질서 없는 혁신'에서 '제도권 안착'으로

법과 제도는 혁신의 고삐를 죄는 족쇄인가, 아니면 시장을 비옥하게 만드는 토양인가? 이 질문은 증권형 토큰 발행(STO)이라는 새로운 금융 혁신을 마주한 모든 국가의 규제 당국이 풀어야 할 핵심 과제이다. 과거 암호화폐 시장의 초기 단계가 명확한 규제 없이 '서부 개척시대'와 같은 혼란을 겪었다면, STO는 처음부터 자본시장법이라는 명확한 법적 테두리 안에서 질서를 부여받고 있다는 점에서 근본적인 차이를 보인다.

대한민국 금융당국은 STO가 가진 잠재력, 즉 부동산과 같은 비유동성 자산을 유동화하여 자본시장의 효율성을 높이고, 일반 투자자들에게 새로운 투자 기회를 제공할 수 있다는 점을 명확히 인지하고 있다. 그러나 동시에, 이러한 혁신이 투자자 피해나 시장 불안정으로 이어지지 않도록 견고한 안전장치를 마련하는 것 또한 중요한 책무로 여긴다. 따라서 국내 STO 규제 환경은 '투자자 보호'와 '시장 활성화'라는 두 가지 목표 사이에서 섬세한 균형점을 찾아가는 과정으로 이해해야 한다. 본 장에서는 국내 STO 규제 환경의 핵심적인 변화를 살펴보고, 두 가지 정책 목표가 어떻게 구체적인 제도로 구현되고 있는지를 심층적으로 진단하고자 한다.

5.2. 국내 STO 규제의 대원칙: 토큰 증권 가이드라인

국내 STO 규제의 본격적인 서막은 "2023년 2월 금융위원회가 발표한 '토큰 증권(Security Token) 발행·유통 규율체계 정비방안(이하 가이드라인)"에서 시작되었다. 이 가이드라인은 STO를 제도권 금융으로 편입시키기 위한 청사진을 제시했다는 점에서 역사적 의의를 가진다.

가이드라인의 핵심은 '증권'에 해당하는 디지털 자산은 자본시장법의 규제를 따라야 한다는 원칙을 명확히 한 것이다. 즉, 어떤 토큰이 단지 블록체인 기술을 사용했다는 이유만으로 규제 무풍지대에 놓이는 것이 아니라, 그 경제적 실질이 '증권'이라면 기존 증권과 동일한 수준의 발행 공시 및 투자자 보호 의무를 부담해야 한다는 것이다.

금융당국은 '조각투자 가이드라인'을 통해 특정 디지털 자산이 증권인

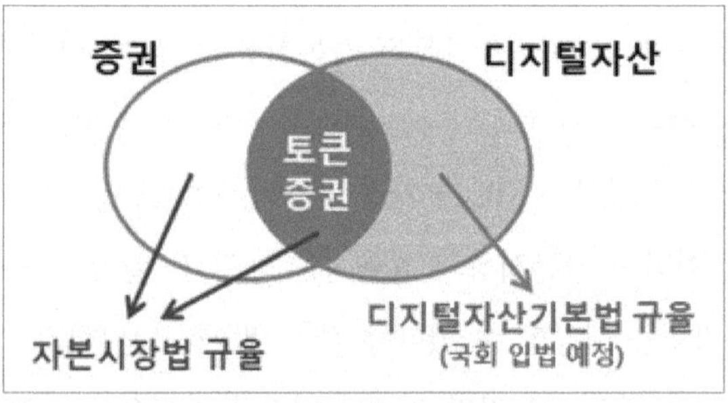

토큰 증권 발행·유통 규율체계 정비방안 https://www.lawtimes.co.kr

지 아닌지를 판단하는 기준(증권성 판단 기준)을 제시했다. 사업자가 투자자에게 지급하는 금전 등이 투자자의 노력 없이 사업자의 사업 수행 결과에 따라 결정되는 '투자 공동사업'의 형태를 띠는 경우, 이를 '투자계약증권'으로 보아 증권 규제를 적용한다. 부동산 조각투자의 경우, 투자자는 자산을 직접 운용하지 않고 사업자의 운용 실적(임대 수익, 매각 차익 등)에 따라 수익을 배분 받으므로 투자계약증권에 해당할 가능성이 매우 높다.

이 원칙의 확립은 시장에 만연했던 불확실성을 해소하고, 투자자들이 안심하고 투자할 수 있는 최소한의 법적 기반을 마련했다는 점에서 가장 큰 성과로 평가된다.

5.3. 규제의 두 기둥: 투자자 보호와 시장 활성화의 균형

국내 STO 정책은 투자자를 두텁게 보호하는 동시에, 혁신적인 기업들이 성장할 수 있는 토양을 마련해주려는 두 가지 목표를 축으로 전개된다. 이는 마치 자동차의 '브레이크'와 '액셀'처럼, 어느 한쪽으로 치우치지 않고 조화를 이룰 때 비로소 시장이 안전하고 역동적으로 나아갈 수 있다는 정책적 철학을 반영한다.

정책 목표	주요 정책 내용	기대 효과 및 의의
투자자 보호 (Investor Protection)	발행-유통 분리 원칙: 증권의 발행과 유통 플랫폼을 분리하여 이해상충 방지	정보의 비대칭성을 줄이고, 플랫폼이 자신의 이익을 위해 투자자에게 불리한 거래를 유도하는 것을 방지한다.
	엄격한 공시 의무: 증권신고서 제출을 통해 기초자산 정보, 위험 요인 등 상세 정보 공개	'묻지마 투자'를 방지하고, 투자자가 충분한 정보에 기반하여 합리적인 투자 결정을 내릴 수 있도록 지원한다.

	투자자별 투자 한도 설정: 일반투자자의 연간 총 투자 한도를 제한	과도한 투기로 인한 투자자의 막대한 손실 가능성을 사전에 차단하고, 감당 가능한 범위 내에서 투자하도록 유도한다.
	금융규제 샌드박스: 혁신금융서비스로 지정된 사업자에 한해 제한적으로 사업 허용	사전에 검증된 안전한 플랫폼만 시장에 진입하도록 하여, 부실·사기성 업체의 난립을 막고 시장의 신뢰를 확보한다.
시장 활성화 (Market Activation)	발행인 계좌관리기관 신설: 일정 요건을 갖춘 발행인이 직접 증권을 등록·관리할 수 있도록 허용	증권사 등 전통 금융기관을 통하지 않고도 증권을 발행할 수 있는 길을 열어 스타트업 등 혁신 기업의 시장 진입을 촉진한다.
	장외거래중개업 인가 신설: 소규모 장외 유통 플랫폼(ATS) 설립을 허용하여 2차 시장 형성	투자자들이 보유한 토큰 증권을 거래할 수 있는 시장을 만들어 STO의 가장 큰 약점이었던 유동성을 획기적으로 개선한다.
	소액 공모 한도 상향: 증권신고서 제출 의무가 면제되는 소액 공모의 한도를 확대	스타트업이나 중소기업이 보다 용이하게 자금을 조달하여 다양한 STO 상품을 시장에 공급할 수 있도록 지원한다.
	비금전신탁 수익증권 발행 허용: 부동산 등 실물자산을 신탁하고, 그 수익증권을 토큰화하는 방식 허용	다양한 실물 자산이 STO의 기초자산이 될 수 있는 법적 경로를 명확히 하여 상품의 다양성을 확보하고 시장의 외연을 확장한다.

5.4. 가상 사례: 규제라는 '나침반'을 따라 안전하게 항해하다

1) **배경:** 정부출연연구기관에서 도시재생 정책을 연구하는 최나미(35세) 연구원. 그녀는 직업적 특성상 새로운 제도나 정책의 명과 암을 분석하는 데 익숙했다. 과거 암호화폐 열풍 당시, 규제의 부재가 낳는 투기적 광풍과 투자자 피해 사례를 지켜보며 디지털 자산에 대해 부정적인 인식을 가지고 있었다.

2) **인식의 전환:** 그러던 중, 그녀는 정부가 발표한 '토큰 증권 가이드라인'을 접하게 된다. '발행과 유통의 분리', '증권신고서 제출 의무화'

등 촘촘하게 설계된 투자자 보호 장치들을 보며, 이는 과거의 암호화폐와는 전혀 다른, 제도권 금융의 한 형태라는 사실을 깨닫는다. 그녀는 "이것은 투기가 아니라, 규제라는 안전망 안에서 이루어지는 '투자'일 수 있겠다"고 생각하게 된다.

3) **안전한 투자 과정:** 최 연구원은 '금융규제 샌드박스'를 통해 혁신금융서비스로 지정된 한 부동산 STO 플랫폼에 주목한다. 플랫폼이 공시한 투자설명서를 꼼꼼히 읽어본다.

   (1) **투자 대상:** 성수동의 낡은 창고를 리모델링하여 아티스트들의 전시 공간과 카페로 운영하는 도시재생 프로젝트. 그녀의 전공분야 와도 맞닿아 있어 더욱 흥미를 느낀다.

   (2) **정보 확인(투자자 보호):** 투자설명서에는 해당 부동산의 감정평가액, 리모델링 비용, 예상 임대수익률, 공실 발생 시나 금리 인상 시의 위험 요인 등이 투명하게 기재되어 있었다. 그녀는 마치 정책 보고서를 검토하듯 객관적인 정보를 바탕으로 투자를 결정한다. 그녀는 일반투자자로서 투자 한도(예: 연간 2,000만 원) 내에서 500만 원을 투자한다.

   (3) **유동성 확보(시장 활성화):** 1년 후, 최 연구원은 개인적인 사정으로 급하게 현금이 필요하게 되었다. 과거의 부동산 투자였다면 자금이 묶여 곤란했겠지 만, 그녀는 정부로부터 '장외거래중개업' 인가를 받은 2차 거래 플랫폼을 통해 보유한 토큰 중 일부를 손쉽게 매도하여 현금화한다. 규제가 만들어준 유통 시장 덕분에 STO의 '유동성'이라는 장점을 몸소 체험한 것이다.

4) **결론 및 시사점:** 최나미 연구원의 사례는 규제가 어떻게 혁신에 대

한 불신을 신뢰로 바꾸고, 일반 투자자를 시장으로 이끄는 '가이드' 역할을 하는지를 보여준다. 그녀에게 STO 규제는 투자를 가로막는 장벽이 아니라, 안심하고 투자의 바다로 나아갈 수 있게 해주는 '나침반'이자 '등대'였던 것이다. 대한민국의 STO 규제 환경은 '선 허용, 후 규제'가 아닌 '선 질서 확립, 후 활성화'라는 신중한 접근법을 택하고 있다. 이는 단기적인 시장의 폭발적 성장보다는 장기적으로 투자자들이 신뢰할 수 있는 지속 가능한 생태계를 구축하려는 정부의 정책적 의지를 보여주는 것이다.

6

"STO와 기존 부동산 간접투자 간의 비교: 리츠(REITs), 펀드와의 결정적 차이점을 탐구한다."와 가상사례

6.1. 익숙한 선택지와 새로운 길

부동산에 직접 투자하는 것 외에, 소액으로 전문가를 통해 간접적으로 투자하는 방식은 이미 우리에게 익숙한 개념이다. 그 대표적인 예가 바로 "리츠(REITs, Real Estate Investment Trusts)"와 "부동산 펀드(Real Estate Fund)"이다. 이들은 수십 년간 개인 투자자들이 대형 부동산 시장에 참여할 수 있는 중요한 통로 역할을 해왔다.

그렇다면 질문이 생긴다. 이미 리츠와 펀드라는 훌륭한 간접투자 수단이 존재하는데, 왜 우리는 증권형 토큰(STO)이라는 새로운 방식에 주목해야 하는가? STO는 단순히 투자 수단이 하나 더 늘어난 것에 불과한 것인가, 아니면 기존의 판도를 완전히 바꾸는 근본적인 차이를 내포하고 있는가? 본 절에서는 STO가 리츠, 펀드와 비교하여 어떠한 결정적 차이점을 가지는지 그 구조적, 기술적, 경험적 차원을 심층적으로 탐구하고자 한다.

6.2. 기존 부동산 간접투자의 세계: 리츠와 펀드

STO와의 비교에 앞서, 먼저 리츠와 부동산 펀드의 본질을 명확히 이해할 필요가 있다.

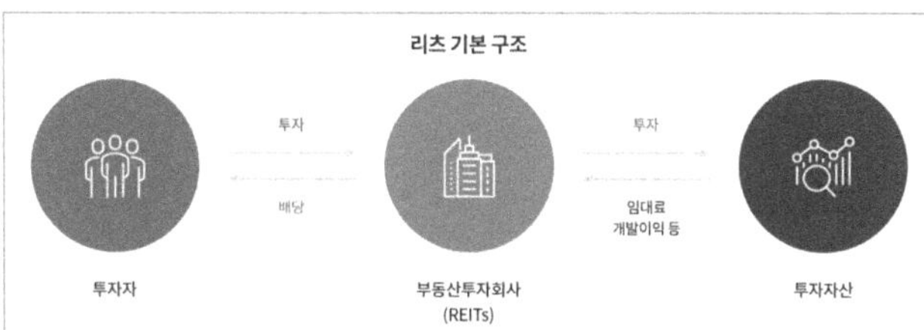

https://www.kareit.or.kr

6.2.1. 리츠(REITs): 주식시장에 상장된 '부동산 포트폴리오 회사'

리츠는 다수의 투자자로부터 자금을 모아 여러 개의 부동산을 매입하고, 여기서 발생하는 임대수익과 매각차익을 투자자에게 배당하는 '부동산 투자 전문 회사'이다. 투자자는 증권거래소에 상장된 이 리츠 회사의 '주식'을 매매함으로써 간접적으로 부동산에 투자한다.

(1) **핵심 특징:** 여러 부동산에 분산 투자, 주식시장을 통한 높은 유동성, 엄격한 규제를 통한 안정성.

(2) **한계:** 투자자가 특정 부동산을 선택할 수 없고, 운용사의 전략에 전적으로 의존해야 한다. 투자 대상은 '개별 빌딩'이 아닌 '빌딩 포트폴리오를 소유한 회사' 그 자체이다.

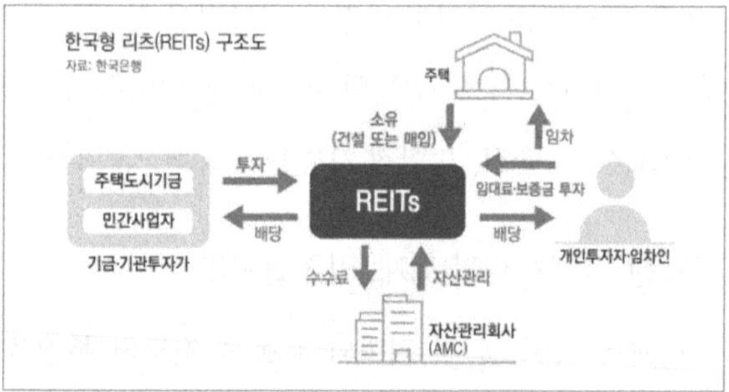

내 집에 월세로 살면서 지분도 확보…한국형 리츠 제도화 '시동' https://www.sedaily.com

6.2.2. 부동산 펀드(Real Estate Fund): 전문가에게 맡기는 '소수정예 사모 투자'

부동산 펀드는 자산운용사가 소수의 기관 투자자나 고액 자산가로부터 자금을 모집(주로 사모 방식)하여 특정 부동산을 매입, 운용 후 매각하여 수익을 돌려주는 금융 상품이다.

(1) **핵심 특징**: 특정 프로젝트나 건물에 집중 투자, 전문가에 의한 자산 운용.

(2) **한계**: 최소 가입 금액이 수억 원에 달해 일반 투자자의 접근이 거의 불가능하며, 만기가 정해져 있어 중도 환매가 어려운 폐쇄적 구조로 유동성이 매우 낮다.

학습코너 부동산 펀드(Real Estate Fund)

부동산 펀드는 다수의 투자자로부터 자금을 모아 부동산이나 관련 유가증권, 대출 등에 투자하고, 이를 통해 발생한 수익을 투자자에게 배분하는 간접 투자 상품입니다. 투자자는 소액으로도 부동산에 투자할 수 있게 되며, 부동산 펀드는 오피스 빌딩 매입 후 임대 소득과 시세차익을 추구하는 방식 등 다양하게 운용됩니다.

■ 주요 특징

• 간접 투자: 투자자가 직접 부동산을 매입하는 대신, 펀드를 통해 전문가가 운용하는 부동산에 투자합니다.
• 소액 투자 가능: 소액으로도 대규모 부동산에 투자할 수 있어 접근성이 좋습니다.
• 다양한 운용 방식: 부동산을 매입하여 임대 소득을 얻는 방식('매입·임대(Buy&Lease) 방식') 외에도, 개발사업에 투자하거나 부동산 관련 대출, 유가증권에 투자하는 등 다양한 방식으로 운용됩니다.
• 수익 구조: 임대 수익과 함께 향후 부동산 자산 가치 상승에 따른 매각 차익을 통해 수익을 얻습니다.

■ 부동산 펀드와 리츠(REITs)의 차이점

• 부동산 펀드: 주로 실물 부동산 자체에 투자합니다.
• 리츠(REITs): 부동산투자회사법에 따라 설립된 회사에 투자하는 상품으로, 투자자는 회사의 주식을 사서 부동산 자산의 수익을 분배받습니다.

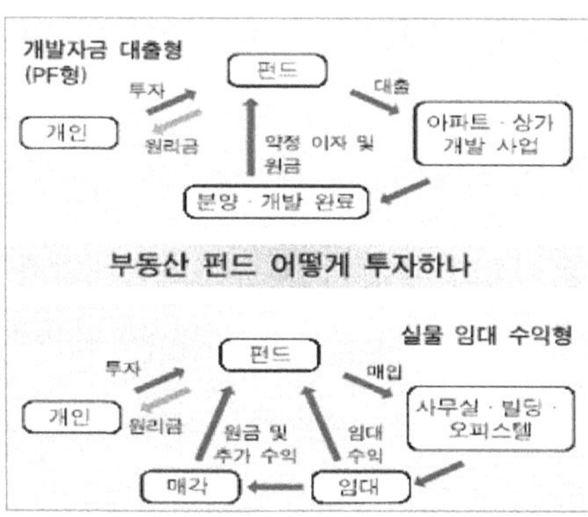

부동산 펀드도 '8·31 효과' https://www.joongang.co.kr

• 투자 관점: 부동산 펀드는 부동산 가치와 임대 수익률이 중요하고, 리츠는 투자한 회사의 수익이 중요합니다.

[참고: https://www.google.com]

6.3. STO, 무엇이 결정적으로 다른가?

STO는 리츠의 '대중성'과 펀드의 '목표 특정성'이라는 장점을 일부 취하면서도, 블록체인이라는 기술을 통해 이전과는 완전히 다른 차원의 투자 경험과 구조를 제공한다.

6.3.1. 차이점 1: 소유 구조의 투명성과 직접성

가장 근본적인 차이는 투자자와 실물자산 간의 '거리'에 있다.

(1) **리츠/펀드:** 투자자와 최종 자산 사이에는 운용사, 신탁사, 판매사 등 여러 중개기관이 존재한다. 투자자는 회사의 주주나 펀드의 수익자일 뿐, 특정 자산에 대한 직접적인 권리를 갖는다는 체감이 어렵다.

(2) **STO:** 투자자는 특정 '자산'에 대한 수익권을 나타내는 토큰을 직접 소유한다. 블록체인 원장을 통해 자신의 소유권이 명확히 기록되고, 스마트 컨트랙트를 통해 자산에서 발생한 수익이 중개기관을 최소화하여 직접 전달된다. 이는 '회사의 주주'를 넘어 '디지털 건물주'에 가까운 직접적인 관계를 형성한다.

6.3.2. 차이점 2: 기술이 가져온 비용 구조와 시장의 효율성

STO는 블록체인 기술을 활용하여 전통 금융의 비효율을 제거한다.

(1) **리츠/펀드:** 다수의 중개기관이 참여함에 따라 운용보수, 신탁보수, 판매수수료 등 복잡하고 높은 비용 구조를 가진다.

(2) STO: 주주명부 관리, 배당금 지급, 토큰 거래 등이 스마트 컨트랙트로 자동화되어 운영 비용이 획기적으로 절감된다. 이는 곧 투자자의 수익률 제고로 이어진다. 또한, 24시간 운영되는 디지털 자산 거래소를 통해 시차와 국경을 넘어선 거래가 가능해져 시장의 효율성과 유동성을 극대화한다.

6.3.3. 부동산 STO, 리츠, 부동산 펀드의 핵심 비교

구분	부동산 STO	리츠(REITs)	부동산 펀드(Fund)
투자 대상	특정 단일 부동산 (건물 한 채, 한 층 등)	다수의 부동산 포트폴리오를 소유한 회사	특정 부동산 또는 개발 프로젝트
최소 투자금액	매우 낮음 (수천 원 단위 가능)	비교적 낮음 (1주 단위, 보통 수천 원~ 수만 원)	매우 높음 (수억 원 이상, 기관/고액자산가 대상)
소유 구조	자산에 대한 직접적 수익권 (토큰 형태)	운용 회사의 지분 (주식 형태)	펀드의 지분 (수익증권 형태)
유동성 (환금성)	높음 (디지털 자산 거래소에서 24/7 거래 가능)	높음 (증권거래소 정규 시간에 거래)	매우 낮음 (만기까지 환매 불가, 폐쇄형 구조)
투명성	매우 높음 (블록체인 원장에 모든 거래 기록 투명하게 공개)	높음 (상장기업으로서 공시 의무)	낮음 (사모 방식, 소수 투자자에게만 정보 제공)
주요 기술 및 인프라	블록체인, 스마트 컨트랙트	증권거래소, 예탁결제원 등 전통 금융 인프라	자산운용사, 신탁사, 판매사 등 전통 금융 인프라

6.4. 가상 사례: 『하나의 빌딩, 세 개의 운명: 투자자 K의 선택』

여기에 세 가지 투자 방식의 차이를 극명하게 보여주는 하나의 가상 사례를 제시한다.

1) **배경:** 최근 친환경 기술과 공유 오피스 컨셉으로 주목받는 판교의 신축 오피스 빌딩 '에코-스퀘어'가 시장에 나왔다. IT 기업에 재직

판교 대형오피스 'H스퀘어' 5300억 리파이낸싱 성사 https://cm.asiae.co.kr

중인 30대 투자자 K는 1천만 원의 여유 자금으로 이 유망한 건물에 투자하고 싶어 한다. 공교롭게도, '에코-스퀘어'는 세 가지 다른 방식으로 투자자를 모집한다.

(1) **선택지 1:** '대한민국 오피스 리츠'를 통한 투자 '대한민국 오피스 리츠'는 국내 20여 개의 우량 오피스 빌딩을 보유한 대형 상장 리츠로, 최근 포트폴리오에 '에코-스퀘어'를 편입했다. K는 주식 계좌를 통해 이 리츠의 주식을 1주당 5,000원에 쉽게 매수할 수 있다.

- K의 경험: 투자는 간편했지만, 자신의 돈이 정확히 '에코-스퀘어'에 어떻게 기여하는지 알기 어렵다. 리츠의 주가는 '에코-스퀘어'의 성과뿐만 아니라 다른 20개 빌딩의 공실률, 그리고 전체 주식 시장의 흐름에 따라 움직인다. 그는 분기마다 배당금을 받지만, '에코-스퀘어'의 주주가 아닌 '부동산 포트폴리오 회사의 주주'라는 느낌을 지울 수 없다.

(2) **선택지 2:** '스트롱에셋 사모 부동산 펀드'를 통한 투자 한 자산운용사가 '에코-스퀘어'를 통째로 인수하기 위한 사모 부동산 펀드

를 출시했다. 5년 만기 상품으로, 연 8%의 높은 목표 수익률을 제시한다.

- K의 경험: K는 이 펀드의 투자설명서를 보고 매력을 느꼈지만, 곧 실망하고 만다. 최소 가입 금액이 '10억 원'이었기 때문이다. 이 펀드는 K와 같은 일반 투자자에게는 애초에 문이 닫혀 있는 그들 만의 리그였다.

(3) **선택지 3:** '에코-스퀘어' STO를 통한 투자 '에코-스퀘어'의 건물주가 직접 STO 플랫폼을 통해 건물의 수익증권을 토큰 화하여 발행했다. 'ECO' 토큰이라는 이름으로, 1토큰당 가격은 1만 원이다.

- K의 경험: K는 자신의 투자금 중 100만 원을 'ECO' 토큰 100개에 투자한다. 그는 플랫폼 앱을 통해 '에코-스퀘어'의 실시간 임대율, 관리비 내역, 예상 배당금을 투명하게 확인할 수 있다. 몇 주 뒤, 글로벌 IT 기업이 '에코-스퀘어'의 3개 층을 임차했다는 공지가 뜨자, 2차 거래소에서 'ECO' 토큰의 가격이 즉각적으로 반응하여 상승하는 것을 목격한다. 분기 배당일이 되자, 스마트 컨트랙트에 의해 정확한 배당금이 한 치의 오차도 없이 그의 디지털 지갑으로 입금된다. 그는 비로소 자신이 '에코-스퀘어'라는 특정 건물의 디지털 주주가 되었음을 실감한다.

2) **결론 및 시사점:** K의 여정은 세 가지 방식의 본질적 차이를 명확히 보여준다. 리츠가 '분산'과 '안정'을, 펀드가 '전문성'과 '고수익'을 지향한다면, STO는 '직접성', '투명성', '대중성'이라는 새로운 가치를 투자자에게 제공하는 것이다. 이는 단순히 투자 상품의 종류가 하나 늘어난 것이 아니라, 투자자가 자산과 관계를 맺는 방식 자체를 근본적으로 바꾸는 패러다임의 전환이라 할 수 있다.

표 2. 기존 부동산 간접투자상품 대비 부동산 토큰증권이 갖는 장점과 특징

구분	부동산 토큰증권	기존 부동산 간접투자상품	
		리츠(REITs)	부동산 펀드
투자 대상	개별 부동산	부동산 및 관련 증권에 투자	펀드자산의 50%를 초과하여 부동산 및 관련 권리/자산에 투자
차입 비중	X(100% equity)	O(주총 특별 결의시 10배 이내)	O(공모 200%; 사모 400%)
법적 형태	수익 지분(청구)권자	주식(지분증권)	펀드(수익증권)
투자자 지위	소유주	주주	수익자
중도환매	O (유통플랫폼 매매 등)	O (유형에 따라 상이)	X (주로 3~5년 폐쇄형)
개별 부동산 선택 가능 여부	O	X (부동산이 아닌 부동산투자회사에 투자)	O
투자자 혜택	금전 수익 + 비금전적인 혜택	금전 수익(배당수익, 매매수익 등)	금전 수익(배당수익 등)
운용지시	소유주	주주	운용사 / 신탁업자

해시드, "토큰증권으로 기존 부동산 투자상품 문제 해결 가능" https://www.khgames.co.kr

주제
3

STO(토큰증권발행)의 기술적 메커니즘과 위변조 불가능 원리

1

"블록체인 기술 기반의 STO(토큰증권발행) 원리를 설명한다"와 가상사례

1.1. 신뢰를 구축하는 기술, 블록체인

'블록체인(Blockchain)'이라는 용어는 종종 난해하고 복잡한 기술적 개념으로 여겨지곤 한다. 그러나 그 본질을 파고들면, 이는 결국 디지털 환경에서 '신뢰(Trust)'를 구현하기 위한 혁신적인 방법론이다. 전통적인 금융 거래에서 신뢰는 은행, 정부, 증권 예탁결제원과 같은 거대한 중앙 기관에 의해 보증되었다. 부동산 등기부등본이 국가라는 중앙 기관의 보증 아래 소유권을 증명하는 것처럼 말이다.

블록체인은 이러한 중앙 기관의 역할을 네트워크에 참여하는 다수의 참여자에게 분산시키는 '디지털 공공 거래 장부(Digital Public Ledger)' 기술이다.

이 장부는 한번 기록된 내용은 그 누구도 임의로 수정하거나 삭제할 수 없도록 설계되어 있어, 거래의 투명성과 데이터의 무결성을 보장한다. 부동산 증권형 토큰 발행(STO)은 바로 이 기술 위에 세워진 금융 혁신이다. 본 장에서는 STO의 근간을 이루는 블록체인의 핵심 원리를 해부하고, 이 기술이 어떻게 물리적 부동산을 신뢰할 수 있는 디지털 자산으로 변모시키는지 그 과정을 심층적으로 탐구하고자 한다.

1.2. STO를 떠받치는 블록체인의 세 가지 기둥

1.2.1. 분산원장기술(Distributed Ledger Technology, DLT)

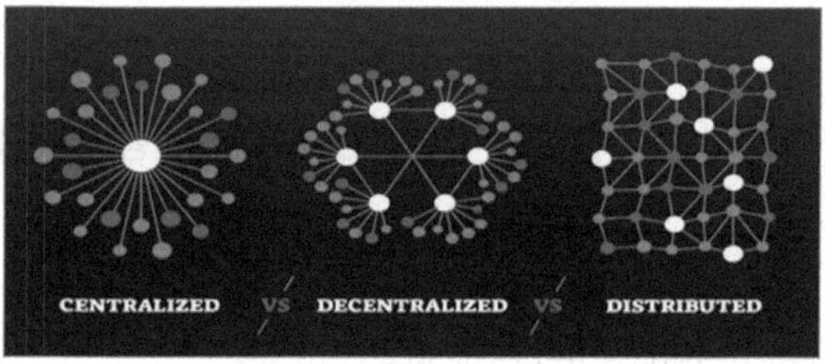

부동산 STO의 안정성과 투명성은 블록체인의 세 가지 핵심 기술적 원리에 의해 담보된다

전통적인 데이터베이스는 중앙 서버에 모든 정보를 저장한다. 만약 이 중앙 서버가 해킹 당하거나 파괴되면 모든 데이터는 소실될 위험에 처한다. 그러나 분산원장기술은 거래 기록이 담긴 원장을 네트워크에 참여한 여러 컴퓨터(노드, Node)에 복제하여 분산 저장한다. 모든 참여자가 동일한 장부 사본을 나눠 갖는 셈이다.

- STO에서의 역할: 부동산 토큰의 소유권 기록이 단 한 곳이 아닌, 여러 곳에 분산되어 저장되므로 위·변조가 사실상 불가능하다.

해커가 소유권을 조작하려면 네트워크의 과반수가 넘는 컴퓨터를 동시에 해킹해야 하는데, 이는 현실적으로 거의 불가능에 가깝다. 이는 중앙 관리 기관 없이도 자산의 소유권 기록이 안전하게 보존될 수 있는 강력한 기반이 된다.

1.2.2. 암호화 기술(Cryptography)

블록체인은 데이터를 암호화하여 연결하고 보호한다. 거래 데이터 묶음인 '블록(Block)'은 이전 블록의 정보 값을 포함한 고유의 암호화 값(해시, Hash)을 갖게 된다. 이렇게 암호화 값으로 꼬리에 꼬리를 물고 연결된 모습이 마치 사슬(Chain) 같다고 하여 '블록체인'이라 불린다.

- **STO에서의 역할**: 만약 누군가 과거의 거래 기록을 단 하나라도 수정하려 한다면, 해당 블록의 암호화 값이 바뀌게 되고 그 뒤에 연결된 모든 블록의 연결고리가 끊어지게 된다. 이는 즉시 네트워크 참여자들에게 발각되므로 데이터의 무결성과 불변성(Immutability)을 보장한다. 즉, "A가 B에게 토큰 1개를 팔았다"는 기록은 영원히 변경 불가능한 역사적 사실로 박제되는 것이다.

학습코너 암호화 기술(Cryptography)

암호화 기술(Cryptography)은 원본 정보인 '평문(plaintext)'을 특정 알고리즘을 통해 누구나 볼 수 없도록 변환하는 과정이며, 이를 '암호화(encryption)'라고 합니다. 변환된 정보인 '암호문(ciphertext)'을 다시 원본 평문으로 되돌리는 과정을 '복호화(decryption)'라고 합니다. 이 기술은 데이터의 기밀성을 보호하고, 메시지가 위변조되지 않았음을 보장하는 등 다양한 보안 기능을 제공합니다.

[참고: https://www.google.com]

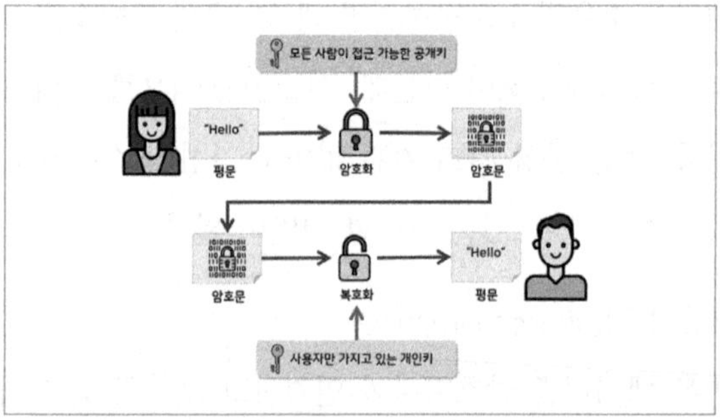

비대칭키(Asymmetric Key) 암호 알고리즘이란? [https://raonctf.com]

1.2.3. 스마트 계약(Smart Contracts)

스마트 계약은 블록체인 기술의 잠재력을 폭발 시킨 가장 혁신적인 개념이다. 이는 '사전에 설정된 특정 조건이 충족되면, 계약 내용이 자동으로 실행되도록 프로그래밍된 디지털 계약'이다. 마치 특정 금액을 투입하면 자동으로 음료수를 내어주는 자판기와 같다.

- STO에서의 역할: 스마트 계약은 부동산 STO의 운용을 자동화하고 효율화하는 핵심 동력이다. 예를 들어, '건물에서 월 임대료가 입금되면(조건), 정해진 날짜에 각 토큰 보유자의 지분만큼

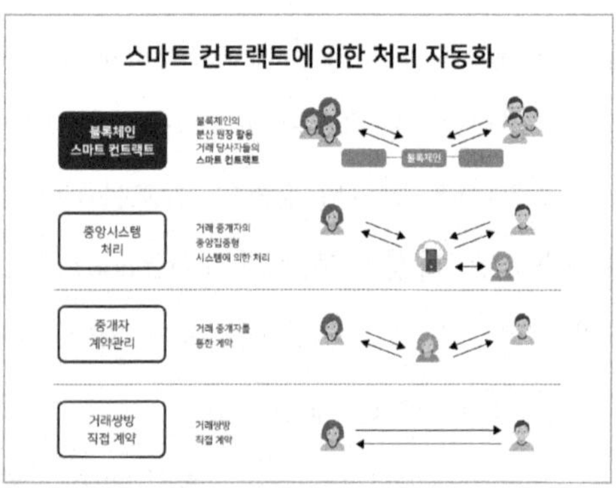

스마트 컨트랙트, 스마트 계약: 네이버 블로그

배당금을 자동으로 분배하라(실행)'는 스마트 계약을 설정할 수 있다. 이를 통해 배당금 지급, 소유권 이전, 의결권 행사 등 과거에 수많은 중개인과 서류 작업이 필요했던 과정들이 인간의 개입 없이 투명하고 신속하게, 그리고 저렴한 비용으로 처리될 수 있다.

1.3. 물리적 자산에서 디지털 증권으로: 토큰화 과정

그렇다면 실제 강남의 빌딩은 어떤 과정을 거쳐 블록체인 위에서 거래되는 디지털 토큰이 되는 것일까? 전통적 방식과 STO 방식을 비교하면 그 차이를 명확히 알 수 있다.

단계	전통적 방식 (예: 부동산 펀드)	STO 방식	핵심 기술
소유권 확보	자산운용사가 부동산을 매입 후 신탁사에 등기 이전	자산을 신탁하고, 그 수익증권을 기초자산으로 확보	법률, 신탁 제도
증권 발행	실물 또는 전자 형태의 수익증권(종이 증서) 발행	신탁 수익증권을 기반으로 디지털 토큰(ST) 발행	토큰화 (Tokenization)
주주 명부 관리	증권예탁결제원의 중앙화된 서버에 주주 명부 기록 및 관리	토큰 소유자 정보가 블록체인 분산원장에 기록	분산원장기술 (DLT)
배당금 지급	운용사, 은행 등 여러 중개기관을 거쳐 수동으로 계좌 이체	임대료 수익 발생 시 조건에 따라 자동으로 투자자 지갑에 지급	스마트 계약 (Smart Contract)
소유권 이전	증권사 HTS/MTS를 통해 거래, 예탁결제원에서 명의 개서	STO 거래 플랫폼에서 P2P 방식으로 토큰 거래, 블록체인에 기록	암호화 기술, 스마트 계약

1.4. 가상 사례: 코드가 구현하는 신뢰, 개발자의 STO 투자

1) 배경: AI 스타트 업에서 백엔드 개발자로 일하는 박선우(31세) 씨. 그는 항상 금융 시스템의 불투명성에 의문을 품고 있었다. 수많은

판교 데이터센터, 엄청난 전기설비에 눈길 https://m.ddaily.co.kr

중간 단계와 복잡한 수수료 구조, 정보의 비대칭성은 그에게 비합리적으로 느껴졌다. 그는 “만약 금융이 잘 짜인 코드처럼 투명하고 논리적으로 작동한다면 어떨까?”라는 상상을 하곤 했다.

2) **기술적 호기심:** 어느 날, 선우 씨는 '판교 데이터센터'를 기초자산으로 하는 부동산 STO 상품을 접한다. 그를 사로잡은 것은 데이터센터의 미래 가치가 아니라, 투자설명서에 명시된 '스마트 계약을 통한 배당금 자동 지급'이라는 문구였다. 그는 이것이 자신이 상상하던 '코드로 구현된 금융'의 시작일 수 있다고 직감한다.

3) **투자의 실행과 검증:** 그는 호기심에 100만 원을 투자하여 데이터센터의 토큰 10개를 구매한다. 그의 토큰 소유 기록은 블록체인 탐색기를 통해 암호화된 데이터로 영구히 기록된 것을 직접 확인한다.

   (1) **스마트 계약의 작동:** 3개월 후, 첫 배당일이 되었다. 데이터센터의 임차 기업들로부터 임대료가 입금되자, 미리 프로그래밍된 스마트 계약이 자동으로 실행되었다. 선우 씨는 어떠한 중간 과정이나 지연 없이, 정확히 약속된 시간에 자신의 디지털 지갑으로 12,500원의 배당금이 입금되는 것을 확인한다. 그는 블록체

인 탐색기를 통해 이 거래가 스마트 계약에 의해 실행되었으며, 다른 모든 투자자에게도 동일한 로직으로 배당금이 분배되었음을 검증할 수 있었다.

(2) **신뢰의 구축**: 선우 씨에게 이 경험은 단순한 배당금 수령 이상의 의미였다. 그는 인간의 실수나 의도적인 개입이 배제된 채, 오직 수학적 논리와 코드의 약속에 의해서만 자산이 운용되고 수익이 분배되는 과정을 목격했다. 그가 신뢰한 것은 발행사나 운용사가 아니라, 누구에게나 공개되고 검증 가능한 '스펀드 계약' 그 자체였다.

4) **결론 및 시사점**: 선우 씨의 사례는 블록체인 기술이 어떻게 금융의 패러다임을 바꾸는지를 보여준다. 이는 '사람'이나 '기관'에 대한 신뢰를 '기술'과 '알고리즘'에 대한 신뢰로 전환시킨다. 투명하고, 자동화되었으며, 누구나 검증할 수 있는 시스템. 이것이 바로 블록체인이 STO에 부여한 가장 강력한 혁신이자, 디지털 시대의 새로운 투자자들이 금융을 신뢰하는 방식이 될 것이다.

2

"STO 관련 스마트 컨트랙트를 통한 자동화된 수익 분배 시스템을 탐구한다"와 가상사례

2.1. 스마트 컨트랙트: 신뢰를 프로그래밍하는 디지털 계약서

부동산 조각투자(STO)의 혁신성을 논할 때, "스마트 컨트랙트(Smart

Contract)"는 그 심장과도 같은 역할을 수행한다. 스마트 컨트랙트는 '똑똑한 계약'이라는 이름처럼, 사전에 협의된 계약 조건을 컴퓨터 코드 형태로 프로그래밍하여 블록체인 위에 올린 것이다. 이렇게 블록체인에 기록된 계약은 특정 조건이 충족되었을 때 중개자 없이 자동으로 계약 내용이 실행되는 특성을 갖는다.

전통적인 부동산 수익 분배 과정을 상상해 보자. 건물 관리인이 임차인으로부터 월세를 수금하고, 각종 세금과 관리비 등 비용을 정산한 후, 남은 순수익을 투자자들의 지분에 따라 계산하여 각자의 계좌로 이체한다. 이 과정에는 회계사, 자산관리사, 은행 등 수많은 중개인이 개입하며, 이로 인해 시간 지연, 인적 오류(Human Error), 그리고 불필요한 수수료가 발생할 가능성이 상존한다. 정보가 투명하게 공개되지 않아 투자자 입장에서는 수익 분배 과정의 신뢰성에 의문을 가질 수도 있다.

스마트 컨트랙트는 이러한 전통적 방식의 비효율성과 불투명성을 근본적으로 해결한다. '만약(If) A라는 조건이 충족되면, B를 실행하라'는 식의 명확한 알고리즘으로 작동하기 때문이다. 예를 들어, STO 프로젝트의 수익 분배 스마트 컨트랙트는 "매월 말일, 지정된 계좌(법인 계좌)에 임대료가 입금되면(조건), 총수입에서 사전에 설정된 운영비(예: 15%)를 자동으로 차감하고(실행1) , 남은 순수익을 투자자들이 보유한 토큰 수량에 비례하여 각자의 전자지갑으로 즉시 이체하라(실행2)" 와 같이 프로그래밍될 수 있다.

이 모든 과정은 인간의 개입 없이 블록체인 네트워크상에서 자동적으로 실행되며, 그 결과는 모든 참여자가 확인할 수 있는 분산원장에 영구적으로 기록된다. 이는 단순한 비용 절감을 넘어, 투자자와 발행사 간의 '신뢰'를 기술적으로 담보하는 혁신적인 시스템인 것이다.

2.2. 수익 분배 시스템의 진화: 수동에서 자동으로

스마트 컨트랙트 기반의 자동화된 수익 분배 시스템이 기존 방식과 어떻게 다른 지는 아래의 표를 통해 명확히 비교할 수 있다. 이는 아날로그 시대의 복잡한 서류 결재 과정이 디지털 시대의 원클릭 전자 결재로 진화한 것과 비견될 수 있다.

구분	전통적 수익 분배 방식(수동)	스마트 컨트랙트 기반 자동화 시스템
프로세스 주체	자산관리사, 신탁사, 은행 등 다수의 인적 중개인	사전에 프로그래밍된 스마트 컨트랙트 코드
실행 방식	수기 계산, 서류 확인, 계좌 이체 등 복잡한 수동 절차	조건 충족 시 자동 실행(Self-Executing)
투명성	제한된 정보 접근, 정보 비대칭성 발생 가능	모든 거래 기록이 블록체인에 투명하게 공개, 완전한 투명성
정산 속도	수일에서 수 주까지 소요될 수 있는 느린 정산 속도	조건 충족 즉시 또는 수 분 내에 완료되는 실시간 정산
비용 효율성	중개 수수료, 인건비 등 높은 운영 비용 발생	중개인 제거로 인한 운영 비용 최소화
오류 가능성	계산 착오, 누락 등 인적 오류(Human Error) 발생 가능성	코드에 의해 정확하게 실행되므로 인적 오류 원천 차단
신뢰 기반	계약 주체 및 중개 기관에 대한 인적 신뢰	위·변조가 불가능한 코드 및 시스템에 대한 기술적 신뢰

2.3. 가상 사례: '프로젝트 해운대 블루오션'의 투명한 배당 파티

1) **상황 설정:** 부산 해운대 해변 바로 앞에 위치한 생활형 숙박시설 '해운대 블루오션'은 뛰어난 입지 덕분에 높은 숙박률을 기록하고 있다. 시행사는 이 건물을 기초자산으로 총 100만 개의 증권형 토큰 'HBS(Haeundae Blueocean Share)'를 발행했다. 부동산학을 전공하는 대학원생 최수현 씨는 이 프로젝트의 성장 가능성을 보고 1,000 HBS 토큰(총발행량의 0.1%)을 투자했다.

해운대 최고급 생활형 숙박시설 눈길 https://www.mk.co.kr

2) 스마트 컨트랙트 작동 시나리오

(1) **수익 집계 및 조건 충족**: 9월 한 달간 '해운대 블루오션'은 각종 숙박 예약 플랫폼(야놀자, 아고다 등)과 현장 결제를 통해 총 1억 원의 매출을 올렸다. 월말이 되자, 이 금액은 시행사의 법인 계좌로 모두 집계되었다. 이로써 스마트 컨트랙트 실행의 첫 번째 조건인 '월 매출 집계 완료'가 충족된다.

(2) **자동 비용 정산**: 매출 입금이 확인되는 순간, 'HBS' 토큰의 스마트 컨트랙트가 자동으로 활성화된다. 사전에 계약서에 명시되고 코드로 입력된 대로, 총매출 1억 원에서 고정 운영비(청소, 관리, 공과금 등) 30%인 3,000만 원과 플랫폼 수수료 10%인 1,000만 원이 지정된 계좌로 자동 이체된다. 이 과정은 단 몇 초 만에 완료된다.

(3) **순수익 확정 및 배당 실행**: 총비용 4,000만 원이 차감된 후, 9월의 배당 가능 순수익은 6,000만 원으로 확정된다. 스마트 컨트랙트는 즉시 이 순수익을 총 토큰 수(100만 개)로 나누어 1 HBS 토큰당 배당금이 60원임을 계산한다.

(4) **투자자에게 자동 분배:** 계산이 완료되자마자, 스마트 컨트랙트는 토큰 보유자들의 전자지갑 주소 목록을 읽어온다. 그리고 각자가 보유한 토큰 수량에 맞춰 배당금을 분배하는 트랜잭션을 생성한다. 최수현 씨는 1,000 HBS를 보유하고 있으므로, 1,000개 X 60원 = 60,000원의 배당금이 그녀의 전자지갑으로 자동 입금된다. 그녀는 별도의 신청이나 확인 절차 없이, 스마트폰 앱 푸시 알림으로 'HBS 토큰 9월 배당금 60,000원이 입금되었습니다'라는 메시지를 받게 된다.

3) **결론 및 지적 호기심 자극:** 최수현 씨는 이 과정을 통해 무엇을 경험했을까? 그녀는 단순히 돈을 버는 것을 넘어, 자신이 투자한 자산이 어떻게 운영되고 수익이 창출되어 자신 에게까지 전달되는지 그 전 과정을 투명하게 실시간으로 목격한 것이다. 블록체인 탐색기(Explorer)를 통해 총매출액, 비용 지출 내역, 순수익, 그리고 다른 모든 투자자에게 배당금이 정확히 분배되는 과정을 자신의 눈으로 직접 확인할 수 있다.

이는 투자자에게 심리적 안정감과 깊은 신뢰를 제공한다. 더 이상 '깜깜이 배당'을 걱정할 필요가 없어진다. 스마트 컨트랙트는 단순한 자동화 도구를 넘어, "투자와 신뢰의 패러다임을 바꾸는 게임 체인저(Game Changer)"이다. 바로 이 기술적 신뢰가 있기에, 우리는 인플레이션의 불안한 파도를 넘어 부동산 조각투자라는 새로운 대안의 섬으로 항해할 수 있는 것이다. 이처럼 코드로 증명되는 신뢰의 시대, 이것이 바로 STO가 열어가는 부동산 투자의 미래인 것이다.

3

"STO토큰의 발행, 유통, 소각 과정의 생애주기를 이해한다"와 가상사례

3.1. STO 토큰의 생애주기: 탄생에서 소멸까지의 여정

모든 생명체에 생애주기가 있듯, 부동산 조각투자(STO)의 핵심인 증권형 토큰(Security Token) 역시 "발행(Issuance) → 유통(Distribution/Trading) → 소각(Burning)"이라는 명확한 생애주기를 갖는다. 이 주기를 이해하는 것은 STO 투자의 시작과 끝, 그리고 그 과정에서 발생하는 가치의 흐름을 파악하는 것과 같다. 이는 마치 씨앗(발행)이 뿌려져 나무(유통)로 자라나 투자자들에게 열매(수익)를 맺어주고, 마지막에 나무가 베어져 목재(자산 매각)로 활용되며 그 생을 마감하는 자연의 섭리 와도 비견될 수 있다.

1) 1단계: 발행(Issuance) - 디지털 자산의 탄생 이 단계는 실물 자산인 부동산에 디지털 생명을 불어넣는 과정이다. 자산 보유자(발행사)가 자신의 부동산 소유권을 법적 절차에 따라 신탁하고, 특수목적법인(SPV)을 통해 해당 자산의 가치만큼 증권형 토큰을 생성한다. 블록체인 기술을 통해 토큰의 총발행량, 각 토큰이 표상하는 지분 가치, 수익 분배 조건 등이 스마트 컨트랙트에 코드로 명시된다. 이로써 고정되어 있던 거대한 부동산은 거래 가능한 작은 단위의 디지털 증권으로 재탄생하게 된다.

2) 2단계: 유통(Distribution & Trading) - 가치의 성장과 교환 발행된 토

큰은 STO 플랫폼을 통해 투자자들에게 최초로 분배(공모)되고, 이후에는 인가된 디지털 자산 거래소에서 투자자들 간에 자유롭게 거래된다. 이 단계에서 토큰은 생명력을 얻고 활발히 움직인다. 투자자들은 부동산에서 발생하는 임대수익을 토큰 보유량에 따라 주기적으로 배당 받는다. 또한, 부동산의 가치 상승이나 시장의 수요공급 원리에 따라 토큰의 가격이 변동하므로, 투자자들은 매매를 통해 시세차익을 추구할 수 있다. 이 유통 단계는 STO 투자의 가장 핵심적인 부분으로, 자산의 유동성이 극대화되고 가치가 성장하는 시기이다.

3) 3단계: 소각(Burning) - 임무의 완수와 소멸 토큰의 소각은 프로젝트의 종료, 즉 기초자산인 부동산이 매각되었을 때 발생한다. 발행사가 투자 기간 만료 후 건물을 제3자에게 매각하면, 매각 대금은 최종적으로 토큰 보유자들에게 지분에 따라 분배된다. 투자금 회수가 완료되면, 해당 부동산의 소유권을 표상하던 증권형 토큰은 그 존재 이유가 사라지게 된다. 이때, 발행사는 스마트 컨트랙트를 통해 유통되던 모든 토큰을 회수하여 소멸시키는 '소각' 절차를 진행한다. 이는 토큰을 누구도 접근할 수 없는 특정 주소로 영원히 전송함으로써, 해당 토큰이 더 이상 거래될 수 없도록 만드는 기술적 조치이다. 소각을 통해 토큰의 생애주기는 비로소 완결된다.

3.2. STO 토큰 생애주기별 핵심 활동 및 기술

STO 토큰의 생애주기는 각 단계별로 명확한 목표와 기술적 기반 위에서 이루어진다. 이를 정리하면 다음과 같다.

생애주기 단계	주요 활동	핵심 기술 및 제도	참여 주체	목표
발행 (Issuance)	자산 실사 및 가치평가, 신탁 계약, 토큰 증권 설계 및 생성	블록체인, 스마트 컨트랙트, 토큰 표준(ERC-1400 등), 금융규제	발행사, 신탁사, 자산평가사, 법률 자문사, STO 플랫폼	실물 자산의 디지털화 및 유동성 부여
유통 (Distribution)	최초 청약(공모), 2차 시장 상장 및 거래, 배당금 지급	디지털 자산 거래소, 투자자 전자지갑, 블록체인 원장, 스마트 컨트랙트	투자자, 거래소, 발행사(배당 주체), 시장 조성자	자산 가치 성장, 투자 수익(배당, 시세차익) 실현, 유동성 공급
소각 (Burning)	기초자산(부동산) 매각, 투자 원리금 최종 분배, 토큰 회수 및 영구 파기	스마트 컨트랙트 소각 기능, 블록체인 트랜잭션	발행사, 투자자, 신탁사	프로젝트의 투명한 종료, 투자금 회수, 토큰의 임무 완결

3.3. 가상 사례: '광화문 헤리티지 오피스' 토큰의 5년간의 여정

서울 광화문 우량 오피스 '센터포인트 광화문' https://www.mk.co.kr

1) **상황 설정:** 2026년, 한 자산운용사가 서울 광화문의 역사적 가치가 있는 중형 오피스 빌딩 '광화문 헤리티지 오피스'를 500억 원에 매입했다. 운용사는 리모델링 자금 및 운영 자금 100억 원을 조달하고 5년 후 매각을 목표로 STO 프로젝트를 시작한다. 부동산학과 3학년생 박진우 씨는 이 프로젝트의 안정성과 성장성을 보고 100만

원을 투자하기로 결심한다.

2) 토큰의 생애주기 시뮬레이션

(1) 2026년: 토큰의 탄생(발행) 자산운용사는 '광화문 헤리티지 오피스'를 신탁하고, 총 100억 원 규모의 증권형 토큰 'KHO(KwangHwamun Heritage Office)'를 1주당 5,000원의 가격으로 총 200만 주 발행한다. 박진우 씨는 STO 플랫폼을 통해 청약에 참여하여 200 KHO 토큰을 배정받는다. 그의 전자지갑에 200 KHO가 생성되면서, 그는 광화문 빌딩의 0.01% 지분을 소유한 디지털 주주가 된다.

(2) 2027년~2031년: 가치의 성장(유통) 리모델링 후 '광화문 헤리티지 오피스'는 IT 기업과 외국계 금융사가 입주하며 100% 임대율을 달성한다. 박진우 씨는 매 분기마다 스마트 컨트랙트를 통해 자신의 계좌로 200 KHO에 대한 임대 배당금을 자동으로 수령한다. 한편, 광화문 일대 오피스 시장이 호황을 맞으면서 빌딩의 자산 가치가 상승하자, 2차 시장에서 KHO 토큰의 가격은 5,000원에서 7,000원까지 상승한다. 박진우 씨는 자신의 자산이 성장하는 것을 실시간으로 확인하며, 필요하다면 언제든 토큰을 매도해 시세차익을 얻을 수도 있다는 사실에 만족감을 느낀다.

(3) 2031년: 영광스러운 퇴장(소각) 5년의 투자 기간이 만료되자, 자산운용사는 '광화문 헤리티지 오피스'를 국내 대기업에 700억 원에 성공적으로 매각한다. 매각 차익 200억 원과 최초 조달액 100억 원을 합한 300억 원이 KHO 토큰 투자자들에게 최종 분배된다. 스마트 컨트랙트는 1 KHO 당 15,000원(300억 원/ 200만 주)의 투자 원리금을 계산한다. 박진우 씨는 200 KHO에 대

한 최종 상환금 300만 원(200주 X 15,000원)을 수령한다. 이는 최초 투자 원금 100만 원 대비 200%의 수익률이다. 최종 상환이 완료된 후, 자산운용사는 KHO 토큰 스마트 컨트랙트의 '소각' 기능을 실행한다. 시장에 유통되던 200만 개의 KHO 토큰은 모두 회수되어 누구도 사용할 수 없는 '0x000...dead'와 같은 소각 주소로 영원히 전송된다. 블록체인 탐색기에는 이 마지막 트랜잭션이 기록되고, '광화문 헤리티지 오피스' 프로젝트를 상징하던 KHO 토큰은 모든 임무를 완수하고 디지털 역사 속으로 사라지게 된다.

3) 결론 및 시사점: 이처럼 STO 토큰의 생애주기는 투자의 시작부터 끝까지 전 과정을 블록체인 기술 위에서 투명하고 자동화된 방식으로 구현한다. 투자자는 토큰의 탄생과 성장, 그리고 소멸의 과정을 직접 지켜보며, 자신의 투자가 어떻게 가치를 창출하고 최종적으로 회수되는지에 대한 완전한 신뢰를 가질 수 있다. 이는 인플레이션 시대에 내 자산을 지키는 것을 넘어, 자산의 성장 과정을 함께하는 새로운 투자 경험을 제공하는 것이다. 토큰의 생애주기에 대한 이해는 바로 그 새로운 경험으로 들어가는 첫 번째 관문인 것이다.

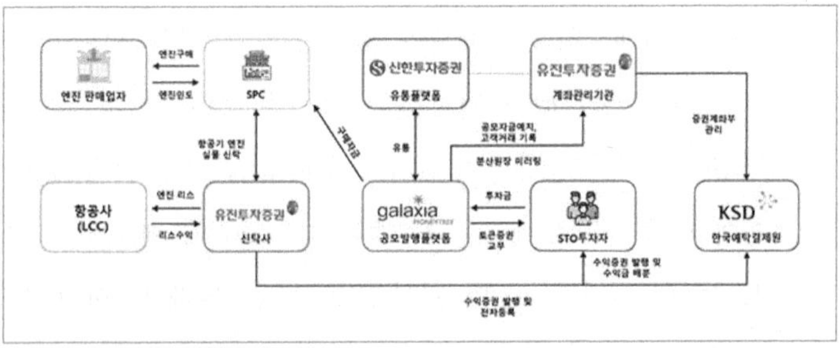

토큰증권 가이드라인 발표 후 첫 신탁수익증권 발행혁신금융서비스 자문
https://www.lawtimes.co.kr

4

"블록체인의 분산원장기술(DLT: Distributed Ledger Technology)이 거래의 신뢰를 보장하는 메커니즘을 학습한다."와 가상사례

4.1. 분산원장기술(DLT): 신뢰를 만드는 디지털 공증 시스템

<그림> 중앙집중식 거래장부와 분산원장에 근거한 거래과정

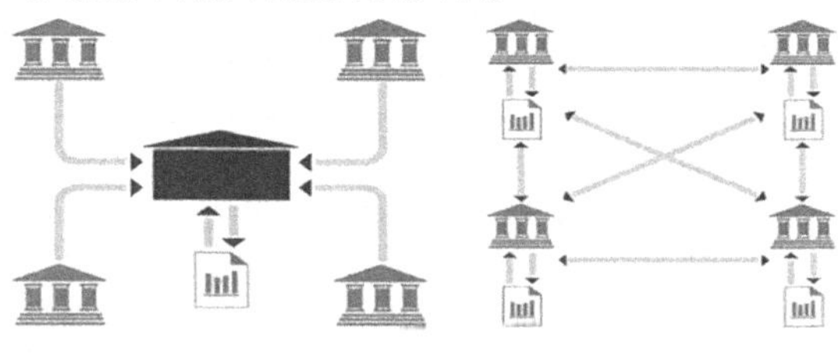

자료: *Financial Times*

블록체인이 제공할 '가치의 인터넷' https://eiec.kdi.re.kr

전통적인 금융 거래에서 '신뢰'는 은행, 정부, 신용평가기관과 같은 거대한 중앙 기관에 의해 보증되어 왔다. 우리가 A에게 1만 원을 송금할 때, 우리는 은행이라는 제3의 신뢰 기관이 우리의 거래 기록을 중앙 서버(원장)에 정확히 기재하고 처리해 줄 것이라고 믿는다. 그러나 만약 이 중앙 서버가 해킹당하거나, 관리자가 악의적으로 장부를 조작한다면 어떻게 될까? 신뢰 시스템은 한순간에 붕괴될 수 있다.

"분산원장기술(DLT: Distributed Ledger Technology)"은 바로 이 중앙집중형 신뢰 모델의 근본적인 한계에 대한 기술적 해답이다. DLT는 거래 기록이 담긴 원장(Ledger)을 어느 하나의 중앙 서버에 독점적으로 저장하는 대신, 네트워크에 참여하는 모든 참여자(Node, 노드)에게 동일하게 복제하여 분산 저장하고 관리하는 기술이다. 블록체인은 DLT를 구현하는 가장 대표적인 방식이다.

이는 마치 마을 사람들이 모두 모여 하나의 거대한 공동 가계부를 함께 작성하고, 각자 그 사본을 똑같이 나누어 갖는 것과 같다. 만약 한 명이 자신의 이익을 위해 가계부 내용을 몰래 수정하려 해도, 나머지 모든 마을 사람이 가진 가계부 사본과 내용이 다르기 때문에 그 조작 시도는 즉시 발각되고 무효 처리된다. 이처럼 DLT는 특정 주체를 신뢰할 필요 없이, 네트워크 참여자들의 집단적 검증(합의 메커니즘)을 통해 데이터의 무결성과 신뢰성을 수학적으로, 그리고 구조적으로 담보하는 것이다. 즉, '기관에 대한 신뢰'를 '알고리즘과 네트워크에 대한 신뢰'로 전환시킨 패러다임의 혁신이다.

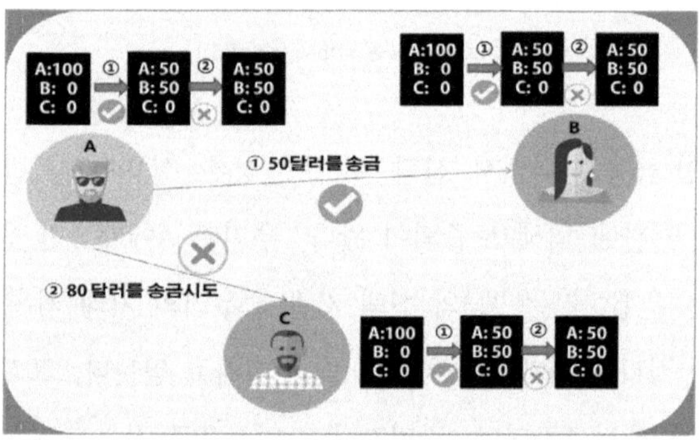

[비트코인 개론] 〈2〉 탈중앙화의 첫걸음 '분산원장' https://www.google.com

4.2. 중앙원장 vs. 분산원장: 신뢰 형성 방식의 근본적 차이

부동산 STO 거래에서 DLT가 왜 중요한지를 이해하기 위해서는 기존의 중앙원장 방식과 비교하여 그 차이점을 명확히 인지할 필요가 있다.

구분	전통적 중앙원장 시스템 (Centralized Ledger)	블록체인 기반 분산원장기술 (DLT)
원장 관리	은행, 정부 등 중앙 기관이 독점적으로 관리 및 기록	네트워크에 참여하는 모든 노드가 공동으로 관리 및 기록
데이터 구조	중앙 서버의 데이터베이스 형태	거래 기록(블록)이 시간 순서대로 연결된 체인(Chain) 구조
신뢰 기반	중앙 기관의 권위와 공신력에 대한 제도적 신뢰	암호학적 알고리즘과 다수결 합의에 의한 수학적·기술적 신뢰
투명성	제한된 관리자만 접근 가능, 불투명한 구조	모든 참여자가 원장을 공유하고 검증 가능, 완전한 투명성
보안성	중앙 서버 공격 시 전체 시스템 마비(SPOF* 존재)	수많은 노드에 분산되어 있어 사실상 위·변조 및 해킹 불가
거래 확정	중앙 기관의 승인 필요	네트워크의 합의 알고리즘 (예: PoW, PoS)을 통해 자동 확정
비용	중개 수수료, 시스템 유지비 등 높은 거래 비용	중개인 제거로 거래 비용 절감

*SPOF: 단일 장애점(Single Point of Failure)

4.3. 가상 사례: '디지털 명동상가' 소유권 이전의 투명한 여정

1) **상황 설정:** 대학생 김민준 씨는 STO 플랫폼을 통해 '명동 프라임 상가'의 증권형 토큰 'MDT(MyeongDong Token)' 10개를 보유하고 있다. 그는 급하게 현금이 필요하여 보유한 토큰 중 5 MDT를 직장인 이서연 씨에게 1 MDT당 10만 원에 판매하기로 한다.

2) DLT 기반의 신뢰 메커니즘 작동 시나리오

   (1) 거래 발생 및 전파(Transaction Creation & Propagation): 김민준 씨는 자신의 전자지갑을 이용해 '5 MDT를 이서연 씨의 지갑 주소로 이전한다'는 내용의 디지털 서명을 포함한 거래(Transaction)를 생성한다. 이 거래 요청은 암호화되어 명동 상가 STO 네트워크에 참여하고 있는 모든 컴퓨터(노드)에 즉시 전파된다.

명동 상가 임대료 | 세계 9위 https://trend-m.com

(2) **거래 검증(Verification)**: 네트워크상의 각 노드들은 김민준 씨의 거래 요청을 받자마자, 여러 사실을 독립적으로 검증하기 시작한다.

- **소유권 확인**: 김민준 씨가 정말 5 MDT 이상을 보유하고 있는가?(블록체인 원장을 통해 확인)
- **이중지불 방지**: 김민준 씨가 이 5 MDT를 이서연 씨에게 보내는 동시에 다른 사람에게도 보내려 하지는 않았는가?
- **권한 확인**: 해당 거래 요청이 김민준 씨의 개인키(Private Key)로 정당하게 서명되었는가? 수천 개의 노드가 이 과정을 동시에, 독립적으로 수행한다.

(3) **블록 생성 및 합의(Block Creation & Consensus)**: 다수의 노드로부터 '유효한 거래'라고 검증받은 김민준 씨의 거래는 아직 확정된 것이 아니라, '미승인 거래 풀(Pool)'에 담겨 대기한다. 이때, 네트워크의 합의 알고리즘(예: 지분증명, PoS)에 따라 특정 노드(블록 생성자)가 이 거래를 포함한 여러 유효 거래들을 모아 하나의 '블록(Block)'을 생성할 권한을 얻는다. 이 블록에는 '김민준 → 이서연, 5 MDT 이전'이라는 기록이 타임스탬프와 함께 새겨진다.

(4) 블록 연결 및 원장 동기화(Chaining & Synchronization): 새롭게 생성된 블록은 이전 블록과 암호학적으로 연결(Chaining)되어 기존 블록체인의 가장 끝에 추가된다. 이 새로운 블록 정보는 다시 네트워크의 모든 노드에게 전파되고, 모든 참여자들은 각자 자신이 보관하던 분산원장을 최신 상태로 업데이트한다.

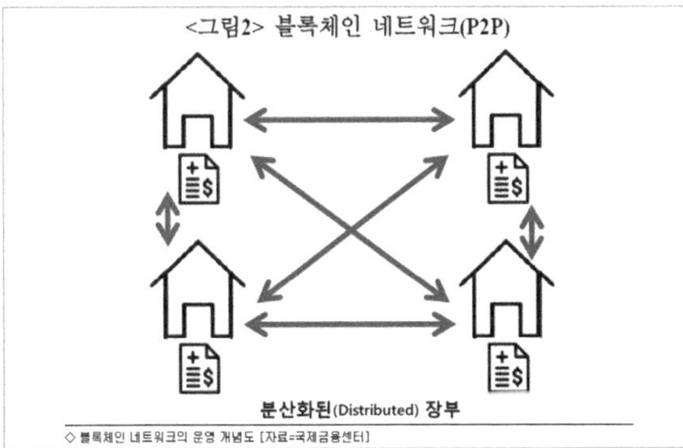

한은 "디지털통화·블록체인 대응 강화한다" https://www.inews24.com

3) 결과 및 지적 자극: 이제 '김민준이 이서연에게 5 MDT의 소유권을 이전했다'는 사실은 더 이상 둘만의 계약이 아니다. 이 기록은 수천 개의 컴퓨터에 똑같이 복제되어 분산 저장되었으며, 암호학적으로 봉인되어 그 누구도 수정하거나 삭제할 수 없는 영구적인 디지털 공증을 받게 된 것이다.

은행이나 등기소와 같은 중앙 기관의 개입은 전혀 없었다. 오직 잘 짜인 알고리즘과 네트워크 참여자들의 집단적 검증이라는 '분산된 신뢰'만이 존재했을 뿐이다. 이서연 씨는 특정 기관을 믿을 필요 없이, 블록체인 네트워크 자체의 건전성과 수학적 증명을 통해 자신이 MDT의 새로운 주인임을 확신할 수 있다.

이처럼 DLT는 부동산과 같은 고가 자산의 소유권이 오가는 거래에서 발생할 수 있는 모든 불신과 비효율을 기술적으로 제거한다. 이는 인플레이션 시대에 우리의 자산을 안전하게 지키고 투명하게 거래할 수 있는 강력한 신뢰의 인프라를 제공하는 것이며, 미래 금융의 청사진을 제시하는 것이다.

5

"토큰의 소유권 증명과 거래 기록의 위변조 불가능 원리를 파헤친다."와 가상사례

5.1. 디지털 금고와 열쇠: 비대칭 암호화 키를 통한 소유권 증명

부동산 STO에서 나의 토큰 소유권을 증명하는 방식은 전통적인 등기부등본이나 계약서와는 완전히 다르다. 여기에는 비대칭 암호화 키(Asymmetric Cryptography) 원리가 사용되는데, 이는 나만이 가질 수 있는 '개인키(Private Key)'와 모든 사람에게 공개되는 '공개키(Public Key)'라는 한 쌍의 디지털 키를 통해 이루어진다.

1) 공개키(Public Key): 은행의 '계좌번호'와 같다. 누구나 나의 공개키(또는 이를 변환한 지갑 주소)를 알 수 있고, 이 주소로 토큰을 보낼 수 있다.
2) 개인키(Private Key): 해당 계좌의 '비밀번호' 또는 '인감도장'과 같다. 이 개인키는 세상에서 오직 나 자신만이 알고 있어야 하며, 내 지갑에 들어있는 토큰을 다른 곳으로 보내거나 사용할 수 있는 유일한 열쇠이다.

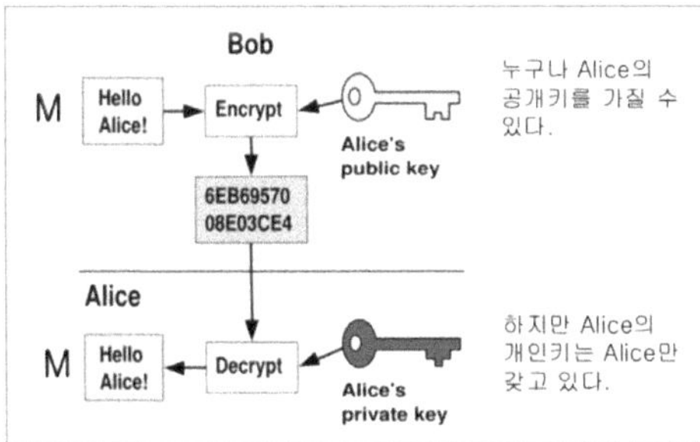

기초 암호학(3) - 공개키 암호(RSA, Diffie-Helmman) https://developer-mac.tistory.com

내가 특정 토큰의 소유자라는 것은, 해당 토큰이 보관된 공개키(지갑 주소)에 대응하는 개인키를 내가 보유하고 있다는 사실로 증명된다. 내가 개인키를 이용해 거래에 서명하면, 네트워크는 나의 공개키를 통해 그 서명이 유효한지, 즉 내가 정말 그 지갑의 주인인지를 수학적으로 즉시 검증할 수 있다. 만약 누군가 내 개인키를 모른다면, 그는 절대로 내 지갑의 토큰을 움직일 수 없다. 따라서 블록체인 세계에서 "개인키를 소유한 자가 곧 자산의 소유자(Not your keys, not your coins)"라는 격언이 통용되는 것이다.

5.2. 해시 함수와 체인 구조: 데이터 위·변조를 원천 봉쇄하는 기술

거래 기록이 한번 블록체인에 기록되면 왜 수정하거나 삭제할 수 없는지를 이해하기 위해서는 "해시 함수(Hash Function)"와 블록의 체인(Chain) 연결 구조라는 두 가지 개념을 알아야 한다.

1) 해시 함수(Hash Function): 어떤 길이의 데이터(거래 기록 묶음)를 입력하더라도 항상 고정된 길이의 고유한 암호 값(해시값)으로 바꿔주는 함수이다. 마치 모든 책마다 고유한 ISBN 바코드가 부여되는 것과 같다. 입력 데이터가 단 하나의 글자만 바뀌어도 결과 해시값은

완전히 다른 값으로 변경되는 특징이 있어, 데이터의 무결성을 검증하는 데 탁월하다.

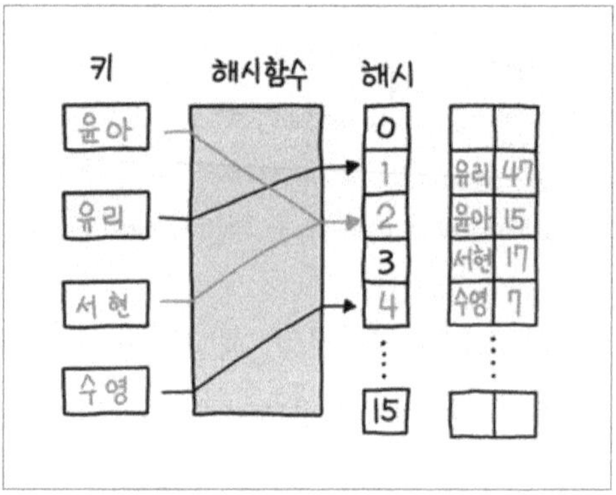

해시 https://namu.wiki

2) **블록의 체인 연결 구조:** 블록체인에서 거래 기록들은 일정 단위로 묶여 '블록'을 형성한다. 새로 생성되는 블록은 자신의 거래 기록 데이터뿐 만 아니라, 바로 이전 블록의 고유한 해시 값을 포함하게 된다. 이 때문에 블록들은 마치 DNA 가닥처럼 이전 블록의 정보를 품은 채로 계속해서 연결되는 '체인' 구조를 형성한다.
만약 악의적인 해커가 과거의 특정 거래 기록(예: A가 B에게 10토큰을 보낸 기록)을 조작하려 한다고 가정해 보자.

(1) **해커가 해당 거래가 포함된 과거 블록(예: 100번 블록)의 내용을 수정하는 순간,** 100번 블록의 해시 값이 완전히 다른 값으로 변경된다.

(2) **그런데 다음 블록인 101번 블록은 이미 변경 전의 '원본 100번 블록 해시 값'을 품고 있다.** 따라서 100번 블록과 101번 블록 사

이의 연결고리가 암호학적으로 끊어지게 된다.

(3) 이 연결을 다시 맞추려면 해커는 101번 블록의 내용(이전 블록 해시 값)을 수정해야 하고, 그러면 또 101번 블록의 해시 값이 변경되어 102번 블록과의 연결이 끊어진다.

(4) 결론적으로, 과거의 기록 하나를 바꾸기 위해서는 그 이후에 연결된 모든 블록을 전부 수정하고 다시 생성해야만 한다. 이는 분산된 네트워크 환경에서 수천, 수만 개의 노드(참여자 컴퓨터)가 가진 장부를 동시에 조작하는 것과 같아서 현실적으로 불가능에 가까운 일이 되는 것이다.

5.3. 전통적 소유권 증명 방식 vs 블록체인 기반 증명 방식

구분	전통적 소유권 증명 방식(예: 등기부등본)	블록체인 기반 소유권 증명 방식
증명 수단	정부(등기소)가 발행한 실물/전자 문서	개인키(Private Key) 소유 여부
신뢰 주체	중앙 화된 국가 기관(등기소)	분산된 네트워크와 암호학적 알고리즘
보안성	위임장 위조, 서류 분실, 중앙 서버 해킹 위험 존재	개인키 분실 외 사실상 위·변조 불가
투명성	제한된 정보 접근, 발급 절차 필요	누구나 실시간으로 모든 거래 기록 조회 가능(익명성 보장)
거래 효율성	등기 이전 등 복잡하고 시간 소요가 큰 절차	P2P(개인 간) 즉각적인 소유권 이전 가능

5.4. 가상 사례: 사라진 디지털 인감, '강남N타워' 소유권 분쟁의 전말

1) **상황 설정:** 2028년 서울, 성공한 사업가인 나 회장은 3년 전 STO 플랫폼을 통해 매입한 '강남N타워' 증권형 토큰 1,000 KNT(전체 지분의 10%)를 금고에 보관된 하드웨어 월렛(콜드월렛)에 저장해 두었다.

쿠시먼, '강남 N타워' 매각자문 완료 https://www.kharn.kr

어느 날, 나 회장의 조카인 박 대리가 금고에서 몰래 하드웨어 월렛을 훔쳐 자신의 지갑으로 1,000 KNT를 무단으로 이체한 후, "회장님께서 합법적으로 증여해 주신 것"이라고 주장하기 시작한다. 나 회장은 즉시 도난 사실을 신고하고 소유권을 되찾기 위한 절차에 착수한다.

2) 블록체인 기술을 통한 분쟁 해결 시나리오

(1) **거래 기록의 영구성:** 나 회장의 법률 대리인은 가장 먼저 '강남N 타워' STO의 기반이 되는 블록체인 네트워크 탐색기(Explorer)에 접속한다. 탐색기에는 나 회장의 지갑 주소에서 박 대리의 지갑 주소로 1,000 KNT가 특정 시간(예: 2028년 9월 26일 14시 32분)에 이체된 거래 기록(Transaction)이 블록 번호 #1,234,567에 영구적으로 기록되어 있음을 확인한다. 이 기록 자체는 누구도 삭제하거나 변경할 수 없는 객관적 사실이다.

(2) **소유권 증명의 핵심, 디지털 서명:** 법적 분쟁의 핵심은 '해당 거래가 과연 나 회장의 진정한 의사에 의해 이루어졌는가'이다. 박 대리는 "나 회장이 직접 개인키로 서명하여 보내준 것"이라고 주장한다. 블록체인상에서 거래가 실행되려면, 보내는 사람의 개인키를 통한 디지털 서명이 반드시 필요하다. 해당 거래 기록에는 나 회장의 지갑에서 발생한 유효한 디지털 서명이 포함되어 있었다. 이는 기술적으로는 나 회장의 개인키가 사용되었다는 명백한 증거가 된다.

(3) **개인키 통제권 입증:** 나 회장 측은 법정에서 하드웨어 월렛의 도난 사실과 금고 CCTV 영상 등 정황 증거를 제출한다. 그리고 결정적으로, 개인키에 대한 통제권을 상실했다는 점을 주장한다. 즉, '거래 자체는 기술적으로 유효하게 발생했지만, 그 거래를 승인한 개인키가 본인의 의사와 무관하게 제3자(박 대리)에 의해 탈취되어 사용되었다'는 것을 입증하는 것이다.

3) **결론 및 지적 호기심 자극:** 법원은 블록체인 기록을 통해 토큰이 실제로 박 대리에게 이전된 객관적 사실을 인정한다. 그러나 CCTV 등 여러 증거를 통해 박 대리가 나 회장의 개인키(하드웨어 월렛)를 무단으로 탈취하여 사용했다는 사실 또한 인정한다. 결국 법원은 해당 토큰 이체 거래가 나 회장의 진정한 의사에 기한 것이 아닌, 절도 행위에 의한 것이므로 무효라고 판결하고, 박 대리에게 토큰의 반환을 명령한다.

4) **시사점:** 이 사례는 우리에게 매우 중요한 통찰을 준다. 첫째, 블록체인은 '거래가 발생했다'는 사실을 누구도 부인할 수 없도록 완벽

하게 기록하고 증명한다. 둘째, 그 거래의 정당성은 개인키를 누가 통제하고 사용했는가에 달려있다. 블록체인은 거래의 '사실'을 기록할 뿐, 그 배경의 '의도'까지 판단하지는 못한다. 따라서 부동산 등기부등본처럼 국가가 그 내용을 보증해 주는 시스템과 달리, STO 투자자는 자신의 디지털 인감인 개인키를 스스로 안전하게 지켜야 할 궁극적인 책임을 지게 되는 것이다. 이는 새로운 기술이 우리에게 가져다 주는 강력한 권한이자 동시에 무거운 책임인 것이다.

6

"디지털 자산 지갑(Wallet)의 종류와 안전한 토큰 보관 방법을 알아낸다."와 가상사례

6.1. 디지털 자산 지갑: 내 자산의 금고를 선택하다

부동산 조각투자(STO)를 통해 취득한 증권형 토큰은 실물 증서가 아닌 디지털 데이터 형태로 존재한다. 따라서 이 소중한 디지털 자산을 안전하게 보관하고, 필요할 때 전송하거나 권리를 행사하기 위해서는 '디지털 자산 지갑(Wallet)'이 반드시 필요하다. 지갑은 단순히 토큰을 담아두는 공간이 아니라, 내 자산의 소유권을 증명하는 핵심 열쇠인 '개인키(Private Key)'를 안전하게 관리하는 디지털 금고인 것이다.

디지털 자산 지갑은 개인키를 인터넷에 연결된 상태로 보관하는지 여부에 따라 크게 "핫 월렛(Hot Wallet)"과 "콜드 월렛(Cold Wallet)"으로 분류된다. '뜨거운(Hot)' 지갑은 온라인에 연결되어 있어 거래 편의성이 높은 반면, '차가운(Cold)' 지갑은 오프라인 상태로 자산을 보관하여 보안성이 극대화된다. 어떤 지갑을 선택할지는 마치 현금을 주머니에 넣고 다닐지, 아니면 은행의 대형 금고에 보관할지를 결정하는 것과 같은 중요한 문제이다.

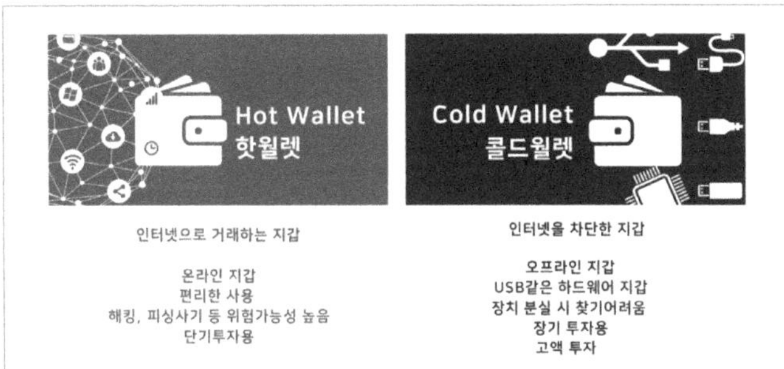

[Blockchain] 코인 월렛 종류/메타마스크란/코인지갑이란 https://m.blog.naver.com

학습코너 디지털 자산 지갑(Wallet)

디지털 자산 지갑은 블록체인 상의 디지털 자산(암호화폐, NFT 등)을 안전하게 보관, 관리, 전송하는 개인키와 공개키를 저장하는 소프트웨어 또는 하드웨어입니다. '개인키'는 자산에 접근하고 거래할 수 있는 비밀번호와 같으며, '공개키'는 자산을 받는 주소입니다. 지갑의 종류는 온라인에 연결된 핫월렛과 인터넷과 연결되지 않은 콜드월렛으로 나뉩니다.

- 디지털 자산 지갑의 종류
  - 핫월렛(Hot Wallet): 인터넷에 연결된 지갑으로, 스마트폰 앱, 웹 브라우저, PC 소프트웨어 형태로 제공됩니다.
    사용이 편리하여 빈번한 거래나 결제에 유리합니다.
    예시: 삼성월렛, 카카오 클립

• **콜드월렛(Cold Wallet)**: 인터넷에 연결되지 않는 오프라인 지갑으로, 개인키를 안전하게 보관합니다.
해킹이나 악성코드로부터 자산을 보호하는 데 더 효과적입니다.
예시: 하드웨어 지갑(USB 형태)

■ 작동 방식

• **키 생성**: 지갑은 사용자를 위해 '개인키'와 '공개키'를 생성합니다.
• **보관**: '개인키'는 소유자만 알고 있어야 하며, '공개키'는 다른 사람에게 공유하여 자산을 받을 수 있습니다.
• **거래**: 거래 시, '개인키'를 사용하여 거래에 서명하면 소유자임을 증명하고 자산을 보낼 수 있습니다.

[참고: https://www.google.com]

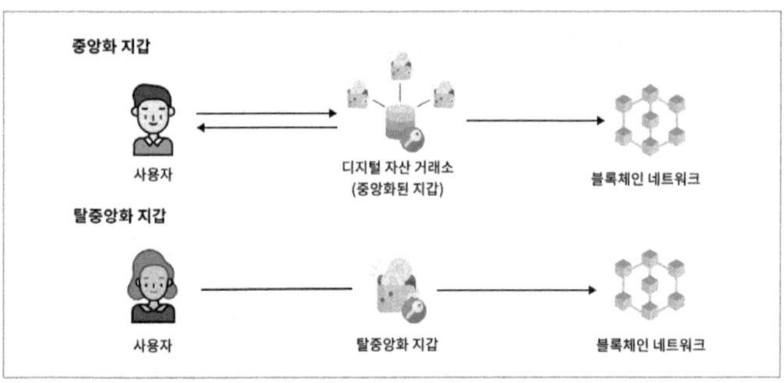

중앙화 지갑과 탈중앙화 지갑 - 업비트 투자자보호센터 https://m.upbitcare.com

6.2. 핫 월렛 vs. 콜드 월렛: 편의성과 보안의 저울질

핫 월렛과 콜드 월렛은 명확한 장단점을 가지고 있어, 투자자는 자신의 투자 성향, 자산 규모, 거래 빈도 등을 종합적으로 고려하여 최적의 조합을 찾아야 한다.

1) 핫 월렛(Hot Wallet): 모바일 앱, 웹 브라우저 확장 프로그램, 거래소 지갑 등이 여기에 해당한다. 스마트폰이나 PC에 설치하여 사용하며, 항상 온라인 상태를 유지하므로 토큰을 빠르게 전송하고 거래소와 연동하여 매매하기 편리하다. 하지만 인터넷에 연결되어 있다는 것은 해킹, 피싱, 악성코드 감염 등 외부 공격에 노출될 위험이 상존함을 의미한다. 소액의 자산을 보관하며 거래를 자주 하는 경우에 적합하다.

2) 콜드 월렛(Cold Wallet): "하드웨어 월렛(Hardware Wallet)"과 "페이퍼 월렛(Paper Wallet)"이 대표적이다. USB처럼 생긴 별도의 물리적 장치(하드웨어 월렛)나 종이(페이퍼 월렛)에 개인키를 저장하고, 거래 시에만 제한적으로 PC에 연결하여 서명한다. 개인키가 온라인상에 노출되지 않으므로 해킹으로부터 원천적으로 안전하다. 장기적으로 큰 규모의 자산을 안전하게 보관하는 데 가장 이상적인 방법이다.

구분	핫 월렛(Hot Wallet)	콜드 월렛(Cold Wallet)
대표 형태	모바일 앱 지갑, 웹 지갑, 거래소 지갑	하드웨어 월렛, 페이퍼 월렛
개인키 보관	인터넷에 연결된 기기 내에 저장(온라인)	인터넷과 분리된 물리적 장치/매체에 저장(오프라인)
보안성	상대적으로 낮음(해킹, 피싱 위험)	매우 높음(온라인 공격으로부터 원천 차단)
편의성	매우 높음(즉각적인 조회 및 거래 가능)	상대적으로 낮음(거래 시 물리적 연결 필요)
주요 용도	소액 자산 보관, 빈번한 거래 및 입출금	고액 자산의 장기적이고 안전한 보관
책임 주체	개인의 기기 보안 관리 능력에 크게 의존	개인의 물리적 장치/매체 보관 책임이 절대적

암호화폐 지갑 유형

개인키 보관	핫월렛	콜드월렛
특징	온라인	오프라인 (외장 하드 등)
	실시간 거래 가능	보안에 강함
	개인키 노출 시 해킹 가능성	기기 분실 · 도난 가능성

자료: 일본은행

가상자산 지갑, 실시간 거래 가능한 '핫월렛'이냐, 보안성 뛰어난 '콜드월렛'이냐?
https://decenter.kr

6.3. 가상 사례: 두 투자자의 엇갈린 운명 - '시드 구문'의 중요성

1) **상황 설정**: 2027년, 부동산학과 동기인 김현우 씨와 이지수 씨는 2년 전 '판교 테크밸리 오피스' STO에 각각 5천만 원을 투자하여 큰 수익을 얻었다. 두 사람은 투자금 회수 후, 다음 투자처를 물색하기 전까지 토큰을 각자의 방식으로 보관하기로 한다.

- **김현우 씨의 선택(편의성 중시)**: 현우 씨는 평소 주식 MTS처럼 사용이 간편한 모바일 앱 지갑에 모든 토큰을 보관했다. 그는 출퇴근길에 스마트폰으로 자신의 자산 현황을 확인하는 것을 즐겼다. 어느 날, 그는 '거래소 상장 기념 에어드랍 이벤트'라는 제목의 문자 메시지를 받고 무심코 링크를 클릭했다. 링크는 실제 거래소와 똑같이 생긴 피싱 사이트였고, 그는 의심 없이 지갑 복구에 필요한 '시드 구문(Seed Phrase, 복구 구문)' 12개 단어를 입력했다.
- **이지수 씨의 선택(보안 최우선)**: 지수 씨는 거액의 자산을 온라인에 두는 것을 불안하게 생각했다. 그녀는 10만 원을 투자하여 평

판이 좋은 하드웨어 월렛을 구매했다. 토큰을 하드웨어 월렛으로 모두 옮긴 후, 기기 설정 시 생성된 시드 구문 24개 단어를 종이에 적어 아무도 모르는 곳에 물리적으로 보관하고, 하드웨어 월렛 자체는 서랍 속에 넣어두었다.

2) 엇갈린 결과:

며칠 후, 현우 씨의 스마트폰은 그가 클릭한 링크를 통해 악성코드에 감염되었다. 해커는 탈취한 시드 구문을 이용해 현우 씨의 모바일 지갑 접근 권한을 완벽하게 복제했고, 지갑에 있던 모든 토큰을 자신의 지갑으로 빼돌렸다. 현우 씨가 자산이 사라진 것을 발견했을 때는 이미 늦은 후였다. 블록체인 거래는 되돌릴 수 없었고, 그는 평생 후회할 실수를 저질렀음을 깨닫게 된다.

반면, 지수 씨의 자산은 완벽하게 안전했다. 설령 그녀의 컴퓨터가 바이러스에 감염되거나, 그녀가 피싱 사이트에 접속했더라도, 실제 거래 서명은 인터넷과 분리된 하드웨어 월렛 내부에서만 이루어지기 때문에 개인키나 시드 구문이 온라인으로 유출될 가능성이 원천적으로 차단되었기 때문이다. 그녀는 자신의 신중한 선택 덕분에 소중한 자산을 지킬 수 있었던 것이다.

3) 결론 및 안전 수칙: 이 사례는 디지털 자산 관리의 핵심이 '시드 구문(복구 구문)'을 어떻게 관리하는가에 달려있음을 극명하게 보여준다. 시드 구문은 지갑을 분실하거나 기기가 파손되었을 때 자산을 복구할 수 있는 유일한 마스터키이다. 따라서 다음의 원칙을 반드시 지켜야 한다.

- 시드 구문은 반드시 오프라인에, 물리적으로 기록하여 보관해야 한다.(컴퓨터 파일, 클라우드, 사진첩 보관 절대 금지)
- 시드 구문을 타인에게 절대 공유해서는 안 되며, 어떤 사이트에도 입력해서는 안 된다.
- 고액의 자산은 반드시 하드웨어 월렛과 같은 콜드 월렛에 보관하는 것이 원칙이다.

결론적으로, 디지털 자산 지갑은 현대 투자자에게 새로운 형태의 책임감을 요구한다. 은행이 내 자산을 지켜주던 시대에서 나아가, 이제는 내가 직접 내 자산의 최종 수호자가 되어야 하는 시대인 것이다. 이 책임감을 이해하고 실천하는 것만이 인플레이션 시대에 나의 자산을 온전히 지키는 길이 될 것이다.

제2부

성공적인 투자를 위한 실전 가이드

주제 4

옥석 가리기: 우량 STO 플랫폼 선택 전략

1

"금융당국의 인가를 받은 신뢰할 수 있는 STO 플랫폼의 식별 기준을 제시한다."와 가상사례

1.1. 신뢰, STO 투자의 초석

부동산 STO(토큰증권발행) 시장의 성장은 투자자에게 새로운 기회의 문을 열어주었으나, 동시에 어떤 플랫폼을 신뢰하고 선택해야 하는지에 대한 중요한 과제를 안겨주었다. 특히 실물 자산을 디지털 화하여 거래하는 만큼, 투자 자산의 안정성과 플랫폼 운영의 투명성은 무엇보다 중요하다. 따라서 금융당국의 인가를 받은 신뢰할 수 있는 STO 플랫폼을 식별하는 것은 성공적인 투자의 첫걸음이라 할 수 있다.

금융당국의 인가는 해당 플랫폼이 최소한의 법적·제도적 요건을 충족했음을 의미하며, 투자자 보호를 위한 기본적인 장치가 마련되어 있음을 시사한다. 이는 마치 은행을 선택할 때 정부의 예금자 보호 제도가 적용되는지를 확인하는 것과 같은 이치이다. 본 장에서는 현명한 투자자가 되기 위해 반드시 알아야 할, 신뢰할 수 있는 STO 플랫폼의 식별 기준을 심층적으로 제시하고자 한다.

1.2. 신뢰할 수 있는 STO 플랫폼의 핵심 식별 기준

금융당국의 감독 아래 운영되는 신뢰할 수 있는 STO 플랫폼은 다음과 같은 구체적인 기준들을 충족해야 한다. 투자자는 플랫폼을 선택하기에 앞서 아래 항목들을 꼼꼼히 확인하고 비교 분석하는 자세를 가져야 한다.

1.2.1. 규제 준수 및 인허가 여부 확인

가장 기본적이면서도 중요한 기준은 금융당국의 정식 인허가를 받았는지의 여부이다. 국내에서는 금융위원회의 가이드라인에 따라 혁신금융서비스(금융규제 샌드박스)로 지정되거나, 자본시장법 등 관련 법규를 준수하는 형태로 운영된다. 플랫폼 웹사이트나 공시자료를 통해 금융위원회로부터 받은 인허가 문서나 지정 번호를 명확히 확인할 수 있어야 한다. 이는 플랫폼이 정부의 감독 체계 안에서 운영되며, 불법적인 자금 모

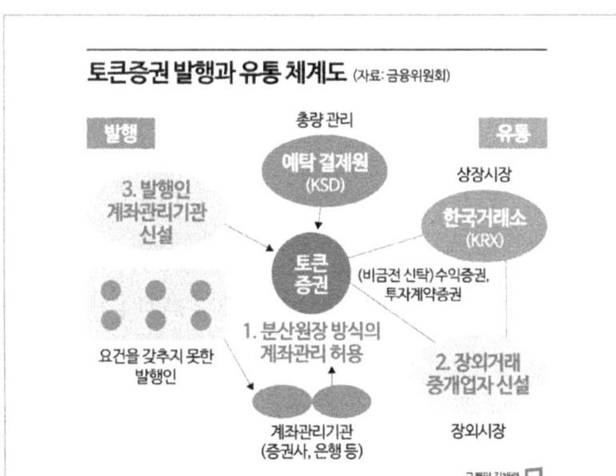

[토큰증권이 온다] ① 찻잔 속 태풍일까 자본시장 돌풍일까 https://www.asiae.co.kr

집이나 사기 행위로부터 투자자를 보호할 최소한의 장치를 갖추고 있음을 증명하는 것이다.

1.2.2. 투자자 보호 장치의 구체성

신뢰할 수 있는 플랫폼은 투자자 보호를 위한 다각적인 장치를 마련하고 운영한다. 주요 확인 사항은 다음과 같다.

(1) **예치금 분리 보관:** 투자자의 예치금을 플랫폼의 운영 자금과 명확히 분리하여 신탁사나 은행 등 제3의 금융기관에 안전하게 보관하는지를 확인해야 한다. 이는 플랫폼 파산 시에도 투자자의 자산을 보호하는 핵심적인 역할을 한다.

(2) **실물자산 관리의 투명성:** STO의 근간이 되는 부동산 자산이 누구에 의해, 어떻게 관리되는지를 명확히 공개해야 한다. 자산의 소유권, 담보 설정 여부, 관리 신탁사의 정보 등을 투명하게 공개하는 플랫폼을 선택해야 한다.

(3) **정보 비대칭 해소 노력:** 투자자가 충분한 정보를 바탕으로 합리적인 결정을 내릴 수 있도록 자산에 대한 상세한 정보, 가치 평가 보고서, 예상 수익률 및 관련 리스크 등을 투명하게 제공해야 한다.

1.2.3. 기술적 안정성 및 보안 시스템

STO는 블록체인 기술을 기반으로 하므로, 플랫폼의 기술적 안정성과 보안은 자산 보호와 직결된다. 개인 키(Private Key) 관리 시스템, 해킹 방지를 위한 다중 보안 체계(예: 콜드월렛 보관, 2단계 인증), 스마트 컨트랙트의 보안 감사(Audit) 여부 등을 확인해야 한다. 외부 전문 기관으로부터 보안 감사를 받은 보고서를 공개하는 플랫폼은 기술적 신뢰도가 높다고 평가할 수 있다.

1.2.4. 정보 공시의 투명성과 접근성

플랫폼은 토큰 발행 정보, 기초자산 정보, 재무 상태 등 기업의 주요 정보를 투자자가 언제든지 쉽게 확인할 수 있도록 투명하게 공시해야 한다. 정기적인 사업 보고서 발간, 주요 경영 변동 사항에 대한 신속한 공지 등은 플랫폼의 투명성을 가늠하는 중요한 척도이다.

다음 표는 신뢰할 수 있는 STO 플랫폼을 식별하기 위한 핵심 기준을 요약한 것이다.

1.3. 신뢰할 수 있는 STO 플랫폼 식별 기준 체크리스트

구분	핵심 확인 사항	세부 내용	중요도
규제 준수	금융당국 인허가 여부	금융위원회 혁신금융서비스 지정, 자본시장법 등 관련 법규 준수 여부 확인	★★★★★
투자자 보호	예치금 분리 보관	투자자 예치금을 신탁사/은행 등 제3기관에 별도 관리하는지 확인	★★★★★
	실물자산 관리 투명성	자산 소유권, 신탁사 정보, 담보 여부 등 명확한 공개 여부 확인	★★★★☆
	정보 비대칭 해소	자산 평가 보고서, 리스크 요인 등 상세 정보 제공 여부 확인	★★★★☆
기술 안정성	보안 시스템 수준	개인키 관리 방식, 해킹 방지 시스템, 외부 보안 감사 보고서 공개 여부	★★★★☆
	스마트 컨트랙트 신뢰성	수익 배분, 소유권 이전 등이 자동화된 계약 코드의 안정성 및 검증 여부	★★★☆☆
정보 투명성	공시의 투명성 및 접근성	토큰 발행 정보, 기업 재무 정보, 사업 보고서 등의 정기적이고 투명한 공개	★★★★☆
운영 전문성	자산 실사(Due Diligence) 능력	전문적인 기준과 절차에 따라 우량 부동산을 선별하고 평가하는 역량	★★★☆☆

1.4. 가상사례: 도시공학도 '미래'의 현명한 플랫폼 선택기

1) 현안과제: 도시 및 지역개발학과 3학년에 재학 중인 '미래'는 전공

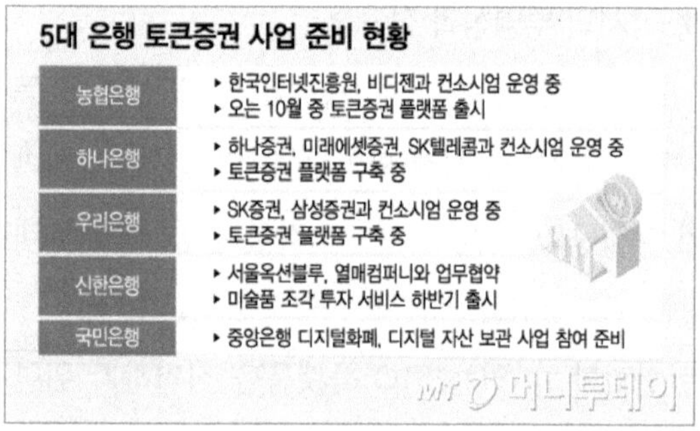

한우도 조각투자…STO 선점 나선 은행 https://www.mt.co.kr, 2024.07.01

수업을 통해 부동산 STO라는 새로운 투자 방식에 깊은 흥미를 느끼게 되었다. 소액으로도 서울의 핵심 상권 빌딩에 투자할 수 있다는 점이 매력적이었지만, 최근 뉴스에서 불법 유사수신 행위로 피해를 본 사례를 접하며 플랫폼 선택의 중요성을 절감했다. 그녀는 책에서 배운 '신뢰할 수 있는 STO 플랫폼 식별 기준'을 자신만의 체크리스트로 만들어 꼼꼼하게 따져 보기로 결심한다.

2) **플랫폼 후보 선정:** 미래는 먼저 A, B, C 세 개의 플랫폼을 후보로 선정했다.

   (1) **A 플랫폼:** 높은 수익률을 전면에 내세우며 공격적인 마케팅을 펼치고 있었다. 하지만 웹사이트 어디에도 금융당국의 인허가 관련 내용을 찾아볼 수 없었고, 고객센터에 문의해도 '준비 중'이라는 모호한 답변만 돌아왔다. 미래는 체크리스트의 첫 번째 항목인 '규제 준수'에서 A 플랫폼을 즉시 제외했다.

   (2) **B 플랫폼:** 금융위원회의 혁신금융서비스로 지정 받았다는 사실을 명확히 고지하고 있었다. 하지만 투자자 예치금을 어떻게 관리하는지에 대한 설명이 부족했고, 실물자산을 관리하는 신탁

사에 대한 정보도 찾기 어려웠다. 미래는 '투자자 보호 장치'의 구체성이 떨어진다고 판단하고 보류 목록에 두었다.

(3) **C 플랫폼:** 웹사이트 첫 화면에 '금융위원회 혁신금융서비스 지정(문서번호 XXX-XX)' 문구를 명시하고 있었다. '투자자 보호' 섹션에는 "투자자의 예치금은 OO신탁에 안전하게 분리 보관되며, 당사의 운영 자금과 절대 혼용되지 않습니다"라는 문구와 함께 신탁 계약서 일부를 공개했다. 또한, 현재 공모 중인 '강남 테헤란로 오피스 빌딩' 상품 페이지에서는 감정평가법인 두 곳의 평가 보고서 원문, 건물 등기부등본, 신탁 계약 관련 서류를 PDF 파일로 제공하여 누구나 다운로드할 수 있도록 했다. 기술 섹션에서는 글로벌 보안업체 D사로부터 스마트 컨트랙트 보안 감사를 완료했다는 인증서까지 게시하고 있었다.

3) **C 플랫폼을 통해 첫 부동산 STO 투자를 시작하기로 결정:** 미래는 C 플랫폼이 자신이 만든 체크리스트의 모든 항목에서 높은 점수를 받는다는 사실을 확인했다. 특히 규제 준수 여부를 명확히 하고, 투자자 자산을 분리 보관하며, 투자 판단에 필요한 핵심 정보를 투명하게 공개하는 모습에서 깊은 신뢰를 느꼈다. 그녀는 C 플랫폼을 통해 자신의 첫 부동산 STO 투자를 시작하기로 결정했다.

4) **시사점:** 이 가상사례는 단순히 높은 수익률이나 화려한 광고에 현혹되기보다, 명확한 기준을 가지고 플랫폼의 안정성과 투명성을 검증하는 과정이 얼마나 중요한지를 명확히 보여준다. 미래의 신중한 접근 방식은 모든 예비 STO 투자자들이 반드시 따라야 할 모범적인 길잡이가 될 것이다. 투자의 세계에서 가장 중요한 안전장치는 금

융당국의 인가와 그를 준수하는 플랫폼, 그리고 그것을 식별할 수 있는 투자자 자신의 현명한 안목인 것이다.

2

"STO 투자관련 플랫폼의 수수료 구조(발행, 거래, 청산)를 비교 분석하여 수익률에 미치는 영향을 계산한다."와 가상사례

2.1. '보이지 않는 비용', 수수료에 대한 이해

부동산 STO(토큰증권발행) 투자에 있어 기대수익률만큼이나 중요한 것이 바로 '수수료' 구조의 이해이다. 수수료는 투자자가 부담해야 하는 비용으로, 최종 수익률에 직접적인 영향을 미치는 핵심 변수이기 때문이다. 아무리 기초자산의 가치가 상승하더라도 과도한 수수료는 투자자의 실제 이익을 잠식할 수 있다. 따라서 성공적인 투자를 위해서는 플랫폼별로 상이한 수수료 체계를 명확히 인지하고, 이를 자신의 투자 전략과 기

[금융] STO 전력 강화, 거래수수료 면제 이벤트로 리테일 강화 본격화
https://www.thevaluenews.co.kr

간에 맞추어 비교 분석하는 과정이 필수적이다.

STO 플랫폼의 수수료는 크게 발행(공모 참여) 단계, 거래(유통) 및 운용 단계, 청산(자산 매각) 단계로 구분된다. 각 단계에서 부과되는 수수료의 종류와 요율은 플랫폼의 정책에 따라 천차만별이므로, 투자자는 나무가 아닌 숲을 보는 시각으로 전체 투자 과정에 걸친 총비용을 계산할 수 있어야 한다. 본 장에서는 각 단계별 수수료의 구조를 심층적으로 분석하고, 가상 사례를 통해 수수료가 실제 수익률에 미치는 영향을 구체적인 숫자로 규명하고자 한다.

2.2. STO 플랫폼 수수료의 3단계 구조 분석

STO 투자의 전 과정에서 투자자는 일반적으로 다음 세 가지 유형의 수수료를 마주하게 된다.

2.2.1. 발행 수수료(공모 참여 수수료)

발행 수수료는 투자자가 최초로 토큰증권 공모에 참여하여 토큰을 배정받을 때 발생하는 비용이다. 이는 플랫폼이 우량한 부동산 자산을 발굴하고, 가치를 평가하며, 토큰을 발행하는 데 소요되는 행정적 비용을 충당하기 위해 부과된다. 일반적으로 "투자 신청 금액의 일정 비율(%)"로 책정되며, 청약 시점에 선취되거나 투자금에서 차감되는 방식이다. 일부 플랫폼은 투자자 유치를 위해 발행 수수료를 면제하는 프로모션을 진행하기도 하므로, 투자자는 이를 눈여겨볼 필요가 있다.

2.2.2. 거래 및 운용 수수료

(1) 거래 수수료: 발행 이후, 투자자들 간에 토큰을 사고파는 2차 유통시장에서 발생하는 수수료이다. 이는 주식 거래 수수료와 유

사한 개념으로, 일반적으로 거래대금의 일정 비율(%)로 부과된다. 거래가 잦은 단기 투자자일수록 거래 수수료가 수익률에 미치는 영향이 커지게 된다.

(2) **운용 수수료(자산관리 보수)**: 플랫폼이 투자 대상인 부동산을 유지·관리하고 임대 수익을 창출하는 활동에 대해 부과하는 보수이다. 이는 일반적으로 "연 단위로 총자산가치(NAV)의 일정 비율(%)"을 책정하여 정기적으로 징수한다. 건물 관리, 임차인 유치, 행정 처리 등에 대한 대가이며, 장기 보유 투자자에게는 누적 비용이 상당할 수 있는 항목이다.

2.2.3. 청산 수수료(자산 매각 수수료)

투자 기간이 만료되어 기초자산인 부동산을 매각하고 투자금을 회수하는 청산 단계에서 발생하는 수수료이다. 이는 가장 복잡하고 수익률에 큰 영향을 미치는 수수료 체계가 될 수 있다.

(1) **기본 매각 수수료**: 총매각금액의 일정 비율(%)을 수수료로 징수하는 방식이다.

(2) **성과 수수료(초과이익 수수료)**: 자산 매각 시 발생한 "매각 차익(Capital Gain)의 일정 비율(%)"을 플랫폼이 가져가는 구조이다. 이는 플랫폼이 더 높은 가격에 자산을 매각하도록 유도하는 긍정적 효과가 있으나, 투자자의 최종 수익 배분액을 감소시키는 직접적인 요인이 된다.

다음 표는 가상의 세 플랫폼의 수수료 구조를 비교하여 투자자가 어떤 점들을 중점적으로 봐야 하는지를 보여준다.

2.3. 가상 STO 플랫폼별 수수료 구조 비교

구분	플랫폼 A (초기비용 최소형)	플랫폼 B (균형형)	플랫폼 C (성과연동형)
발행 수수료	0.5%	1.0%	면제
거래 수수료	0.4%	0.25%	0.2%
운용 수수료	연 0.5%	연 0.3%	연 0.2%
청산 수수료	총매각금액의 1.5%	총매각금액의 1.0% + 매각차익의 5%	총매각금액의 0.5% + 매각차익의 15%
특징	공모 참여 부담은 적으나, 청산 시 고정 수수료가 높다.	모든 단계에서 균형 잡힌 수수료를 부과한다.	초기 및 보유 비용이 저렴하나, 매각차익이 클수록 플랫폼에 지급하는 비용이 급증한다.

2.4. 가상사례: 수수료 구조가 가른 세 투자자의 희비

1) 현안 과제: 부동산학과 석사과정에 재학 중인 '현우'는 졸업 논문 리서치를 통해 STO의 잠재력을 확신하게 되었다. 그는 여유 자금 1,000만 원을 투자하기로 결심하고, 동일한 '판교 테크노밸리 오피스 빌딩' STO 상품을 각기 다른 수수료 체계를 가진 A, B, C 플랫폼에서 제공한다는 사실을 발견했다. 현우는 수수료가 수익률에 미치는 영향을 직접 계산해보기로 한다.

2) [투자 조건]

- 투자 원금: 10,000,000원
- 투자 기간: 3년
- 3년간 누적 배당수익률: 12%(1,200,000원) - 단, 운용 수수료는 배당에서 차감 후 지급

• 3년 후 자산 가치 상승: 20%(투자 지분 가치가 12,000,000원으로 상승)
• 2차 시장 거래: 없다고 가정

현우는 각 플랫폼별 최종 수익금을 계산하며 놀라운 사실을 발견하게 된다.

가. 플랫폼 A(초기비용 최소형)의 최종 수익금 계산

1. 발행 수수료: 10,000,000원 × 0.5% = 50,000원
2. 총 운용 수수료: (10,000,000원 × 0.5%) × 3년 = 150,000원
3. 실수령 배당금: 1,200,000원 - 150,000원 = 1,050,000원
4. 청산 수수료: (최종 매각가 12,000,000원) × 1.5% = 180,000원
5. 최종 투자 성과:
   • (실수령 배당금 1,050,000원 + 매각차익 2,000,000원) - (발행 수수료 50,000원 + 청산 수수료 180,000원) = 2,820,000원
   • 최종 순수익: 2,820,000원 - 230,000원(수수료 총합) = 2,590,000원

나. 플랫폼 B(균형형)의 최종 수익금 계산

1. 발행 수수료: 10,000,000원 × 1.0% = 100,000원
2. 총 운용 수수료: (10,000,000원 × 0.3%) × 3년 = 90,000원
3. 실수령 배당금: 1,200,000원 - 90,000원 = 1,110,000원
4. 청산 수수료: (12,000,000원 × 1.0%) + (매각차익 2,000,000원 × 5%) = 120,000원 + 100,000원 = 220,000원
5. 최종 투자 성과:
   • (실수령 배당금 1,110,000원 + 매각차익 2,000,000원) - (발행 수수료 100,000원 + 청산 수수료 220,000원) = 3,110,000원
   • 최종 순수익: 3,110,000원 - 320,000원(수수료 총합) = 2,790,000원

다. 플랫폼 C(성과연동형)의 최종 수익금 계산

1. 발행 수수료: 면제(0원)

2. 총 운용 수수료: (10,000,000원 × 0.2%) × 3년 = 60,000원

3. 실수령 배당금: 1,200,000원 - 60,000원 = 1,140,000원

4. 청산 수수료: (12,000,000원 × 0.5%) + (매각차익 2,000,000원 × 15%) = 60,000원 + 300,000원 = 360,000원

5. 최종 투자 성과:

- (실수령 배당금 1,140,000원 + 매각차익 2,000,000원) - (청산 수수료 360,000원) = 3,140,000원
- 최종 순수익: 3,140,000원 - 360,000원(수수료 총합) = 2,780,000원

3) 결과 및 시사점: 계산 결과, 현우는 총수수료 부담액은 B플랫폼이 32만 원, C플랫폼이 36만 원으로 가장 높았지만, 최종 순수익은 B플랫폼이 279만 원으로 가장 높다는 결론을 얻었다. 발행 수수료가 없는 C플랫폼이 가장 유리할 것이라는 초기 예상과는 다른 결과였다. 이는 높은 매각차익이 발생했을 때 성과 수수료가 최종 수익에 얼마나 큰 영향을 미치는지를 명확히 보여주는 것이다.

이 사례는 투자자가 단편적인 수수료율 하나만 보고 플랫폼을 선택해서는 안 된다는 교훈을 준다. 자신의 예상 투자 기간, 기대수익률, 그리고 자산 가치 상승 가능성 등 종합적인 시나리오를 바탕으로 전체 수수료를 시뮬레이션하고, 그 결과에 따라 가장 유리한 플랫폼을 선택하는 것이 현명한 투자자의 길인 것이다.

3

"STO 투자관련 기초자산 실사(Due Diligence) 능력과 정보 제공의 투명성을 평가한다."와 가상사례

3.1. '돌다리도 두드려보는' 지혜, 실사의 중요성

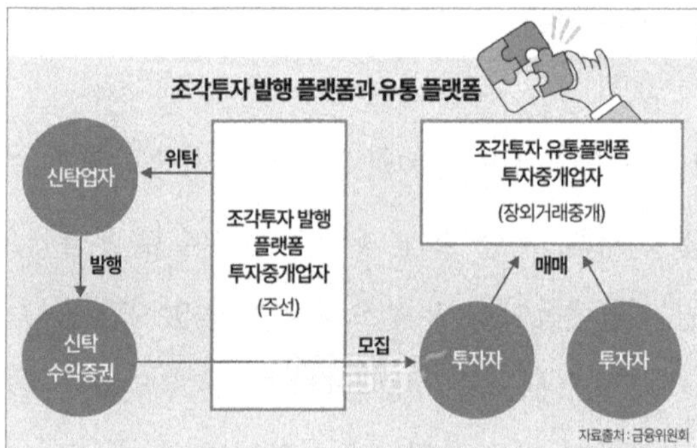

https://www.google.com

부동산 STO(토큰증권발행)의 투자 가치는 전적으로 그 근간이 되는 기초자산, 즉 부동산 자체의 가치에서 비롯된다. 아무리 혁신적인 기술과 편리한 플랫폼이라 할지라도, 기초자산이 부실하다면 해당 STO는 사상누각에 불과하다. 따라서 성공적인 투자자는 STO 플랫폼이 투자 대상 부동산을 얼마나 철저하고 전문적으로 검증했는지를 평가하는 날카로운 안목을 갖추어야 한다.

이러한 검증 과정을 '실사(Due Diligence)'라고 칭한다. 실사란 투자에 앞서 발생할 수 있는 모든 법률적, 재무적, 물리적 위험 요소를 사전에 파악하고 분석하는 핵심적인 절차이다. 신뢰할 수 있는 플랫폼은 전문적인 실사 능력을 갖추고 그 결과를 투자자에게 투명하게 공개함으로써 정보의 비대칭성을 해소하고, 투자자가 합리적인 판단을 내릴 수 있도록 돕는다. 본 장에서는 STO 플랫폼의 실사 능력과 정보 제공의 투명성을 어떻게 평가할 수 있는지에 대한 구체적인 기준을 제시하고, 가상 사례를 통해 그 중요성을 체감하도록 할 것이다.

학습코너 기초자산 실사(Due Diligence)

기초자산 실사(Due Diligence)는 투자나 인수 합병(M&A) 전에 대상 회사의 재무 상태, 법률적 문제, 자산의 현황 등을 종합적으로 조사하고 평가하는 절차입니다. 이는 투자 결정의 위험을 줄이고 숨겨진 문제점을 파악하기 위한 필수적인 과정이며, 재무, 법률, 영업, 기술 등 다양한 영역에 걸쳐 이루어집니다.

■ 기초자산 실사의 목적

- 합리적 의사결정: 투자자나 인수 주체가 충분한 정보를 바탕으로 합리적인 의사결정을 내릴 수 있도록 지원합니다.
- 리스크 최소화: 거래 전 숨겨진 위험이나 잠재적 문제를 파악하여 리스크를 최소화합니다.
- 가치 평가: 대상 자산이나 기업의 가치를 정확하게 평가합니다.

■ 주요 실사 유형

- 재무 실사(Financial Due Diligence): 회사의 재무제표, 영업 예측치, 채무, 자본 지출 계획 등 재무 상태를 검토합니다.
- 법률 실사(Legal Due Diligence): 계약, 소송, 지적 재산권 등 법률적인 위험을 검토합니다.
- 영업 실사(Commercial Due Diligence): 비즈니스 모델, 시장 포지션, 경쟁 환경, 성장 잠재력 등을 분석합니다.

- 기술 실사(Technical Due Diligence): 설비, 장비, 시설 등의 현 상태를 평가합니다.
- 인적 자원 실사: 직원의 현황, 인사 정책, 관련 법적 문제 등을 검토합니다.
- 세무 실사(Tax Due Diligence): 세금 관련 문제들을 검토합니다

[자료: https://www.google.com]

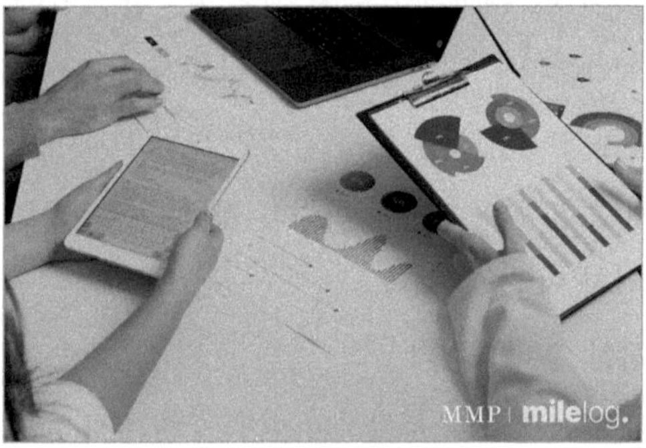

실사(Due Diligence)란? - 마일스톤 블로그 https://blog.mstacc.com

3.2. 플랫폼의 실사 능력 및 투명성 평가 핵심 기준

우량한 STO 플랫폼을 선별하기 위해 투자자는 단순한 광고 문구가 아닌, 실사의 깊이와 정보 공개의 수준을 꼼꼼히 살펴야 한다. 평가는 크게 네 가지 영역으로 나눌 수 있다.

1) 법률 실사(Legal Due Diligence)

부동산의 권리 관계에 존재하는 모든 법적 리스크를 검토하는 과정이다. 투자자는 플랫폼이 아래와 같은 정보를 명확하게 제공하는지 확인해야 한다.

(1) **등기부등본 확인**: 소유권은 누구에게 있으며, 근저당, 가압류 등 재산권을 제약하는 다른 권리가 설정되어 있는지 반드시 확인해야 한다. 플랫폼은 최신 등기부등본 원본을 투자자가 쉽게 열람할 수 있도록 제공해야 한다.

(2) **건축물대장 및 토지이용계획 확인**: 해당 부동산의 용도지역, 건폐율, 용적률 등 공법상 규제 현황과 불법 건축물 여부 등을 분석한 자료를 제공해야 한다. 이는 향후 자산 가치 변동 및 개발 가능성을 예측하는 데 필수적인 정보다.

2) 재무 실사(Financial Due Diligence)

부동산의 재무 건전성과 미래 수익성을 분석하는 과정이다. 단순한 '예상 수익률' 제시를 넘어, 그 근거를 투명하게 밝히는 것이 핵심이다.

(1) **과거 임대차 내역 및 현금흐름 분석**: 최근 3~5년간의 임대료 수입, 공실률, 관리비용 등 상세한 운영 내역을 공개해야 한다. 이를 통해 투자자는 미래 현금흐름의 안정성을 예측할 수 있다.

(2) **가치평가 보고서**: 공신력 있는 감정평가법인 2곳 이상으로부터 받은 감정평가서 원본을 제공해야 한다. 평가의 기준과 방법을 명확히 설명하고, 주변 시세 비교 분석 자료까지 첨부된다면 신뢰도가 높다고 할 수 있다.

3) 물리적 실사(Physical Due Diligence)

건물의 현재 상태와 잠재적인 물리적 리스크를 점검하는 과정이다.

(1) **건물 상태 진단 보고서**: 건물의 주요 구조, 설비(전기, 소방, 냉난방)의 노후도, 수선이 필요한 부분과 예상 비용 등을 전문가가 진단한 보고서를 제공해야 한다. 이는 미래에 발생할 수 있는

예상치 못한 유지보수 비용 리스크를 가늠하게 한다.

(2) **입지 및 주변 환경 분석**: 교통 접근성, 주변 상권의 활성도, 지역 개발 계획 등 부동산 가치에 영향을 미칠 수 있는 거시적인 환경 요인에 대한 심층 분석 자료를 포함해야 한다.

다음 표는 투자자가 STO 플랫폼의 실사 수준을 평가할 때 활용할 수 있는 체크리스트를 정리한 것이다.

3.3. STO 플랫폼 실사 능력 및 투명성 평가 체크리스트

평가 영역	핵심 확인 사항	제공 정보의 수준(우수 vs. 미흡)	중요도
법률 실사	등기부등본을 통한 권리관계 분석	(우수) 최신 등기부등본 원본 및 권리관계 요약 분석 보고서 제공 (미흡) 등기부등본 미제공 또는 요약 정보만 제공	★★★★★
	건축물대장 및 토지이용계획 분석	(우수) 공법상 제약 및 잠재적 리스크 분석 자료 제공(미흡) 단순 서류만 게시	★★★★☆
재무 실사	과거 운영 실적 및 현금흐름 분석	(우수) 3년 이상의 상세 임대차 내역, 비용 구조, 공실률 데이터 공개 (미흡) 현재 임대수익률만 제시	★★★★★
	감정평가 보고서의 신뢰성	(우수) 복수의 감정평가법인이 작성한 평가서 원본 공개(미흡) 단일 기관의 요약 보고서 또는 자체 평가 자료만 제공	★★★★★
물리적 실사	건물 상태 및 수선 필요성 진단	(우수) 전문가의 구조·설비 진단 보고서 및 예상 수선비용 명시 (미흡) 건물 사진 등 외관 정보만 제공	★★★★☆
	입지 및 시장 환경 분석	(우수) 주변 개발 계획, 경쟁 자산 분석 등 심층 리포트 제공 (미흡) 일반적인 지역 소개 수준의 정보만 제공	★★★☆☆

3.4. 가상사례: 두 개의 '성수동 카페 건물' STO, 무엇을 선택할 것인가?

성수동 카페 거리 https://photohistory.tistory.com

1) **현안과제:** 부동산 관련 일을 하는 '신지혜씨'는 최근 주목받는 성수동의 한 카페 건물을 기초자산으로 하는 STO 상품 두 개를 비교하게 되었다. 두 상품 모두 동일한 입지의 유사한 건물을 대상으로 했지만, 플랫폼이 제공하는 정보의 깊이는 하늘과 땅 차이였다.

2) [플랫폼 '알파'의 STO 상품 정보]

   (1) **상품 소개:** "MZ세대의 핫플레이스 성수동! 연 7%의 안정적인 배당수익과 높은 시세차익을 동시에!"

   (2) **자산 정보:** 멋진 외관 사진 여러 장과 함께 '현재 유명 카페가 월 1,500만 원에 장기 임차 중'이라는 한 줄 설명이 전부였다.

   (3) **제공 서류:** 등기부등본 요약본(PDF 1페이지), 자체적으로 추산한 '미래가치 분석 보고서(PPT 5페이지)'가 게시되어 있었다. 감정평가 보고서는 없었다.

신지혜씨는 '알파' 플랫폼의 정보가 너무 피상적이라고 느꼈다. 임대차 계약의 구체적인 조건(기간, 특약)을 알 수 없었고, 건물의 노후도나 잠재적 리스크에 대한 언급은 전혀 없었다. 자체적으로 만든 미래가치 보고서는 객관적인 근거가 부족해 신뢰하기 어려웠다.

3) [플랫폼 '베타'의 STO 상품 정보]

(1) **상품 소개:** "성수동 카페거리 핵심 입지 건물. 상세 실사 보고서를 통해 투자의 확신을 얻으십시오."

(2) **자산 정보:** '알파'와 유사한 기본 정보 외에, 'Due Diligence 보고서'라는 별도 메뉴가 존재했다.

(3) **보고서 내용:**

- **법률:** 등기부등본 원본 스캔 파일과 함께 '근저당권(채권최고액 2억 원) 설정되어 있으나, 공모자금으로 상환 후 말소 예정'이라는 명확한 설명이 있었다. 건축물대장상 위반 건축물 없음도 확인되어 있었다.
- **재무:** K감정평가법인과 H감정평가법인의 감정평가서 원본(각 20페이지 분량)이 모두 공개되었다. 최근 3년간의 임대료 수납 내역과 공실이 없었음을 증명하는 서류, 건물 관리비 상세 지출 내역까지 엑셀 파일로 제공되었다.
- **물리:** M건축사사무소에서 작성한 '건물 상태 진단 보고서'가 첨부되어 있었다. 보고서에는 '준공 후 15년 경과로 3년 내 옥상 방수 및 외벽 보수 필요. 예상 비용 약 3,000만 원'이라는 구체적인 리스크와 비용까지 명시되어 있었다.

4) **'베타' 플랫폼의 정보 투명성에 깊은 인상 받아 투자 결정:** 신지혜씨는 '베타' 플랫폼의 정보 투명성에 깊은 인상을 받았다. 특히, 건물의 잠재적 수선 비용이라는 부정적일 수 있는 정보까지 투명하게

공개하는 모습에서 투자자를 기만하지 않으려는 플랫폼의 철학을 엿볼 수 있었다. 그녀는 '베타' 플랫폼이 제시한 객관적이고 상세한 데이터를 통해 해당 건물의 가치와 리스크를 스스로 판단할 수 있었고, 확신을 가지고 투자를 결정했다.

5) 시사점: 이 사례는 STO 투자가 단순히 플랫폼의 명성이나 제시된 수익률만 보고 결정하는 '묻지마 투자'가 되어서는 안 된다는 것을 보여준다. 투자자 스스로가 탐정이 되어, 플랫폼이 제공하는 실사 정보의 깊이와 투명성을 꼼꼼히 파헤치고 검증하는 과정 이야말로 투자 성공의 가장 확실한 보증수표인 것이다.

4

"STO 투자관련 사용자 인터페이스(UI) 및 경험(UX)의 편의성과 고객 지원 시스템을 검토한다."와 가상사례

4.1. '보이지 않는 손', 플랫폼의 사용성과 소통 채널

부동산 STO(토큰증권발행) 투자가 아무리 매력적인 가치를 지니고 있더라도, 투자자가 그 가치에 접근하는 과정이 복잡하고 불편하다면 대중화는 요원한 일이 될 것이다. 핀테크(FinTech) 시대의 투자자는 단순히 높은 수익률 뿐만 아니라, 직관적이고 편리한 투자 과정 자체를 중요한 가치로 여긴다. 바로 이 지점에서 플랫폼의 "사용자 인터페이스(UI, User Interface)"와 "사용자 경험(UX, User Experience)"의 중요성이 대두된다.

UI는 투자자가 마주하는 앱의 디자인, 메뉴 구조 등 시각적 요소를 의

미하며, UX는 이러한 UI를 통해 투자자가 느끼는 만족감, 편리함 등 총체적인 경험을 의미한다. 또한, 투자 과정에서 궁금증이나 문제가 발생했을 때 신속하고 정확하게 해결해 줄 수 있는 고객 지원 시스템은 플랫폼에 대한 투자자의 신뢰를 구축하는 핵심적인 역할을 한다. 본 장에서는 좋은 STO 플랫폼이 갖추어야 할 UI/UX의 조건과 고객 지원 시스템의 역량을 평가하는 기준을 심층적으로 탐구하고자 한다.

4.2. 우수한 STO 플랫폼의 UI/UX 및 고객 지원 평가 기준

좋은 플랫폼은 기술에 익숙하지 않은 사용자라도 최소한의 노력으로 투자 목표를 달성할 수 있도록 설계되어야 한다. 이는 단순히 미학적인 디자인을 넘어, 사용자의 입장에서 모든 여정을 세심하게 고려했는지를 평가하는 것이다.

4.2.1. 사용자 인터페이스(UI)의 직관성과 정보의 명확성

(1) **일관성 있고 간결한 디자인:** 앱 내 모든 화면의 디자인과 메뉴 구성에 일관성이 있어야 사용자가 혼란을 느끼지 않는다. 불필요한 장식이나 복잡한 메뉴 구조를 배제하고 핵심 기능에 쉽게 접근할 수 있도록 설계되어야 한다.

(2) **정보의 시각화:** 투자 포트폴리오, 예상 수익률, 자산 가치 변동 등 복잡한 데이터를 차트나 그래프를 활용해 시각적으로 명확하게 전달해야 한다. 이를 통해 투자자는 자신의 자산 현황을 한눈에 파악하고 신속한 의사결정을 내릴 수 있다.

(3) **가입 및 인증 절차의 간소화:** 투자를 시작하기 위한 첫 관문인 회원가입, 신원인증(KYC), 계좌 연동 과정이 최대한 간편하고 신

속하게 이루어져야 한다. 복잡한 절차는 잠재적 투자자의 이탈을 유발하는 주요 원인이 된다.

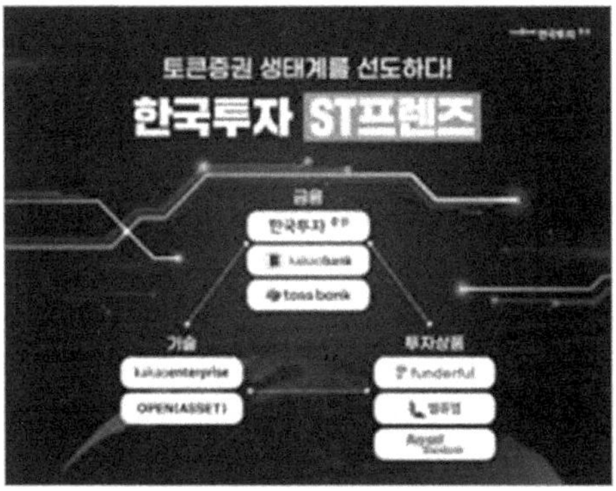

우리은행, 원스톱 STO 플랫폼 구축한다 | 한국경제 https://www.hankyung.com

4.2.2. 사용자 경험(UX)의 편의성 및 접근성

(1) **원활한 투자 여정**(User Journey): 투자할 상품을 탐색하고, 정보를 분석하며, 청약을 신청하고, 체결 내역을 확인하는 전 과정이 끊김 없이 부드럽게 이어져야 한다. 각 단계별로 사용자가 무엇을 해야 하는지 명확하게 안내하는 것은 좋은 UX의 핵심이다.

(2) **다양한 디바이스 지원**: 모바일 앱 뿐만 아니라 PC 웹 환경에서도 모든 기능이 원활하게 작동해야 한다. 사용자는 시간과 장소에 구애 받지 않고 자신의 자산을 관리할 수 있어야 한다.

(3) **높은 수준의 접근성**: 고령층이나 장애인 등 디지털 소외 계층도 쉽게 이용할 수 있도록 글자 크기 조절 기능, 음성 지원 서비스 등 배리어프리(Barrier-free) 설계가 적용되어야 한다.

4.2.3. 고객 지원(CS) 시스템의 신속성과 전문성

(1) **다채널 고객 지원:** 전화 상담, 1:1 온라인 채팅, 이메일, AI 챗봇 등 다양한 소통 채널을 마련하여 사용자가 가장 편리한 방법으로 문의할 수 있도록 해야 한다.

(2) **신속한 응답 시간:** 문의에 대한 최초 응답 시간이 빠르고, 문제 해결까지 걸리는 시간이 짧아야 한다. 특히 긴급한 사안에 대해서는 실시간에 가까운 지원이 이루어져야 한다.

(3) **전문성 있는 답변:** STO 관련 법규, 세무, 투자 분석 등 전문적인 질문에 대해서도 명확하고 정확한 답변을 제공할 수 있는 역량을 갖추어야 한다. 상담원의 전문성은 플랫폼 전체의 신뢰도와 직결된다.

4.3. STO 플랫폼 UI/UX 및 고객 지원 시스템 평가 체크리스트

다음 표는 투자자가 STO 플랫폼의 사용 편의성과 고객 지원 수준을 종합적으로 평가할 수 있는 기준을 제시한다.

평가 영역	핵심 확인 사항	평가 기준(우수 vs. 미흡)	중요도
UI (직관성)	디자인의 일관성 및 간결성	(우수) 핵심 기능 중심의 명확한 메뉴 구조(미흡) 불필요한 기능이 많고 복잡한 화면 구성	★★★★☆
	정보의 시각화 수준	(우수) 투자 현황을 그래프, 차트로 직관적으로 표현(미흡) 텍스트 위주의 나열식 정보 제공	★★★☆☆
UX (편의성)	투자 과정의 원활함	(우수) 상품 탐색부터 투자 완료까지 막힘 없는 경험 제공(미흡) 잦은 오류 발생 또는 복잡한 단계 요구	★★★★★
	가입 및 인증 절차의 간편성	(우수) 5분 이내에 모든 가입 및 인증 절차 완료 가능(미흡) 과도한 정보 입력 요구 및 잦은 인증 실패	★★★★☆

고객 지원 (전문성)	지원 채널의 다양성	(우수) 전화, 실시간 채팅, 이메일 등 3개 이상 채널 운영(미흡) 이메일 또는 문의 게시판만 운영	★★★★☆
	응답의 신속성 및 정확성	(우수) 실시간 채팅 1분 내, 전화 3분 내 연결 및 전문적 답변(미흡) 24시간 이상 응답 지연 또는 원론적인 답변 반복	★★★★★

4.4. 가상사례: 50대 은퇴 교사 '정년'씨의 STO 플랫폼 체험기

1) 현안 과제: 평생 교직에 몸담다 최근 은퇴한 '정년'씨는 안정적인 노후 현금흐름을 위해 부동산 STO 투자에 관심을 갖게 되었다. 그는 스마트폰 활용이 익숙지 않아 늘 자녀의 도움을 받았지만, 이번만큼은 스스로 해내고 싶다는 생각에 두 개의 STO 플랫폼 앱을 직접 설치해 보았다.

2) [플랫폼 '맥스'(MAX) 앱 체험]

'맥스' 앱을 실행한 정년씨는 첫 화면부터 난관에 부딪혔다. 영문과 전문용어로 가득한 메뉴, 작은 글씨, 복잡한 그래프가 화면을 가득 채우고 있었다. 회원가입을 시도했지만, 신분증 촬영은 계속 실패했고, 여러 번의 시도 끝에 다음 단계로 넘어가니 복잡한 비밀번호 설정 규칙을 맞추지 못해 결국 로그인을 포기하고 말았다. 답답한 마음에 고객센터에 전화를 걸었지만, '상담원 연결이 지연되고 있으니 잠시만 기다려달라'는 기계음만 30분째 반복될 뿐이었다. 그는 '투자는 아무나 하는 게 아니구나'라는 생각에 좌절감을 느꼈다.

3) [플랫폼 '이해'(E-HAE) 앱 체험]

반면, '이해' 앱은 달랐다. 앱을 실행하자 "어르신을 위한 큰 글씨 모드로 보시겠습니까?"라는 안내창이 먼저 나타났다. 그는 망설임

이지스자산운용 '팩토리얼 성수' 사전 임대율 100% 달성 https://www.yna.co.kr

없이 '예'를 눌렀다. 모든 메뉴는 '투자 상품 둘러보기', '내 지갑 확인하기' 등 쉽고 명확한 한글로 구성되어 있었다. 회원가입 시에는 "신분증을 네모 칸 안에 맞춰주세요"와 같은 음성 안내가 나와 손쉽게 인증을 마칠 수 있었다.

투자를 위해 1,000만 원을 예치한 후, '성수동 스마트팩토리' 상품 페이지에 들어가니 '이 건물의 연 예상 배당금은 약 50만 원이며, 이는 은행 정기예금(연 3.5% 가정 시)보다 15만 원 더 많은 금액입니다'와 같이 눈높이에 맞는 설명이 덧붙여져 있었다. 궁금한 점이 생겨 '실시간 채팅 상담' 버튼을 누르자, 10초 만에 '상담원 박지혜씨'가 연결되었다. 그는 "제가 투자에 대해 잘 모르는데, 세금은 어떻게 되나요?"라고 질문했다. 상담원은 "선생님, 배당소득세 15.4%가 원천징수 되며, 연간 금융소득이 2,000만 원을 넘지 않으면 추가적인 세금 부담은 없습니다. 어렵지 않으시죠?"라며 친절하고 명확하게 설명해주었다.

4) 결론 및 시사점: 정년씨는 '이해' 앱을 통해 성공적으로 첫 STO 투자를 마쳤다. 그는 투자의 성패를 떠나, 자신과 같은 디지털 약자도 존중 받고 있다는 느낌과 스스로 무언가를 해냈다는 성취감을 느낄 수 있었다.

이 사례는 플랫폼의 UI/UX와 고객 지원 시스템이 단순히 부가적인 서비스가 아님을 보여준다. 이는 기술과 사람을 잇는 다리이자, 투자자를 시장으로 이끄는 가장 중요한 안내자인 것이다. 결국 투자자의 마음을 얻고 지속적인 신뢰 관계를 구축하는 플랫폼이야 말로 치열한 STO 시장에서 최후의 승자가 될 것이다.

5

"STO 투자관련 2차 시장(거래소)의 유동성 및 거래 활성화 수준을 투자 결정의 주요 지표로 활용한다."와 가상사례

5.1. '현금화 능력', 유동성의 중요성

부동산 STO(토큰증권발행) 투자의 매력 중 하나는 전통적인 부동산 투자와 달리, 주식처럼 2차 시장(거래소)을 통해 자신의 지분을 손쉽게 매매할 수 있다는 점이다. 그러나 모든 STO 상품이 원활하게 거래되는 것은 아니다. 내가 팔고 싶을 때 즉시 원하는 가격에 팔 수 있는지, 즉 '유동성(Liquidity)'이 얼마나 풍부한지는 투자 결정에 있어 매우 중요한 잣대가 된다. 유동성은 자산을 손실 없이 현금으로 전환할 수 있는 정도를 의미한다.

유동성이 낮은 시장에서는 단 한 명의 매수자를 찾기 위해 오랜 시간을 기다리거나, 시세보다 훨씬 낮은 가격에 '울며 겨자 먹기'로 매도해야 하는 상황이 발생할 수 있다. 이는 아무리 기초자산의 가치가 우량 하더라도 투자자에게 실질적인 손실을 안겨줄 수 있는 치명적인 리스크이다. 따라서 성공적인 투자자는 단순히 상품의 예상 수익률뿐만 아니라, 해당 토큰이 거래될 2차 시장의 거래 활성화 수준을 반드시 주요 지표로 삼아야 한다. 본 절에서는 2차 시장의 유동성을 평가하는 구체적인 지표들을 학습하고, 유동성 리스크의 중요성을 가상 사례를 통해 생생하게 전달하고자 한다.

5.2. 2차 시장 유동성 및 거래 활성화 수준 평가 지표

플랫폼이 운영하는 2차 시장(거래소)의 건전성을 판단하기 위해 투자자는 다음과 같은 핵심 지표들을 종합적으로 검토해야 한다. 이러한 지표들은 주로 플랫폼의 거래소 화면이나 투자 정보 섹션에서 확인할 수 있다.

5.2.1. 거래량(Trading Volume)

거래량은 특정 기간 동안 얼마나 많은 토큰이 거래되었는지를 나타내는 가장 직관적인 지표이다. 거래량이 많다는 것은 해당 STO에 대한 시장 참여자들의 관심이 높고, 매수자와 매도자 간의 거래가 활발하게 이루어지고 있음을 의미한다.

투자자는 일간, 주간, 월간 거래량을 꾸준히 확인하여 시장의 활성화 정도를 파악해야 한다. 거래량이 꾸준히 높은 수준을 유지하는 상품은 투자자가 원할 때 비교적 쉽게 포지션을 청산할 수 있는 가능성이 크다.

5.2.2. 매수-매도 호가 스프레드(Bid-Ask Spread)

호가 스프레드는 가장 높은 매수 희망 가격(Bid)과 가장 낮은 매도 희망 가격(Ask) 사이의 차이를 의미한다. 유동성이 풍부한 시장일수록 이 스프레드가 매우 좁게 형성된다. 예를 들어, A토큰의 매수 호가가 5,000원이고 매도 호가가 5,010원이라면 스프레드는 10원이다. 반면, B토큰의 매수 호가가 5,000원인데 매도 호가가 5,200원이라면 스프레드는 200원으로 매우 크다.

스프레드가 넓다는 것은 매수자와 매도자가 원하는 가격 차이가 커서 거래 체결이 어렵다는 신호이며, 지금 당장 시장 가격으로 매도할 경우 즉각적인 손실이 발생함을 의미한다.

5.2.3. 오더북(호가창)의 깊이(Order Book Depth)

오더북은 특정 토큰에 대한 모든 매수 및 매도 주문이 가격대별로 쌓여 있는 목록이다. 오더북의 '깊이'가 깊다는 것은 각 호가에 걸려있는 매수·매도 주문량이 많다는 것을 의미한다.

예를 들어, 내가 1억 원어치의 토큰을 매도하고자 할 때, 오더북이 얕으면 내 매도 물량을 소화할 매수 주문이 부족하여 가격이 급격히 하락할 수 있다. 반면, 오더북이 깊으면 나의 대량 매도 주문에도 가격 변동이 크지 않게 안정적으로 거래를 체결할 수 있다.

5.3. STO 2차 시장 유동성 평가 핵심 지표

다음 표는 2차 시장의 유동성을 판단하는 핵심 지표들을 정리한 것이다.

지표	정의	해석 방법 (유동성 높음 vs. 낮음)	투자자에게 주는 시사점
거래량	일정 기간 동안 체결된 거래의 총량	(높음) 일관되게 높은 거래량 유지(낮음) 거래량이 거의 없거나, 특정일에만 급증	시장의 관심도와 현금화 용이성을 판단하는 기본 척도이다.

호가 스프레드	최우선 매수 호가와 매도 호가의 가격 차이	(높음) 매수-매도 가격 차이가 매우 좁음(예: 0.1~0.5%) (낮음) 가격 차이가 매우 넓음(예: 3~5% 이상)	즉시 거래 시 발생하는 비용(손실)의 크기를 가늠할 수 있다.
오더북 깊이	각 호가에 쌓여 있는 주문의 양	(높음) 각 가격대에 충분한 매수·매도 물량이 쌓여 있음 (낮음) 호가창이 비어 있고, 소량의 주문만 존재	대량 주문 시 가격 충격을 얼마나 흡수할 수 있는지 예측하는 지표이다.
투자자 수	해당 토큰을 보유하고 있는 총 투자자의 수	(높음) 다수의 투자자에게 소유권이 분산됨 (낮음) 소수의 투자자가 대부분의 물량을 보유	잠재적인 매수·매도 풀의 크기를 짐작하게 한다.

5.4. 가상사례: 같은 날, 다른 운명 - 유동성이 가른 두 투자자의 이야기

[건축과 도시-광화문 D타워] 1~5층 상가에 폭포수 에스컬레이터
https://www.sedaily.com

1) **상황 설정:** 대학동기인 '민준씨'과 '서연씨'은 각자 3,000만 원의 자금으로 STO 투자를 시작했다. 둘은 비슷한 입지와 가치를 지닌 '광화문 오피스 빌딩'(민준)과 '강남역 공유오피스'(서연) STO 상품에 각각 투자했다. 두 상품 모두 연 5%의 안정적인 배당을 약속했고, 기초자산의 가치도 우량 했다. 하지만 그들이 간과한 단 하나의 차이가 1년 후 전혀 다른 결과를 가져왔다.

2) **민준씨가 투자한 A플랫폼의 2차 시장:** 민준이 투자한 '광화문 오피스 빌딩' 토큰은 A플랫폼에서 거래되었다. A플랫폼은 공격적인 마케팅으로 많은 투자자를 유치했고, 그 결과 2차 시장은 늘 활기가 넘쳤다.

- **거래량:** 일평균 거래량이 총 발행량의 5%에 달할 정도로 활발했다.
- **호가 스프레드:** 매수-매도 호가 차이가 항상 0.2% 이내로 매우 좁았다.
- **오더북 깊이:** 호가창은 언제나 두터운 매수·매도 주문으로 촘촘히 채워져 있었다.

공유오피스로 합리적인 강남 사무실 임대하기 https://brunch.co.kr

3) **서연씨가 투자한 B플랫폼의 2차 시장:** 서연이 투자한 '강남역 공유오피스' 토큰은 신생 플랫폼인 B에서 거래되었다. B플랫폼은 소수의 고액 자산가 위주로 운영되어 2차 시장 참여자가 매우 적었다.

- **거래량:** 하루에 한두 건의 거래도 일어나지 않는 날이 대부분이었다.
- **호가 스프레드:** 매수 호가는 9,500원인데 매도 호가는 10,500원으로, 스프레드가 10%에 달했다.
- **오더북 깊이:** 호가창은 텅 비어 있었고, 몇몇 가격대에 소량의 주문만 덩그러니 놓여 있었다.

4) **민준씨 배당수익을 손실 없이 안전하게 확보:** 1년 후, 민준씨는 갑작스러운 해외 유학 기회를 얻어 급하게 투자금을 현금화해야 할 상황에 놓였다. 그는 A플랫폼에 접속하여 시장가보다 단 0.1% 낮은 가격에 매도 주문을 냈고, 주문은 단 5분 만에 전량 체결되었다. 그는 투자 원금과 1년간의 배당수익을 손실 없이 안전하게 확보하여 유학 자금에 보탤 수 있었다.

5) **서연씨는 '급매'를 위해 큰 손실을 감수하거나, 매수자를 기다려야 하는 상황:** 같은 시기, 서연씨 역시 개인적인 사정으로 급전이 필요하게 되었다. 그녀는 B플랫폼에 접속했지만, 상황은 암담했다. 3,000만 원어치의 토큰을 팔기 위해 매도 주문을 내려고 하니, 가장 높은 매수 호가에 걸려있는 주문량이 고작 100만 원어치에 불과했다. 모든 지분을 즉시 처분하려면 현재가보다 10% 이상 낮은 가격에 팔아야 했고, 그 마저도 전량 체결을 보장할 수 없었다. 결국 그녀는 '급매'를 위해 큰 손실을 감수하거나, 돈이 급함에도 불구하고 언제 나타날지 모르는 매수자를 기약 없이 기다려야 하는 진퇴양난의 상황에 빠지고 말았다.

6) **시사점:** 이 사례는 기초자산의 가치 만큼이나 '거래의 질', 즉 2차 시장의 유동성이 얼마나 중요한지를 극명하게 보여준다. STO 투자는 단순히 '사는 것'에서 끝나지 않으며, 내가 원할 때 '잘 파는 것'까지가 투자의 완성이다. 따라서 현명한 투자자는 반드시 거래량, 호가 스프레드, 오더북 깊이를 투자 결정의 핵심 지표로 삼아 자신의 자산을 유동성 리스크로부터 지켜내야 할 것이다.

주제 5

투자의 첫걸음: 계좌 개설부터 토큰 매수까지

1

"STO 투자관련 단계별 계좌 개설 및 실명 확인(KYC: Know Your Customer) 인증 절차를 상세히 알아본다."와 가상사례

1.1. 신뢰를 위한 첫 관문, KYC 인증의 이해

'부동산 STO(토큰증권발행) 투자를 시작하기 위한 첫걸음은 플랫폼에 자신의 계좌를 개설하는 것이다. 이 과정에서 투자자는 반드시 'KYC(Know

KYC 인증이란? KYC 인증 방법 및 종류 살펴보기(ft. BTCC) https://www.btcc.com

Your Customer, 고객알기제도)'라는 절차를 거치게 된다. 이는 단순히 번거로운 가입 절차가 아니라, 금융 시스템의 투명성과 안정성을 지키기 위한 핵심적인 법적 장치이다. KYC는 금융기관이 고객의 신원을 정확히 확인하고, 자금세탁이나 테러 자금 조달과 같은 불법 행위를 방지하기 위해 의무적으로 수행하는 인증 절차를 의미한다.

정식으로 금융당국의 인가를 받은 STO 플랫폼은 이 KYC 절차를 매우 엄격하게 적용한다. 투자자 입장에서는 자신의 신원 정보를 제공하는 것이 다소 불편하게 느껴질 수 있으나, 이는 역으로 해당 플랫폼이 정부의 규제 안에서 안전하게 운영되고 있음을 증명하는 신뢰의 징표이다. 본 절에서는 STO 투자 계좌 개설 및 KYC 인증 절차를 단계별로 상세히 알아보고, 이 과정이 왜 중요한지를 가상 사례를 통해 설명하고자 한다.

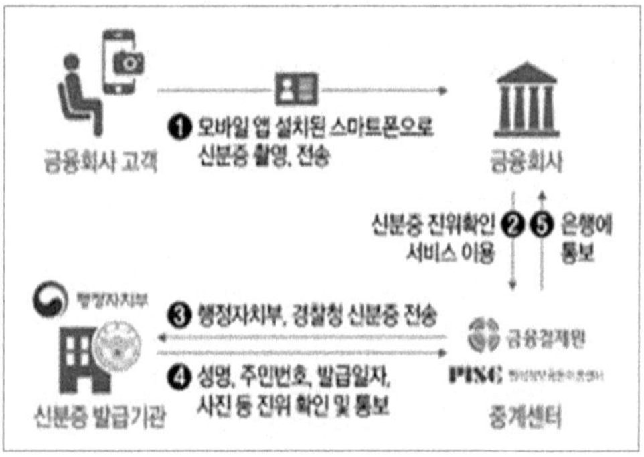

고객확인 절차(KYC: Know Your Customer) https://itpenote.tistory.com

1.2. STO 플랫폼 계좌 개설 및 KYC 인증 5단계 절차

계좌 개설 및 KYC 인증 과정은 대부분의 금융 앱과 유사하며, 보편적으로 비 대면 실명 확인 방식으로 진행된다. 전체 과정은 일반적으로 5~10분 정도 소요된다.

1.2.1. 1단계: 앱 설치 및 회원가입

먼저, 투자하고자 하는 STO 플랫폼의 공식 모바일 애플리케이션(앱)을 스마트폰에 설치하고 기본적인 회원가입 절차를 시작한다. 이 단계에서는 주로 이메일 주소, 비밀번호 설정, 휴대폰 본인 인증 등 기본적인 정보 입력을 요구한다.

- 준비물: 본인 명의의 스마트폰

1.2.2. 2단계: 신분증 촬영을 통한 신원 확인

본격적인 KYC의 시작으로, 본인 신원을 증명할 수 있는 공인 신분증을 촬영하여 제출한다. 플랫폼의 안내에 따라 스마트폰 카메라로 신분증의 앞면을 빛 번짐 없이 선명하게 촬영해야 한다.

- 인정되는 신분증: 주민등록증, 운전면허증(유효기간 내)
- 주요 확인 사항: 이름, 주민등록번호, 사진, 발급일자 등의 정보가 정확히 인식되었는지 확인한다.

1.2.3. 3단계: 본인 명의 계좌 인증

신분증 정보가 본인의 것이 맞는지 교차 확인하고, 향후 투자금 입출금에 사용할 본인 명의의 은행 계좌를 인증하는 단계이다.

휴대전화에 '쏙' 모바일 주민등록증 온다 https://www.tiktok.com

- 계좌번호 입력: 본인 명의의 은행 및 계좌번호를 입력한다.
- 1원 송금 인증: 플랫폼에서 해당 계좌로 '1원'과 함께 인증번호(예: STO123) 를 송금한다.
- 인증번호 입력: 사용자는 자신의 은행 앱이나 SMS를 통해 입금 내역에 표시된 인증번호를 확인한 후, STO 플랫폼 앱에 정확히 입력하여 인증을 완료한다.
- 준비물: 본인 명의의 은행 계좌(입출금이 자유로운)

1.2.4. 4단계: 안면 인증(얼굴 인식)

신분증 사진과 실제 사용자가 동일 인물인지 최종 확인하기 위해 안면 인증을 수행한다. 앱의 안내에 따라 스마트폰 전면 카메라를 통해 자신의 얼굴을 인식시킨다. 고개를 돌리거나 눈을 깜빡이는 등의 추가적인 동작을 요구하여 사진이나 영상 도용을 방지한다.

- 핵심: 타인의 신분증 도용을 방지하고 비대면 환경에서의 보안을 강화하는 최종 단계이다.

1.2.5. 5단계: 투자자 정보 확인 및 계좌 개설 완료

마지막으로 투자 성향, 투자 목적, 자금 출처 등 금융거래에 필요한 추

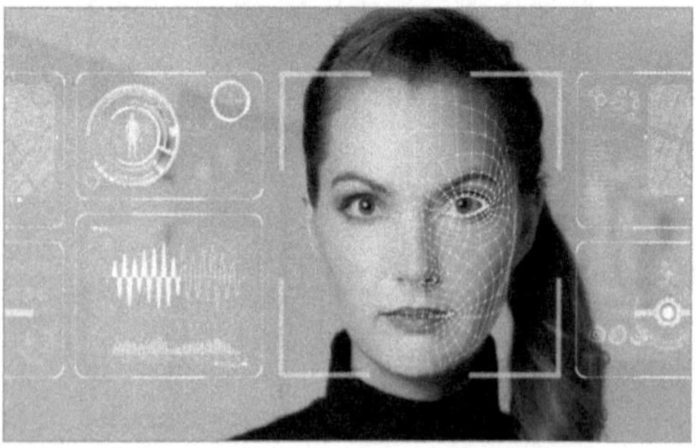

[MT리포트] '찍히면 잡힌다'…안면인식 기술 어디까지 https://www.mt.co.kr

가 정보를 '투자자 정보 확인서'에 기입한다. 이는 금융소비자보호법에 따라 투자자에게 적합한 상품을 권유하고, 불완전판매를 방지하기 위한 절차이다. 모든 절차를 완료하면 심사를 거쳐 최종적으로 계좌 개설이 완료된다.

1.3. STO 플랫폼 비대면 계좌 개설 및 KYC 인증 절차 요약

다음 표는 전체 계좌 개설 및 KYC 인증 과정을 요약한 것이다.

단계	주요 절차	목적	필요 준비물	예상 소요 시간
1단계	앱 설치 및 기본 회원가입	서비스 이용을 위한 기본 계정 생성	본인 명의 스마트폰	2분
2단계	신분증 촬영 및 정보 확인	실명 및 신원 정보의 1차 확인	주민등록증 또는 운전면허증	2분
3단계	본인 명의 계좌 인증(1원 인증)	실소유주 확인 및 입출금 계좌 연동	본인 명의 은행 계좌	3분
4단계	안면 인증 (얼굴 인식)	신분증과 실제 사용자 동일인 여부 최종 확인	스마트폰 전면 카메라	1분
5단계	투자자 정보 확인서 작성	투자자 성향 파악 및 금융소비자 보호	-	2분

1.4. 가상사례: 공대생 '해커'가 느낀 규제의 가치

1) **상황 설정:** 컴퓨터공학과 3학년에 재학 중인 '해커'는 코딩 실력에 자부심이 있는 학생이었다. 그는 과거 신원 확인 절차도 없이 이메일 주소만으로 가입할 수 있었던 해외 가상자산 거래소에서 자유롭게 거래했던 경험이 있었다. 그런 그에게 STO 투자를 위해 국내 플랫폼에 가입하는 과정은 처음에는 '불필요하고 귀찮은 규제'처럼 느껴졌다.
"STO도 결국 블록체인 기술인데, 왜 이렇게 복잡한 인증을 해야 하는 거지?"

2) **플랫폼 앱을 설치하고 KYC 절차 시작:** 그는 투덜거리며 A플랫폼 앱을 설치하고 KYC 절차를 시작했다. 휴대폰 본인 인증을 하고, 빛이 반사되지 않도록 여러 번 각도를 조절하며 신분증을 촬영했다. 자신의 은행 앱에 들어가 1원 입금 내역의 인증번호를 찾아 입력하고, 마지막으로 스마트폰 화면을 보며 어색하게 고개를 돌려 안면 인증까지 마쳤다. 모든 절차를 끝내는 데 꼬박 8분이 걸렸다.

   계좌 개설 승인을 기다리던 중, 그는 문득 과거에 이용했던 해외 거래소가 해킹으로 파산하여 투자금을 모두 잃었던 친구의 이야기가 떠올랐다. 당시 그 거래소는 익명의 사용자들이 모여 있었기에 피해자들은 누구에게도 책임을 물을 수 없었다. 범죄 자금이 오가는 통로로 악용된다는 뉴스도 여러 번 보았다.

3) **결과 및 시사점:** 그 순간, '해커'는 자신이 방금 거쳐온 '귀찮은' 절차들의 의미를 깨닫게 되었다. 신분증 확인, 실명 계좌 인증, 안면 인식. 이 모든 과정은 플랫폼과 투자자 모두를 '실명'이라는 투명한 시스템 안으로 들어오게 하는 장치였다. 이것은 범죄로부터 투자자를 보호하고, 만에 하나 문제가 생겼을 때 법적인 구제를 받을 수 있는 최소한의 안전장치인 것이다.

   잠시 후, '계좌 개설이 완료되었습니다'라는 알림이 떴다. '해커'는 이제 더 이상 KYC 절차를 불필요한 규제라고 생각하지 않았다. 오히려 이 엄격한 과정이야 말로, 자신의 소중한 자산을 믿고 맡길 수 있는 플랫폼이라는 '인증 마크'처럼 느껴졌다. 그는 기술의 자유로움만큼이나 그 기술을 안전하게 담아내는 '제도'의 가치가 중요하다는 것을 비로소 체감하게 된 것이다.

2

"STO 투자관련 투자 예치금 입금 방법과 유의사항을 확인한다."와 가상사례

2.1. '내 돈'을 지키는 첫걸음, 안전한 예치금 입금

STO(토큰증권발행) 플랫폼의 계좌 개설과 KYC(고객알기제도) 인증을 마쳤다면, 이제 본격적인 투자를 위한 '실탄', 즉 투자 예치금을 입금할 차례이다. 예치금 입금은 투자를 실행하기 위한 필수적인 절차로, 그 과정은 매우 간단하지만 몇 가지 중요한 원칙과 유의사항을 반드시 숙지해야 한다. 이는 투자자의 소중한 자산을 안전하게 보호하고, 금융 사고를 미연에 방지하기 위한 핵심적인 과정이기 때문이다.

정식으로 인가 받은 STO 플랫폼은 반드시 '실명 확인 입출금 계정' 정책을 준수한다. 이는 KYC 과정에서 인증한 본인 명의의 은행 계좌를 통해서만 입출금이 가능하도록 제한하는 제도로, 차명 거래나 자금세탁과 같은 불법 행위를 원천적으로 차단하는 역할을 한다. 본 절에서는 투자 예치금을 입금하는 구체적인 방법과 과정에서 반드시 확인해야 할 유의사항을 명확하게 설명하여, 모든 투자자가 안전하게 투자의 첫 단추를 꿰도록 안내할 것이다.

2.2. 투자 예치금 입금 방법 및 핵심 유의사항

투자 예치금 입금은 일반적으로 플랫폼이 투자자 개인에게 부여하는 '가상계좌'로 본인의 등록된 실명 계좌에서 이체하는 방식으로 이루어진다.

2.2.1. 예치금 입금 절차(가상계좌 방식)

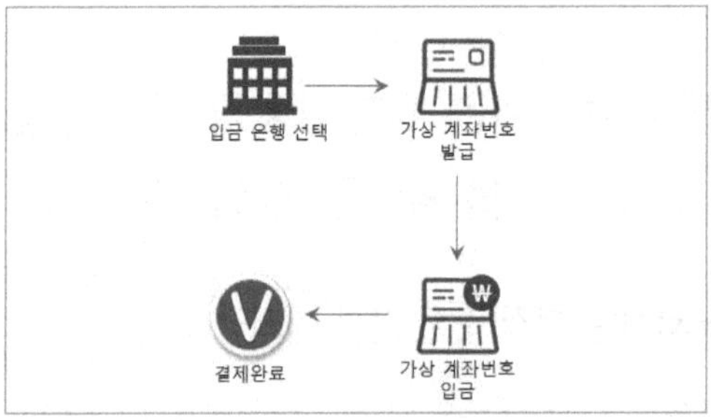

가상계좌 결제수단-KOVANPAY https://www.kovanpay.com

(1) **플랫폼 앱 접속 및 입금 메뉴 선택**: STO 플랫폼 앱에 로그인한 후, '입금하기', '예치금 충전' 등의 메뉴를 선택한다.

(2) **개인별 가상계좌 확인**: 입금 메뉴에 들어가면 플랫폼이 투자자 개인에게 부여한 고유의 입금용 가상계좌 번호를 확인할 수 있다. 이 가상계좌는 보통 특정 은행(예: OO은행)과 연계되어 있다.

(3) **등록된 실명 계좌에서 이체 실행**: 본인의 은행 앱이나 인터넷 뱅킹을 이용하여, KYC 인증 시 등록했던 본인 명의의 실명 확인 계좌에서 방금 확인한 가상계좌로 원하는 금액을 이체한다.

(4) **플랫폼 예치금 확인**: 이체가 정상적으로 완료되면, 보통 수 분 내에 STO 플랫폼 앱 내 '내 지갑', '예수금' 등의 메뉴에서 입금된 금액을 확인할 수 있다.

2.2.2. 입금 시 핵심 유의사항

안전하고 정확한 입금을 위해 투자자는 반드시 다음 네 가지 사항을 확인하는 습관을 들여야 한다.

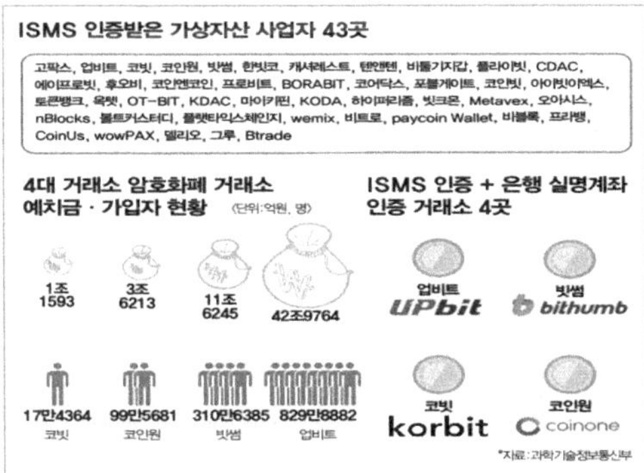

빗썸은 왜 실명계좌 제휴은행을 계속 바꾸려고 할까? https://www.mk.co.kr

(1) **반드시 '등록된 실명 계좌'에서 이체할 것:** 가장 중요한 원칙이다. 만약 KYC 인증 시 등록한 A은행 계좌가 아닌, 본인 명의의 다른 B은행 계좌나 타인 명의의 계좌에서 입금할 경우, 입금 처리가 거절되거나 처리가 지연되며, 별도의 반환 절차를 거쳐야 하는 불편함이 발생한다.

(2) **플랫폼이 부여한 '본인 고유의 가상계좌'로 입금할 것:** 가상계좌는 각 투자자를 식별하는 고유 번호이다. 타인의 가상계좌로 잘못 송금할 경우 자금을 되찾는 과정이 매우 복잡하고 어려울 수 있다.

(3) **이체 한도 확인:** 본인이 사용하는 은행 계좌의 1회 및 1일 이체 한도를 사전에 확인해야 한다. 특히 거액을 입금할 경우, 한도에 걸려 이체가 실패할 수 있으므로 필요시 은행 앱에서 한도를 상향 조정해야 한다.

(4) **입금 처리 시간 숙지:** 대부분의 입금은 실시간으로 처리되지만, 은행 시스템 점검 시간(보통 23:30~00:30) 등에는 처리가 지연될 수 있다. 특히 공모 마감이 임박한 시점에는 이를 감안하여 미리 입금을 완료하는 것이 바람직하다.

2.3. STO 투자 예치금 입금 시 핵심 유의사항 체크리스트

다음 표는 투자 예치금 입금 시 반드시 기억해야 할 핵심 유의사항을 정리한 것이다.

구분	핵심 유의사항	상세 내용 및 중요성	위반 시 발생 가능 문제
출금 계좌	등록된 실명 계좌 사용	반드시 KYC 인증 시 등록한 본인 명의 계좌에서만 이체해야 한다. 금융거래의 투명성을 위한 최우선 원칙이다.	입금 거절, 처리 지연, 별도 본인 확인 후 반환 등
입금 계좌	본인 고유 가상계좌 확인	플랫폼이 부여한 나만의 입금 전용 계좌번호를 정확히 확인하고 입력해야 한다.	오입금 시 자금 회수 절차의 복잡성 및 시간 소요
금액 및 시간	은행 이체 한도 확인	1회/1일 이체 가능한 금액을 미리 확인하고, 필요시 증액해야 한다.	이체 실패로 인한 투자 기회 상실
	은행 시스템 점검 시간 확인	자정 무렵 은행 점검 시간에는 입금 처리가 지연될 수 있음을 인지해야 한다.	청약 마감 임박 시 입금 실패 가능성

2.4. 가상사례: '등록 계좌'의 의미를 깨달은 사회초년생 '성실'씨

1) **상황 설정:** 최근 첫 직장에 입사한 사회초년생 '성실'씨는 월급의 일부를 떼어 STO 투자를 시작하기로 결심했다. 그는 평소 자주 사용하던 A은행 계좌를 STO 플랫폼에 실명 확인 계좌로 등록하고 KYC 인증까지 성공적으로 마쳤다.

2) **투자금 입금 후 STO 플랫폼의 예치금이 '0원'으로 표시:** 드디어 첫 투자금 100만 원을 입금하기로 한 날, 그는 점심시간에 카페에서 스마트폰을 꺼내 들었다. 그런데 공교롭게도 A은행 앱이 시스템 점검으로 접속이 되지 않았다. 청약 마감까지는 시간이 얼마 남지 않아 마음이 조급해진 그는, 월급 통장인 B은행 앱을 열어 STO 플랫폼에서 확인한 자신의 가상계좌로 100만 원을 이체했다. '어차피 내

이름으로 된 통장이니 괜찮겠지'라고 생각한 것이다.

하지만 30분이 지나도 STO 플랫폼의 예치금은 '0원'으로 표시되었다. 당황한 성실씨는 플랫폼 고객센터에 연락했다. 상담원은 그의 이름과 연락처를 확인한 후 차분하게 설명했다.

"고객님, 입금 내역은 확인되나, 저희 플랫폼에 등록하신 실명 계좌가 아닌 B은행 계좌에서 입금하셔서 자동 입금 처리가 되지 않은 상태입니다. 이는 금융사고 방지를 위한 정책이 오니 양해 부탁드립니다."

3) 결과 및 시사점: 상담원은 미등록 계좌에서 입금된 금액은 규정상 자동 반환 처리되며, 약 1~2일이 소요될 수 있다고 안내했다. 결국 성실씨는 원하던 상품의 청약 마감 시간을 놓치고 말았다. 며칠 후, 그는 고객센터의 안내에 따라 다시 A은행 앱을 통해 정상적으로 입금을 완료했다. 예치금이 플랫폼 지갑에 즉시 반영되는 것을 확인한 후에야 그는 안도의 한숨을 내쉬었다.

이 경험을 통해 성실씨는 '등록된 실명 계좌'라는 규칙이 단순히 투자자를 불편하게 하는 절차가 아님을 깨 달았다. 만약 누군가 자신의 명의를 도용하여 다른 계좌로 자금을 입출금 하려 할 때, 이 규칙이 자신의 자산을 지켜주는 1차 방화벽 역할을 한다는 것을 알게 된 것이다. 그는 투자의 세계에서는 수익률만큼이나 정해진 원칙을 '성실하게' 지키는 것이 중요하다는 첫 번째 교훈을 얻게 되었다.

3

"STO 투자관련 공모(청약) 방식과 2차 시장 거래 방식의 차이점과 각각의 투자 전략을 수립한다."와 가상사례

3.1. 투자의 두 가지 얼굴, 공모 시장과 유통 시장

부동산 STO(토큰증권발행) 투자에는 크게 두 가지의 참여 경로가 존재한다. 첫 번째는 세상에 처음 공개되는 토큰을 선점하는 '공모(청약) 시장'이며, 두 번째는 이미 발행된 토큰을 투자자들끼리 자유롭게 사고파는 '2차 시장(유통 시장)'이다. 이는 마치 건설사가 아파트를 최초로 분양하는 '청약 시장'과, 이미 입주가 끝난 아파트를 개인 간에 매매하는 '기존 주택 시장'의 관계와 유사하다.

두 시장은 참여 방식, 가격 결정 구조, 그리고 투자 목적에서 근본적인 차이를 보인다. 따라서 성공적인 투자자는 각 시장의 고유한 특성을 명확히 이해하고, 자신의 투자 성향과 목표에 맞는 최적의 전략을 수립할 수

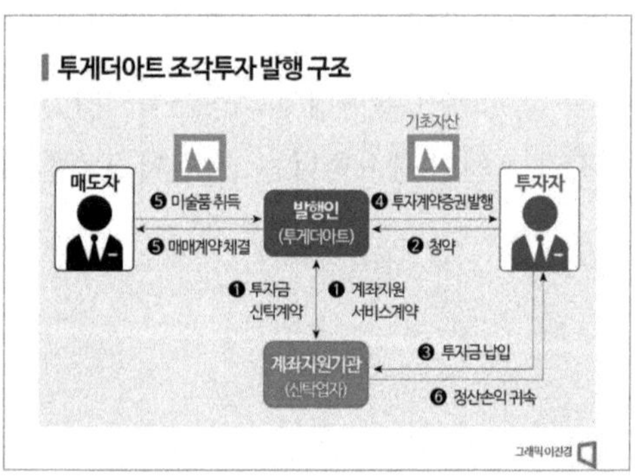

[조각투자 뜬다] ③ 국내 첫 조각투자 증권신고서 살펴보니 https://cm.asiae.co.kr

있어야 한다. 어떤 이는 장기적인 가치 상승을 보고 공모주 청약처럼 차분히 접근하는 반면, 다른 이는 주식시장의 트레이더처럼 2차 시장의 가격 변동을 활용해 적극적으로 수익을 추구할 수도 있다. 본 장에서는 두 시장의 차이점을 명확히 비교하고, 각 시장에 최적화된 투자 전략을 구체적으로 제시하고자 한다.

학습코너 STO(토큰증권발행) 공모방식

STO(토큰증권발행)는 일반 공모주 청약과 유사하게 증권사 계좌를 통해 청약을 받고, 발행사의 공모 조건에 따라 스마트 컨트랙트로 배정되는 방식입니다. 일반적으로 자본시장법상 증권으로 분류되는 투자계약증권 등을 디지털화한 것이며, 고가 자산의 소액 분할 투자(조각투자) 형태로 많이 활용됩니다.

- **STO 투자 공모(청약) 방식**
  - 증권사 계좌를 통한 청약: 투자자는 증권사를 통해 주관사가 정한 공모 방식에 따라 청약합니다.
  - 투자설명서 확인: 일반 공모주 청약처럼 발행사에서 제공하는 투자설명서를 통해 투자 대상을 신중하게 확인해야 합니다.
  - 청약 및 자금 납입: 청약 신청을 한 후, 정해진 기간 내에 청약 증거금을 납입합니다.
  - 스마트 컨트랙트를 통한 배정: 청약 결과에 따라 스마트 컨트랙트가 자동으로 배정 절차를 진행합니다.
  - 증권 토큰 수령: 배정받은 수량만큼의 증권 토큰이 주관사 계좌에 입고됩니다.

■ STO와 일반 공모주 청약의 차이점

구분	STO(토큰증권발행)	일반 공모주
발행 수단	증권형 토큰	주식(증권)
청약 방식	주관사 증권사 계좌 통해 청약	주관사 증권사 계좌 통해 청약
배정 방식	스마트 컨트랙트	증권사 시스템을 통한 배정
거래 방식	거래소 상장 후 거래(스마트 컨트랙트 기반)	한국거래소(KRX) 상장 후 거래
활용	부동산, 미술품 등 실물자산 유동화	기업 주식 발행 및 자금 조달

[자료: https://www.google.com]

3.2. 공모 시장 vs. 2차 시장: 핵심 차이점 비교 분석

공모 시장과 2차 시장은 투자의 시작점과 과정이 다르므로, 투자자는 아래의 핵심적인 차이점들을 명확히 인지해야 한다.

3.2.1. 참여 방식과 가격 결정

(1) **공모(청약) 시장:** 발행사(STO 플랫폼)가 정해진 기간 동안 투자자를 모집하는 방식으로 참여한다. 투자자는 발행사가 제시하는 고정된 공모 가격으로 토큰을 구매하게 된다. 청약자가 많을 경우, 추첨이나 안분 비례 등 정해진 규칙에 따라 토큰을 배정받는다.

(2) **2차 시장:** 이미 공모를 통해 발행된 토큰이 투자자들 간에 실시간으로 거래되는 시장이다. 가격은 주식 시장과 같이 매수자와 매도자의 수요와 공급 원리에 따라 실시간으로 변동한다. 투자자는 원하는 가격과 수량을 지정하여 주문(지정가, 시장가 등)을 낼 수 있다.

3.2.2. 투자 목적과 관점

(1) **공모(청약) 시장:** 주로 해당 부동산 자산의 "본질적인 가치(Fundamental Value)"와 장기적인 성장 가능성을 보고 투자한다. 안정적인 배당 수익과 향후 자산 매각 시 발생할 시세 차익을 기대하는 장기 가치 투자자에게 적합하다.

(2) **2차 시장:** 기초자산의 가치 뿐만 아니라, 시장의 수급 상황, 투자 심리 등 단기적인 가격 변동 요인에 더 주목한다. 시장의 흐름을 분석하여 단기 또는 중기 시세 차익을 추구하는 적극적인 트레이더에게 더 매력적인 시장이다.

3.3. STO 공모 시장과 2차 시장의 핵심 차이점 비교

다음 표는 공모 시장과 2차 시장의 주요 특징을 명확하게 비교하여 보여준다.

구분	공모(청약) 시장(Primary Market)	2차 시장(Secondary Market)
개념	토큰이 최초로 발행되어 투자자에게 판매되는 시장	이미 발행된 토큰이 투자자 간에 자유롭게 거래되는 시장
참여 방식	정해진 기간에 청약 신청	실시간으로 매수·매도 주문 제출
가격 결정	발행사가 제시하는 고정된 공모가	수요와 공급에 따라 실시간으로 변동하는 시장가
주요 목적	기초자산의 장기적 가치 투자, 안정적 배당 수익 확보	단기·중기 시세 차익 실현, 유동성 확보
핵심 리스크	청약 경쟁률에 따른 배정 수량 부족, 상장 후 가격 하락	가격 변동성, 낮은 유동성으로 인한 매매의 어려움

3.4. 각 시장에 최적화된 투자 전략 수립

자신의 투자 목표와 성향에 따라 각 시장에 맞는 차별화된 전략을 수

립해야 한다.

3.4.1. 공모(청약) 시장 투자 전략: 가치 투자자의 길

(1) **철저한 실사(Due Diligence) 기반 접근:** 플랫폼이 제공하는 기초 자산 실사 보고서, 감정평가서, 법률 검토 의견서 등을 꼼꼼히 분석하여 부동산 자체의 본질적 가치를 평가하는 데 집중한다.

(2) **장기 보유 및 배당 수익 극대화:** 단기적인 가격 등락에 연연하지 않고, 3~5년 이상의 장기 보유를 통해 꾸준한 배당 수익을 축적하고 최종 자산 매각 시의 자본 이득을 목표로 한다.

(3) **공모가 적정성 판단:** 주변 유사 부동산의 시세, 임대수익률 등을 비교하여 발행사가 제시한 공모 가격이 고 평가되지 않았는지 합리적으로 판단한다.

3.4.2. 2차 시장 투자 전략: 기술적 분석가의 길

(1) **유동성 지표 최우선 확인:** 투자를 원하는 종목의 거래량, 호가 스프레드, 오더북 깊이를 최우선으로 확인하여 현금화가 용이한지 판단한다.

(2) **기술적 분석(Technical Analysis) 활용:** 주식 시장처럼 토큰 가격의 추세, 지지선과 저항선, 이동평균선 등 기술적 지표를 활용하여 단기적인 매수·매도 타이밍을 포착한다.

(3) **분산 투자 및 리스크 관리:** 특정 종목에 집중하기보다 여러 STO 종목에 분산 투자하여 개별 종목의 가격 변동 리스크를 관리한다. 또한, 손실이 일정 수준 이상 커질 경우 기계적으로 매도하는 '손절매(Stop-loss)' 원칙을 세우는 것이 중요하다.

3.5. 가상사례: '가치'와 '흐름'에 투자한 두 친구 이야기

코로나+공급 확대…여의도 '프라임 오피스' 4곳 중 1곳 비었다
https://www.mt.co.kr

1) **상황 설정:** 부동산학과 동기인 '가치'와 '흐름'은 같은 날 STO 투자를 시작했지만, 접근 방식은 전혀 달랐다. 그들은 동일한 '여의도 프라임 오피스' STO 상품을 각기 다른 방식으로 공략했다. 이 상품의 공모 가는 1토큰당 5,000원이었다.

2) **'가치'의 선택:** 공모 시장의 장기 투자자 '가치'는 '여의도 프라임 오피스'의 입지적 강점과 우량 임차인 구성, 그리고 향후 YBD(여의도 업무지구) 개발 계획에 주목했다. 그는 플랫폼이 제공한 수십 페이지의 실사 보고서를 밤새워 읽으며, 공모가 5,000원이 현재 가치 대비 저평가되어 있다고 판단했다. 그는 자신의 투자금 5,000만 원 전액을 공모 청약에 신청했고, 운 좋게 전량 배정받았다. 2차 시장 개장 첫날, 토큰 가격이 단기 차익 실현 매물로 인해 4,800원으로 하락했지만 그는 전혀 동요하지 않았다. 그의 목표는 단기 시세가 아닌, 3년 후 자산 가치 상승과 그동안 수령할 배당금이었기 때문이다. 그는 앱의 시세 창을 닫고, 분기별로 배당금이 입금되는 것을 확인하며 자신의 분석을 믿고 묵묵히 기다렸다.

3) **'흐름'의 선택:** 2차 시장의 기술적 트레이더 반면, '흐름'은 2차 시장의 변동성을 활용하기로 했다. 그는 공모에 참여하는 대신, 시장 개장 후 가격 추이를 지켜보았다. 가격이 4,800원으로 하락하며 단기 저점을 형성하는 것을 확인하고, 기술적 반등을 예상하며 2,500만 원을 투자해 5,208개의 토큰을 매수했다. 며칠 후, 시장이 안정되고 해당 건물의 가치가 재 부각되면서 가격이 5,100원으로 상승하자 그는 보유 물량의 절반을 매도하여 약 78만 원의 단기 차익을 실현했다. 그는 남은 절반의 물량으로 시장의 흐름에 대응하며 추가적인 매매 기회를 엿보기로 했다.

   1년 후, '여의도 프라임 오피스'는 대기업에 통으로 매각되어 1토큰당 6,000원의 청산 가치를 인정받았다.

   - **'가치'의 최종 수익:** (매각차익 1,000원 × 10,000주) + (1년간 배당금 250원 × 10,000주) = 1,250만 원
   - **'흐름'의 최종 수익:** (초기 단타 수익 78만 원) + (남은 물량 매각차익(6,000원 - 4,800원) × 2,604주) + (남은 물량 배당금 250원 × 2,604주) = 456만 원

4) **결과 및 시사점:** 결과적으로 장기 투자한 '가치'의 총수익이 더 높았지만, '흐름' 역시 시장의 변동성을 활용해 짧은 기간에 의미 있는 수익을 창출했다. 이 사례는 어느 한쪽의 전략만이 정답이 아님을 보여준다. 가장 중요한 것은 자신의 투자 철학과 목표를 명확히 하고, 그에 맞는 시장과 전략을 일관되게 선택하고 실행하는 것이다. 투자의 세계에서 성공은 시장을 정확히 예측하는 능력이 아니라, 자신만의 원칙을 지키는 꾸준함에서 비롯되는 것이다.

4

"STO 투자관련 지정가, 시장가 등 다양한 주문 유형의 개념을 이해하고 활용한다."와 가상사례

4.1. '어떻게' 살 것인가, 주문 유형의 전략적 중요성

STO(토큰증권발행) 2차 시장에서 단순히 '어떤 토큰을' 살 것인지 결정하는 것만큼이나 중요한 것이 바로 '어떻게' 살 것인지를 결정하는 것이다. 여기서 '어떻게'는 투자자가 자신의 거래 의사를 시장에 전달하는 방식, 즉 '주문 유형(Order Type)'의 선택을 의미한다. 많은 초보 투자자들이 이 주문 유형의 중요성을 간과하고 무심코 거래에 나서지만, 어떤 주문 유형을 선택하는가에 따라 거래의 성패가 갈릴 수 있다.

가장 대표적인 주문 유형인 지정가와 시장가는 각각 '가격 통제'와 '신속한 체결'이라는 뚜렷한 장단점을 가지고 있다. 이는 마치 흥정이 가능한 재래시장에서 원하는 가격을 고수할 것인지, 아니면 정찰제가 적용된 백화점에서 즉시 구매할 것인지를 선택하는 것과 같다. 따라서 투자자는 각 주문 유형의 개념을 명확히 이해하고, 시장 상황과 자신의 투자 전략에 맞게 이를 효과적으로 활용할 수 있어야 한다. 본 장에서는 가장 기본이 되는 주문 유형인 지정가와 시장가의 개념을 심층적으로 분석하고, 가상 사례를 통해 전략적인 주문 활용법을 제시하고자 한다.

4.2. 핵심 주문 유형 비교 분석: 지정가 vs. 시장가

STO 2차 시장 거래의 가장 기본이 되는 두 가지 주문 유형은 다음과 같은 뚜렷한 차이점을 가진다.

지정가 주문이란? 주식·코인 초보도 이해하는 거래 방식 https://www.ebc.com

4.2.1. 지정가 주문(Limit Order)

지정가 주문은 투자자가 '특정 가격을 지정하여' 매수하거나 매도하는 주문 방식이다.

(1) **매수 주문의 경우:** 지정한 가격 또는 그보다 낮은 가격에만 거래가 체결된다. 예를 들어, A토큰을 5,000원에 지정가 매수 주문을 내면, 현재 시장 가격이 5,010원일 때는 체결되지 않고 기다리다가, 가격이 5,000원 이하로 내려왔을 때 비로소 체결된다.

(2) **매도 주문의 경우:** 지정한 가격 또는 그보다 높은 가격에만 거래가 체결된다.

- 장점은 '가격 통제력'이다. 투자자는 자신이 원하는 가격이 아니면 거래가 체결되지 않기 때문에, 예상보다 비싸게 사거나 싸게 파는 위험을 피할 수 있다.
- 단점은 '체결의 불확실성'이다. 시장 가격이 투자자가 지정한 가격에 도달하지 않으면 주문이 영원히 체결되지 않을 수 있다.

4.2.2. 시장가 주문(Market Order)

시장가 주문은 가격을 지정하지 않고, '현재 시장에서 형성된 가장 유리한 가격'으로 즉시 매수하거나 매도하는 주문 방식이다.

(1) **매수 주문의 경우:** 현재 가장 낮은 가격에 나와 있는 매도 물량을 즉시 사들인다.

(2) **매도 주문의 경우:** 현재 가장 높은 가격에 나와 있는 매수 물량에 즉시 팔아 넘긴다.

- 장점은 '신속하고 확실한 체결'이다. 주문을 내는 즉시 거래가 체결되므로, 꼭 사거나 팔아야 하는 상황에서 매우 유용하다.
- 단점은 '불리한 가격 체결 가능성(Slippage)'이다. 특히 유동성이 적거나 가격 변동성이 큰 상황에서 시장가 주문을 내면, 예상했던 가격보다 훨씬 불리한 가격에 거래가 체결될 수 있다.

4.3. 지정가 주문과 시장가 주문의 비교

다음 표는 지정가 주문과 시장가 주문의 특징을 한눈에 비교할 수 있도록 정리한 것이다

구분	지정가 주문(Limit Order)	시장가 주문(Market Order)
핵심 개념	가격을 직접 지정하여 주문	가격 미지정, 즉시 체결 가능한 가격으로 주문
가장 큰 장점	가격 통제 (원하는 가격에만 체결)	신속한 체결 (주문 즉시 거래 성사)
가장 큰 단점	체결 불확실성 (거래가 안 될 수 있음)	불리한 가격 체결 가능성 (Slippage 발생 위험)
거래 비용	상대적으로 저렴 (Maker 수수료 적용 가능성)	상대적으로 비쌈 (Taker 수수료 적용)
유리한 상황	가격이 안정적이거나, 특정 가격대에 매수/매도하고자 할 때	급하게 현금화가 필요하거나, 상승/하락 추세를 빠르게 따라잡고자 할 때
투자자 유형	분석을 통해 가치를 판단하고, 가격을 중시하는 신중한 투자자	체결 속도를 중시하고, 시장의 흐름에 순응하는 적극적인 투자자

4.4. 가상사례: '신중한 이성'과 '과감한 감성'의 주문 전략

SKT 'AI 데이터센터 테스트베드'가 특별한 이유는 https://m.ddaily.co.kr

1) **상황 설정:** 같은 투자 동아리 소속인 '이성'과 '감성'은 '판교 AI 데이터센터' STO 토큰의 잠재력을 높게 평가하고 투자를 결정했다. 하지만 둘의 주문 방식은 각자의 이름처럼 판이하게 달랐다. 현재 이 토큰은 10,000원을 중심으로 등락을 거듭하고 있었다.

2) **'이성'의 전략:** 지정가 주문을 활용한 분할 매수 '이성'은 해당 토큰의 적정 가치를 9,800원으로 분석했다. 그는 조급해 하지 않고, 시장이 단기적으로 조정을 받을 때 매수하기로 계획했다.

- **1차 주문:** 그는 총 투자금의 절반을 9,850원에 지정가 매수 주문을 걸어 두었다. 며칠 후, 시장이 소폭 하락하며 그의 주문은 성공적으로 체결되었다.
- **2차 주문:** 며칠 뒤, 예상치 못한 악재로 시장이 출렁이며 가격이 9,600원까지 급락했다. 그는 이것이 과도한 하락이라 판단하고, 남은 투자금 전액을 9,650원에 지정가 매수 주문을 내어 추가로 물량을 확보했다.

결과적으로 '이성'은 시장의 변동성을 활용하여 자신이 계획했던 평균 단가(약 9,750원)보다 저렴하게 원하는 수량을 모두 확보할 수 있었다. 그는 가격에 대한 통제권을 잃지 않음으로써 심리적 안정감을 유지하며 투자를 집행한 것이다.

3) **'감성'의 전략:** 시장가 주문을 활용한 추세 추종 한편, '감성'은 '판교 AI 데이터센터'에 대규모 클라우드 기업이 입주 계약을 체결했다는 호재성 뉴스를 접했다. 그는 이 뉴스가 가격 급등의 신호탄이라고 직감했다.

   - **과감한 결단:** 그는 가격이 얼마에 체결될지 고민할 시간이 없다고 판단했다. 현재가가 10,100원을 넘어 빠르게 상승하는 것을 확인한 즉시, 전체 투자금을 '시장가 매수 주문'으로 집행했다.
   - **신속한 체결:** 그의 주문은 즉시 체결되었고, 평균 체결 단가는 10,150원이었다. 만약 그가 특정 가격을 고집하며 지정가 주문을 냈다면, 급등하는 가격을 따라잡지 못해 단 한 주도 사지 못했을 것이다.

4) **결과 및 시사점:** 결과적으로 '감성'은 '이성'보다 다소 높은 가격에 매수했지만, 급등하는 추세의 초입에 신속하게 탑승하여 더 큰 수익을 올릴 기회를 잡을 수 있었다. 그는 확실한 기회가 왔을 때, 가격의 불리함을 감수하고 체결의 확실성을 선택하는 과감함을 보여준 것이다.

   이 사례는 어느 한 주문 방식이 절대적으로 우월하지 않음을 보여준다. 자신의 투자 철학, 시장을 바라보는 관점, 그리고 처한 상황에 따라 최적의 도구는 달라지는 것이다. 성공적인 투자자는 칼집에 지정가와 시장가라는 두 자루의 칼을 모두 지니고 있다가, 상황에 맞게 가장 적절한 칼을 뽑아들 수 있는 유연함과 지혜를 갖춘 사람이라 할 수 있다.

5

"STO 투자관련 첫 투자 포트폴리오 구성을 위한 소액 분산 투자 실습을 진행한다"와 가상사례

5.1. '계란을 한 바구니에 담지 말라', 분산 투자의 지혜

전국투자자교육협의회 https://www.kcie.or.kr

투자의 세계에서 가장 오래되고 중요한 격언은 바로 "계란을 한 바구니에 담지 말라"는 것이다. 이는 특정 자산 하나에 모든 투자금을 집중(몰빵투자)할 경우, 해당 자산에 문제가 생겼을 때 투자금 전체를 잃을 수 있는 치명적인 위험을 경고하는 말이다. 이 지혜는 부동산 STO(토큰증권발행) 투자에서도 예외 없이 적용된다. STO의 가장 큰 장점인 '소액 투자 가능성'은 이 분산 투자의 원칙을 실현할 수 있는 최적의 환경을 제공한다.

"분산 투자(Diversification)"란 투자금을 서로 다른 특성을 가진 여러 자산에 나누어 투자함으로써 특정 자산의 가치 하락이 전체 포트폴리오에 미치는 충격을 완화하는 전략이다. 즉, 안정성을 높여 리스크를 관리하는 가장 기본적인 방법론이다 본 장에서는 소액의 종자돈으로 어떻게 첫 STO 투자 포트폴리오를 구성하고, 효과적으로 위험을 분산시킬 수 있는지 구체적인 실습을 통해 알아보고자 한다.

5.2. 소액 분산 투자를 위한 포트폴리오 구성 전략

소액 투자자일수록 분산 투자가 불필요하다고 생각하기 쉽지만, 오히려 적은 금액일수록 손실에 대한 방어력을 키우는 것이 중요하다. 100만원이라는 소액을 기준으로, 다음과 같은 세 가지 기준을 활용하여 포트폴리오를 구성할 수 있다.

5.2.1. 자산 유형(Sector)에 따른 분산

부동산은 용도에 따라 각기 다른 경기 민감도와 수익 특성을 보인다. 따라서 서로 다른 유형의 자산에 나누어 투자하는 것이 기본이다.

(1) **오피스 빌딩**: 기업의 경제 활동과 밀접하며, 장기 임대 계약을 통해 안정적인 현금흐름(배당)을 창출하는 경향이 있다.

(2) **리테일(상업 시설)**: 소비 심리와 상권 활성화 정도에 따라 수익성이 좌우된다. 변동성은 크지만 높은 성장을 기대할 수 있다.

(3) **물류센터**: 온라인 쇼핑 시장의 성장에 따라 수요가 급증하는 자산으로, 성장성이 높게 평가된다.

(4) **호텔/레지던스**: 관광 산업 및 경기 변동에 민감하게 반응한다. 고위험 고수익(High Risk, High Return) 특성을 가진다.

5.2.2. 지리적 위치(Location)에 따른 분산

부동산의 가치는 입지에 따라 크게 달라진다. 특정 지역의 개발 호재나 악재가 자산 가치에 미치는 영향을 줄이기 위해 지리적 분산이 필요하다.

(1) **핵심업무지구**(CBD, GBD, YBD): 서울의 광화문, 강남, 여의도 등 이미 안정성이 검증된 지역. 낮은 변동성을 기대할 수 있다.

(2) **신흥 성장 지역**(성수, 판교 등): IT, 스타트업 기업들이 모여들며 빠르게 성장하는 지역. 높은 시세 차익을 기대할 수 있으나 변동성도 존재한다.

(3) **지방 핵심 도시**: 수도권 외 주요 광역시의 핵심 상권으로, 수도권과는 다른 경기 사이클을 보일 수 있다.

5.2.3. 수익 구조(Return Profile)에 따른 분산

투자 목표에 따라 수익 구조를 고려한 분산이 필요하다.

(1) **안정적 배당형**(Income-driven): 우량 임차인이 장기 계약을 맺고 있어, 매년 꾸준하고 예측 가능한 배당 수익을 제공하는 자산.

(2) **가치 성장형**(Capital gain-driven): 현재 가치보다 미래의 개발 가능성이나 가치 상승 잠재력이 큰 자산. 배당 수익은 낮을 수 있으나 높은 매각 차익을 목표로 한다.

5.3. 소액 투자자(100만 원)를 위한 STO 분산 투자 포트폴리오 예시

다음 표는 100만 원의 예산을 가진 투자자가 위 기준에 따라 구성할 수 있는 가상의 첫 포트폴리오 예시이다.

자산 유형	지역	수익 구조	투자 금액	비중	포트폴리오 내 역할 및 기대효과
프라임 오피스	강남업무지구 (GBD)	안정적 배당형	400,000원	40%	(포트폴리오의 닻) 검증된 입지에서 발생하는 꾸준한 현금 흐름으로 포트폴리오의 안정성을 확보한다.
물류센터	인천/경기권	가치 성장형	300,000원	30%	(성장 엔진) 이커머스 시장 성장에 편승하여 높은 자본 이득을 추구하며 포트폴리오의 전체 수익률을 견인한다.
리테일 상가	성수동	혼합형	300,000원	30%	(미래 가치) 트렌디한 상권 성장에 따른 임대료 상승과 자산 가치 증대를 동시에 기대하며 성장 잠재력에 투자한다.
합계	-	-	1,000,000원	100%	안정성, 성장성, 잠재력을 균형 있게 배분하여 시장 변화에 효과적으로 대응하는 포트폴리오를 구축한다.

5.4. 가상사례: 대학생 '주아'의 100만 원 포트폴리오 챌린지

1) **상황 설정:** 도시계획부동산학과 2학년인 '주아'는 학과 수업을 통해 STO를 알게 된 후, 아르바이트로 모은 100만 원으로 첫 투자를 시작하기로 결심했다. 그녀가 가장 먼저 주목한 상품은 최근 가장 '핫'

뻔한 곳은 싫어, 성수동 편집샵 5 - 디에디트 https://the-edit.co.kr

하다는 '성수동 디자인 편집샵' STO였다. 높은 예상 수익률과 트렌디한 감성에 이끌려 100만 원 전부를 그곳에 투자하려던 순간, 수업 시간에 들었던 '분산 투자의 원칙'이 머리를 스쳤다.

"교수님께서 계란을 한 바구니에 담으면 위험하다고 하셨어. 만약 성수동 상권이 갑자기 침체되면 내 돈은 어떻게 되는 거지?"

주아는 충동적인 투자를 멈추고, 자신만의 '100만 원 포트폴리오'를 직접 설계해보기로 했다. 그녀는 STO 플랫폼에서 제공하는 상품들을 꼼꼼히 분석하며, 마치 도시 계획가가 도시를 구획하듯 자신의 자산을 배분하기 시작했다.

2) [주아의 포트폴리오 설계 과정]

- 1단계(안정성 확보): 먼저, 포트폴리오의 중심을 잡아줄 안정적인 자산을 찾았다. 그녀는 '광화문 프라임 오피스'가 대기업에 20년 장기 임대된 사실을 확인하고, 이곳에 "40만 원(40%)"을 배분했다. 이는 마치 도시의 시청처럼, 포트폴리오 전체를 든든하게 받쳐주는 역할을 할 것이다.
- 2단계(성장성 추구): 다음으로, 포트폴리오의 수익률을 높여줄 성장 동력을 찾아 나섰다. 그녀는 최근 급성장하는 이커머스 시

서울 도심지역 프라임 오피스 권역 '광화문→을지로' 확대된다 https://www.mk.co.kr

장에 주목하여, 수도권에 위치한 '스마트 물류센터'에 "30만 원(30%)"을 투자하기로 결정했다. 이곳은 도시 외곽의 산업단지처럼, 미래 성장을 이끌어갈 동력이 될 것이다.

- **3단계(잠재력 투자)**: 마지막으로, 그녀가 처음 마음에 두었던 '성수동 디자인 편집샵'을 포트폴리오에 편입했다. 하지만 '몰빵'이 아닌, "30만 원(30%)"만 배분하여 높은 성장에 대한 기대는 유지하되 리스크는 통제하기로 했다. 이곳은 새롭게 떠오르는 신도시처럼, 높은 잠재력을 가진 매력적인 투자처 역할을 할 것이다.

열리는 물류자동화로봇 시장 https://industryjournal.co.kr

3) **포트폴리오 구성 완료 및 시사점**: 포트폴리오 구성을 마친 주아는 비로소 마음이 놓였다. 그녀의 100만 원은 이제 더 이상 성수동 상권의 운명에만 매달려 있지 않았다. 광화문의 안정적인 임대료 수익, 물류센터의 성장성, 그리고 성수동의 잠재력이 서로의 약점을 보완하며 균형을 이루게 된 것이다.

주아의 사례는 STO 투자가 단순히 '어떤 건물 하나를 사는 것'을 넘어, '나만의 도시를 건설하는 과정'과 같음을 보여준다. 소액 투자자라 할지라도 안정적인 도심, 성장하는 산업단지, 잠재력 있는 신도시를 조화롭게 배치하듯 자산을 배분할 때, 비로소 예측 불가능한 시장의 변화 속에서도 흔들리지 않는 견고한 포트폴리오를 완성할 수 있는 것이다.

주제
6

실패하지 않는 투자: 기초자산 가치분석

1

"STO 투자관련 부동산의 입지 분석: 교통, 상권, 개발 호재 등 핵심 요소의 평가와 가상사례

1.1. STO에서 입지는 단순한 물리적 공간이 아니라, '증권화된 자산의 근원 가치' 그 자체가 된다.

부동산의 가치는 '입지(Location)'에서 시작하여 입지에서 완성된다고 해도 과언이 아니다. 전통적인 부동산 투자는 특정 입지를 물리적으로 점유하거나 임대하여 효용을 얻는 방식이었다. 그러나 토큰증권(STO)은 이 패러다임을 근본적으로 전환시킨다.

따라서 STO 상품을 위한 입지 분석은 일반적인 부동산 매입 분석보다 훨씬 더 엄격하고 다층적이어야 한다. 이는 해당 부동산이 '안정적인 배당(채권적 성격)'과 '미래의 시세 차익(주식적 성격)'이라는 두 가지 상반된 요구를 동시에 만족시킬 수 있는지 검증하는 과정이기 때문이다. 본 장에서는 STO 투자 관점에서 입지를 평가하는 세 가지 핵심 축(교통, 상권, 개발 호재)을 심층적으로 분석한다.

1.1.1. 교통 접근성(Accessibility): '시간'을 '가치'로 환원하는 네트워크 중심성

지하철을 기다리는 사람들 https://kr.freepik.com

교통 분석의 핵심은 단순한 '지하철역과의 거리'가 아니다. 이는 '네트워크 중심성(Network Centrality)'과 '시간 비용(Time Cost)'의 관점에서 접근해야 한다. 즉, 해당 입지가 얼마나 많은 핵심 업무지구(CBD, GBD, YBD 등) 및 주요 거점과 '빠르고, 쾌적하게' 연결되는지가 관건이다.

(1) **정량적 분석(Quantitative)**: 도보 5분 이내의 초역세권(Primary Station Area) 여부는 기본 중의 기본이다. STO 투자자는 더 나아가 해당 노선이 '골드라인'(예: 2호선, 9호선 급행, 신분당선)인지, 혹은 환승을 통해 주요 거점까지 '실제 소요 시간'(Door-to-Door)이 얼마나 걸리는지 분석해야 한다.

(2) **정성적 분석(Qualitative)**: 교통망은 그 자체로 '수요의 등급'을 결정한다. 예를 들어, KTX/SRT 혹은 향후 개통될 GTX 노선과 연계된 입지는 단순한 '출퇴근' 수요를 넘어 '광역 비즈니스' 수요

까지 흡수할 수 있음을 의미한다. 이는 더 높은 임대료와 자산 가치 상승의 직접적인 근거가 된다. STO 상품에서 교통은 '안정적 임대수익'의 가장 강력한 담보이다.

1.1.2. 상권(Commercial Power): '수요의 질'과 '브랜드 정체성'

상권 분석은 '얼마나 많은 사람이 지나가는가(유동인구)'를 넘어, '어떤 사람들이, 왜, 얼마의 돈을 쓰는가(핵심 수요층)'를 분석하는 것이다. STO의 기초자산이 상업용 부동산일 경우, 이는 현금흐름의 안정성과 직결된다.

(1) **수요의 탄력성**(Demand Resilience): 해당 상권이 경기 변동에 얼마나 민감한지 평가해야 한다. 예를 들어, 필수 소비재(병원, 학원 등)가 밀집한 '항아리 상권'은 경기에 둔감하여 안정적 현금흐름을 보장한다. 반면, 특정 유행을 따르는 '트렌디 상권'(예: 성수동, 연남동)은 폭발적 성장이 가능하나, '젠트리피케이션'이나 유행 변화에 따른 공실 위험을 동시에 안고 있다.

(2) **브랜드 정체성**(Brand Identity): 현대 상권에서 입지는 '브랜드'이다. '광화문'은 프라임 오피스, '강남 테헤란로'는 IT/테크, '성수'는 팝업스토어와 문화라는 명확한 정체성을 갖는다. STO 상품의 매력도는 이 '브랜드 정체성'과 직결된다. 강력한 브랜드 정

2025 부동산 로고 트렌드 https://www.loud.kr

체성을 가진 입지는 우량 임차인(Prime Tenant)을 유치하기 용이하며, 이는 곧 STO 상품의 신용도와 직결된다.

1.1.3. 개발 호재(Development Potential): '기대'를 '가치'로 확정하는 서사

개발 호재는 STO 투자의 '자본 차익(Capital Gain)'을 결정하는 핵심 변수이다. 이는 부동산의 현재 가치가 아닌, '미래 가치의 잠재력'을 의미하며, STO 투자자에게 가장 매력적인 '투자 서사(Narrative)'를 제공한다.

(1) **호재의 실현 가능성**(Feasibility): 가장 중요한 것은 '루머'와 '확정된 계획'을 구분하는 것이다. 도시계획 전공자의 시각에서 이는 '도시기본계획'이나 '지구단위계획' 등 법정 계획에 반영되었는지, 예비타당성 조사를 통과했는지, 실제 예산이 배정되었는지를 확인하는 과정이다.

(2) **가치의 파급 효과**(Ripple Effect): 개발 호재가 해당 입지에 미치는 '직접적 영향'과 '간접적 영향'을 구분해야 한다.(예: GTX 노선 개통) 직접적 영향은 접근성 개선이지만, 간접적 영향은 관련 기업 유치, 고급 인력 유입, 상권의 고도화 등 복합적으로 나타난다. STO 발행사는 이 파급 효과를 구체적인 데이터(예: 예상 고용 유발 효과, 주변 지가 상승률)로 제시하여 투자자의 '지적 호기심'과 '투자 확신'을 자극해야 한다.

■ **STO 부동산 입지 분석 핵심 평가 매트릭스**

평가 축	교통
핵심 분석 요소	네트워크 중심성
최우수(A+)	GBD/CBD 20분 내 '골드라인' 초역세권(GTX 등 광역교통망 포함)
우수(A)	GBD/CBD 30분 내 주요 노선 역세권(도보 10분)

보통(B)	GBD/CBD 40분 이상 또는 비역세권

평가 축	상권
핵심 분석 요소	수요의 안정성
최우수(A+)	프라임 오피스(공실률 5% 미만) 또는 필수 업종 밀집 '항아리 상권'
우수(A)	대기업/중견기업 임차 또는 검증된 '트렌디 상권'(예: 성수)
보통(B)	중소형 임차인 위주 또는 노후화된 상권

평가 축	상권
핵심 분석 요소	브랜드 정체성
최우수(A+)	명확한 '랜드마크' 정체성 보유(예: 광화문, 테헤란로, 한남동)
우수(A)	특정 테마가 형성된 상권(예: 연남동, 을지로)
보통(B)	정체성이 모호하거나 혼재된 상권

평가 축	개발 호재
핵심 분석 요소	계획의 확정성
최우수(A+)	정부/지자체 '확정 고시'(예: 지구단위계획 확정, 착공)
우수(A)	'기본계획' 반영 또는 '예타 통과' 단계
보통(B)	단순 언론 보도 또는 '검토 중' 단계

평가 축	STO 적합도
핵심 분석 요소	종합 평가
최우수(A+)	(Prime+) 안정적 배당 + 강력한 자본차익 동시 기대(즉시 증권화 대상)
우수(A)	(Core) 안정적 배당 중심 / 또는 높은 자본차익 기대(선별적 증권화 대상)
보통(B)	(Value-add) 단기 현금흐름 불안정(STO 상품화 난이도 높음)

1.2. 가상 사례: '마곡 R&D 지구' 스마트 오피스 빌딩 STO

마곡지구 노른자위 브랜드 오피스 '마곡더랜드파크' https://www.fnnews.com

1) **대상 자산:** '마곡 사이언스 파크' 인접 8층 규모 중형 오피스(가치 800억)
한 자산운용사가 마곡지구 내 신축 스마트 오피스 빌딩을 기초자산으로 STO 상품(총 800만 주, 1주 1만 원) 출시를 계획한다. 대학원생 B 군과 일반 직장인 C 씨는 이 상품의 투자설명서를 검토한다. 이들의 지적 호기심을 자극한 것은 다음과 같은 '입지 분석' 데이터이다.

2) **핵심 입지 분석(투자자 관점)**

(1) **교통(A+):** '트리플 골드라인'의 완성

- 현재: 9호선 급행(마곡나루역), 5호선(마곡역), 공항철도(AREX)라는 강력한 3개 노선을 통해 여의도(YBD), 김포공항, 서울역(CBD)으로의 접근성이 이미 검증되었다.
- 미래: 여기에 'GTX-D 노선'이 마곡에 정차하는 것으로 '제4차 국가철도망 구축계획'에 사실상 확정되었다.(3. 개발 호재와 연동) 이는 강남(GBD)까지의 접근성을 획기적으로 개선시킬 '미래 가치'의 확정이다.

(2) **상권(A):** '자생적 R&D 클러스터'의 강력한 수요

- 이 빌딩의 입지는 단순한 '상권'이 아닌 '산업 클러스터'이다.(2.

상권 분석 적용) 투자설명서에는 "LG, 코오롱, 롯데 등 190여 개 대기업 및 강소기업 R&D 센터가 상주, 약 16만 명의 '구매력 높은' 고임금 연구인력"이 핵심 수요층으로 명시되어 있다.

- 이는 '트렌디 상권'과 달리 유행을 타지 않으며, '경기에 둔감한(Recession-proof)' 우량 임차 수요가 지속적으로 발생함을 의미한다. 공실률이 낮게 유지될 수밖에 없는 구조이다.

(3) 개발 호재(A+): 'MICE 복합단지'와 '스마트시티'

- 이 STO의 핵심 서사는 '개발 호재'이다.(3. 개발 호재 분석 적용)
- 첫째, 대상 빌딩 인근에 서울 최대 규모의 MICE 복합단지(코엑스 2배 규모, 2024년 완공 예정)가 건설 중이다. 이는 단순한 컨벤션 센터가 아니라, 호텔, 쇼핑몰, 문화 시설이 결합된 '도시 속의 도시'이다.
- 둘째, 마곡지구 자체가 '스마트시티' 실증단지이다. 이는 도시공학도인 B군의 호기심을 자극했다. 이 빌딩은 단순한 건물이 아니라, 도시 데이터를 수집하고 AIoT 기술이 적용된 '스마트 빌딩'으로 설계되었다. 이는 향후 자산 가치 평가(ESG 평가 등)에서 프리미엄을 받을 수 있는 요소이다.

3) 투자 결정: '현재의 배당'과 '미래의 시세차익'

직장인 C 씨는 마곡 R&D 클러스터의 '공실률 제로'에 가까운 임차 수요(1. 교통, 2. 상권)를 보고, 1주당 예상되는 '연 6%의 안정적 배당 수익(Income Gain)'에 매력을 느낀다.

반면, 대학생 B 군은 MICE 복합단지와 GTX-D라는 '확정된 미래(3. 개발 호재)'가 가져올 폭발적인 '자본 차익(Capital Gain)'에 주목한다. 그는 이 STO 투자가 단순한 '빌딩 조각' 매입이 아니라, '서울의 마지막 핵심 개발지구이자 스마트시티의 미래'에 대한 공동 투자라고 판단한다.

결국, 이 STO 상품은 '안정적 현금흐름'과 '폭발적 성장 서사'라는 두 가지 입지적 강점을 모두 갖춤으로써, 다양한 성향의 투자자들을 성공적으로 유치하는 환상적인 사례가 될 것이다.

2

"STO 투자관련 임대수익률(Cap Rate)과 예상 배당수익률 적정성의 계산 및 검증과 가상사례

2.1. STO에서 수익성을 나타내는 '자본환원율(Cap Rate)'과 투자자에게 실제 분배되는 '예상 배당수익률(Expected Dividend Yield)'이 핵심이다.

부동산 토큰증권(STO) 투자의 본질은 '디지털화된 부동산 증서'를 구매하는 행위이다. 이는 투자자가 해당 부동산의 '미래 현금흐름(Future Cash Flow)'에 대한 청구권을 갖게 됨을 의미한다. 따라서 STO 상품의 매력도를 평가하는 가장 객관적인 잣대는 '수익률'이다.

그러나 많은 일반 투자자들이 혼동하는 두 가지 핵심 수익률 지표가 존재한다. 바로 부동산 본체의 수익성을 나타내는 '자본환원율(Cap Rate)'과 투자자에게 실제 분배되는 '예상 배당수익률(Expected Dividend Yield)'이다.

놀랍게도 이 두 지표는 결코 같지 않다. 오히려 이 '수익률의 틈(Gap)'을 심층적으로 분석하는 것이야 말로 STO 투자의 성패를 가르는 핵심적인 지적 활동이다. 본 장에서는 이 두 수익률의 관계를 해부하고, 그 적정성을 검증하는 전문적인 방법을 제시한다.

2.1.1. 자본환원율(Cap Rate): '부동산 본체'의 순수한 수익 체력

자본환원율(Capitalization Rate, 이하 Cap Rate)은 특정 부동산이 지닌 순수한 운영 수익성을 나타내는 지표이다. 이는 부동산 가치 대비 순영업소득(Net Operating Income, NOI)의 비율로 계산된다.

학습코너 자본환원율(Cap Rate)과 순영업소득(NOI)

자본환원율(Cap Rate)은 부동산 투자에서 순영업소득(NOI)을 부동산 가격으로 나눈 값으로, 투입 자본 대비 수익률을 나타내는 핵심 지표입니다. 이는 부동산의 수익성을 평가하고, 투자 자금을 얼마나 빠르게 회수할 수 있는지 가늠하는 데 사용됩니다.

- 자본환원율 계산법 및 공식
  - 공식: 자본환원율(Cap Rate)과 순영업소득(NOI)
  - 순영업소득(NOI): 총 임대 수입에서 공실 손실과 운영 경비를 제외한 순수한 소득입니다.

    순영업소득=(총임대수입+보증금운용수익)-공실손실-운영경비

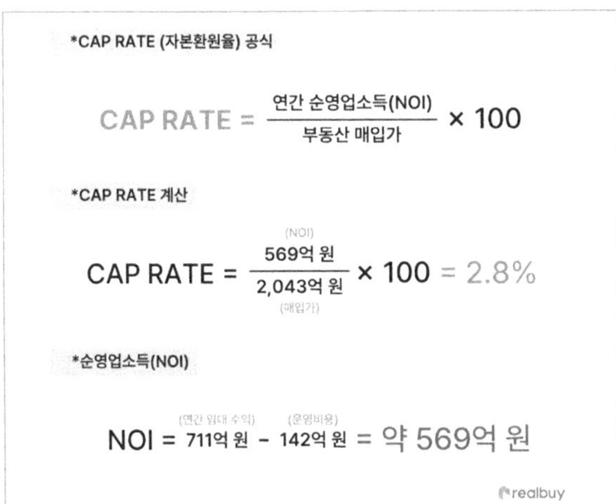

- **투자 수익률:** Cap Rate가 높을수록 투입된 자본 대비 높은 수익률을 얻을 수 있음을 의미한다.
- **자본환원율과 부동산 가치 평가:** 부동산의 가치와 시장에서의 수익성 수준을 평가하는 데 사용된다.
- **자본환원율과 부동산 투자 위험:** 일반적으로 Cap Rate가 높을수록 투자 위험이 커지는 경향이 있다.
- **시장 지표:** Cap Rate의 변동을 통해 부동산 시장의 사이클을 파악할 수 있다.

2.1.2. 예상 배당수익률: 'STO 투자자'의 최종 수취액

반면, 예상 배당수익률은 투자자가 자신의 '투자 원금(STO 매입 가격)' 대비 실제로 수취하는 '연간 배당금'의 비율이다.

{예상 배당수익률} = {주당(토큰당) 연간 예상 배당금}/{주당(토큰당) 매입 가격} x 100

학습코너 예상 배당수익률

쉽게 말해, 은행 예금 이자율과 매우 비슷하다.

- **주당(토큰당) 연간 예상 배당금:** 1주(토큰)를 가지고 있을 때 1년 동안 받을 것으로 기대되는 총 배당금(예: 1년에 500원)
- **주당(토큰당) 매입 가격:** 1주(토큰)를 사는 데 내가 실제로 쓴 돈(예: 10,000원)

■ 아주 쉬운 예시

만약 내가 1주(1토큰)를 "10,000원(매입 가격)"에 샀다.

그런데 이 1주에서 1년에 "500원(연간 예상 배당금)"이 배당으로 나온다고 한다.

이때 나의 예상 배당수익률은 다음과 같이 계산된다.

{500원(1년 배당금)/{10,000원(내가 산 가격)} x 100 = 5%

즉, "나는 이 투자로 1년에 5%의 수익을 배당으로 기대할 수 있다"는 뜻이다.

이 '예상 배당금'은 부동산의 순영업소득(NOI)에서 다시 한번 '추가적인 비용'들이 차감된 후 남은, 투자자에게 분배 가능한 '최종 재원'으로부터 나온다. 이 과정을 이해하는 것이 STO 수익률 검증의 핵심이다.

■ **NOI에서 투자자 배당금까지의 현금흐름 경로**

항목	내용	투자자 검증 포인트
순영업소득 (NOI)	부동산 본체의 순수익 (Cap Rate의 기준)	Cap Rate가 주변 시세 대비 적정한가?
(-) 자본적 지출 (CAPEX)	건물의 가치를 유지/ 상승시키는 대규모 지출 (예: 엘리베이터 교체, 로비 리모델링)	미래에 발생할 CAPEX를 위한 '수선충당금'이 적절히 적립되는가?
(= 조정 NOI)		
(-) 부채 서비스 (Debt Service)	부동산 매입 시 발생시킨 대출의 '원금+이자' 상환액	레버리지 비율(LTV)은 얼마인가? 이자율(금리) 조건은 고정인가, 변동인가?
(= 세전 현금흐름)		
(-) 운용 수수료	자산운용사(GP), 신탁사, STO 플랫폼 등에 지불하는 각종 보수 및 수수료	수수료 구조가 과도하지 않은가? (총보수(TER) 확인)
(= 배당 가능 이익)	STO 투자자(LP)에게 배분될 최종 재원	

2.1.3. 수익률의 틈' 분석: 레버리지와 수수료의 마법(혹은 함정)

여기서 도시계획 및 부동산 전공자들의 지적 호기심을 자극하는 지점이 발생한다. 만약 A라는 빌딩의 Cap Rate(부동산 본체 수익)가 4%인데, STO 상품의 예상 배당수익률(투자자 수익)이 7%라고 홍보된다면, 이 +3%의 '환상적인' 추가 수익은 어디에서 오는 것인가?

정답은 대부분 '레버리지(Leverage)'와 '수수료 구조'에 숨어있다.

(1) **레버리지 효과**: 발행사가 8%의 고금리로 대출을 일으켜 4%의 Cap Rate 자산을 매입한다면 투자자 수익은 오히려 하락한다(부(-)의 레버리지). 반면, 3%의 저금리로 대출을 일으켜 4%의 자산을 매입하면, 그 차익(1%)이 투자자에게 전가되어 배당수익률이 Cap Rate보다 높아진다(정(+)의 레버리지).

(2) **수수료의 함정**: 반대로, Cap Rate가 5%라도 운용 수수료 및 기타 비용이 2%에 달한다면, 투자자의 실제 수익은 3%로 급감할 수 있다.

결론적으로, 투자자는 '예상 배당수익률'이라는 결과값만 볼 것이 아니라, 'Cap Rate'이라는 재료(Input)에서 어떤 과정을 거쳐(Leverage, Fees) 그 결과가 도출되었는지를 반드시 검증해야 한다. 높은 배당수익률이 '우량한 자산' 때문인지, 혹은 '과도한 위험(레버리지)'을 감수한 대가인지 판단해야 하는 것이다.

2.2. 가상 사례: '성수동 팩토리형' 중소형 오피스 STO의 수익률 해부

1) **투자설명서 심층 분석**: 부동산학 전공 대학원생 C 양은 최근 '핫플레이스'인 성수동의 한 팩토리형 중소형 오피스 빌딩(총 가치 200억 원)을 기초자산으로 하는 STO 상품에 주목한다. 발행사는 "연 6.5%의 환상적인 예상 배당수익률"을 제시했다. 도시 및 부동산 전공학도인 C 양은 이 수익률의 적정성을 검증하기 위해 투자설명서를 심층 분석한다.

새로운 아파트형 공장의 제안: 성수 사일로: 서울제조산업허브 https://vmspace.com

■ '성수동 팩토리 오피스 STO' 수익 구조 분석(가상)

구분	항목	금액(연간)	비고(C 양의 분석)
A	부동산 총 가치	200억 원	
B	총 임대수익	12억 원	(공실률 5% 반영 시 11.4억)
C	영업비용(OPEX)	2.4억 원	(재산세, 유지보수비 등)
D	순영업소득(NOI)(B-C)	9억 원	
	(검증 1) Cap Rate(D/A)	4.5%	C 양은 "최근 성수동 오피스 실거래 Cap Rate가 4.0~4.5% 수준이므로, 4.5%는 매우 적정하거나 살짝 낙관적인 수준"이라고 판단한다.
E	총 매입 자금(A)	200억 원	
F	선순위 대출(LTV 50%)	100억 원	(검증 2) 레버리지 분석: LTV 50%는 표준적인 수준이다.
G	STO 공모 총액	100억 원	투자자들이 100억 원을 모집한다.
H	부채 서비스(이자)	5억 원	(대출 100억 x 이자율 5.0%)
I	자산운용사(GP) 보수	1억 원	(공모액 100억의 1%)(검증 3) 수수료 분석: 1%의 운용 보수는 표준적인 수준이다.
J	기타(신탁, 플랫폼 등)	0.5억 원	

K	최종 배당 재원(D-H-I-J)	2.5억 원	NOI 9억 원에서 이자(5억)와 수수료(1.5억)를 제외한 금액.
L	예상 배당수익률(K/G)	2.5%	(배당 재원 2.5억/투자 원금 100억)

2) **C 양의 충격적인 결론: '환상적 6.5%'의 진실:** C 양의 계산 결과, 투자자가 실제 수취하는 배당수익률은 6.5%가 아닌 "연 2.5%"에 불과했다.

그렇다면 발행사가 제시한 '6.5%'는 어떻게 나온 수치일까? C 양은 두 가지 '환상' 혹은 '함정'을 발견한다.

- **'NOI'를 '배당금'으로 오도:** 발행사는 부동산의 순수익(NOI = 9억)을 투자자 공모액(100억)으로 나눈 값(9%)을 제시했거나, 혹은 레버리지 이자 비용을 의도적으로 누락했을 가능성이 크다.
- **'금리 변동' 리스크의 부재:** C 양의 분석은 현재 이자율 5.0%를 가정한 것이다. 만약 이 대출이 '변동금리' 상품이고, 향후 금리가 7.0%로 상승한다면, 부채 서비스(H)는 7억 원으로 증가한다. 이 경우 최종 배당 재원(K)은 단 0.5억 원으로 줄어들며, 예상 배당수익률은 0.5%로 추락하게 된다.

3) 금리 시나리오별 배당수익률 민감도 분석

시나리오	대출 이자율 (변동)	부채 서비스 (H)	최종 배당 재원 (K)	투자자 배당수익률 (L)
기본(C양 분석)	5.0%(고정)	5.0억 원	2.5억 원	2.5%
발행사 홍보	(불명확)	(불명확)	(불명확)	(6.5% ??)
스트레스 테스트	7.0%(금리 인상)	7.0억 원	0.5억 원	0.5%(수익률 급락)

4) 결론 및 시사점: 결론적으로, C 양은 이 STO 상품이 '부동산 자체(Cap Rate 4.5%)는 우량하나, 현재의 고금리 환경에서 레버리지(LTV 50%)를 활용한 금융 구조(이자율 5.0%) 때문에 투자자에게 돌아가는 실제 수익(2.5%)이 매우 낮은 상품'임을 간파하게 된다.
이는 '환상적인' 홍보 문구 뒤에 숨겨진 숫자의 논리를 해부하는 과정이며, 모든 STO 투자자가 갖춰야 할 핵심적인 역량인 것이다.

3

"STO 투자관련 감정평가보고서와 신탁 계약서의 핵심 독해 방법과 가상사례

3.1. '실물 부동산'의 가치와 '법적 권리'를 증명하는 법정 문서가 바로 '감정평가보고서'와 '신탁 계약서'이다.

부동산 토큰증권(STO) 투자는 환상적인 금융 혁신이지만, 그 본질은 '실물 부동산'의 가치와 '법적 권리'의 결합에 기초한다. 이 두 가지 핵심 요소를 증명하는 법정 문서가 바로 '감정평가보고서'와 '신탁 계약서'이다.

일반 투자자가 이 두 문서를 '지적 호기심'을 가지고 독해할 수 있다면, STO 발행사가 제시하는 화려한 청사진 뒤에 숨겨진 자산의 진짜 가치와 투자의 위험 구조를 간파할 수 있다. 이는 단순한 정보 습득을 넘어, 투자의 성패를 가르는 가장 전문적인 분석 과정이다.

본 절에서는 이 두 서류의 핵심 독해 방법을 심층적으로 분석한다.

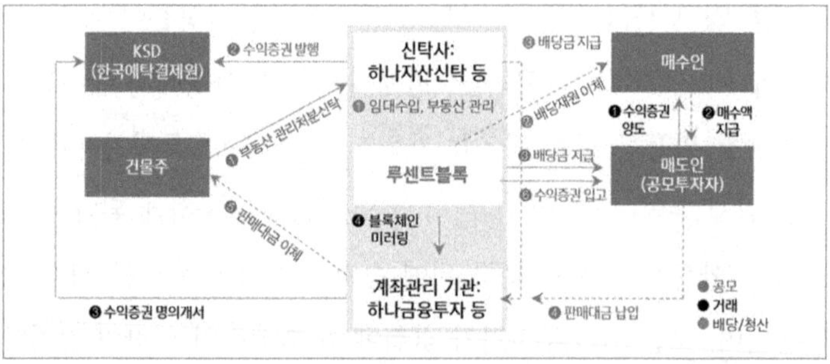

부동산 조각투자 플랫폼 '소유', 국내 최초의 STO 구조화 https://www.mk.co.kr

3.1.1. 감정평가보고서: STO 공모가의 '객관적 근거'를 해부한다

STO의 1토큰당 발행 가격은 발행사(자산운용사)가 임의로 정하는 것이 아니다. 이는 반드시 공신력 있는 감정평가법인이 산정한 '부동산의 객관적 가치'에 근거해야 한다. 감정평가보고서는 바로 이 '가격표'의 근거 자료이다.

투자자는 이 보고서에서 단 하나의 숫자, 즉 '최종 평가액'만 확인할 것이 아니다. 그 숫자가 도출된 '논리적 과정'을 추적해야 한다.

(1) **기준시점**(Valuation Date): 부동산 시장은 시시각각 변한다. 만약 STO 공모 시점은 10월인데, 감정평가의 기준시점이 1년 전 10월이라면 그 가격은 현재 시장 상황을 전혀 반영하지 못할 수 있다. '기준시점의 신선도'는 가격의 신뢰도와 직결된다.

(2) **주된 평가방법**(Main Valuation Method): 상업용 부동산(오피스, 상가 등) STO의 가치는 '미래의 임대수익'에서 나온다. 따라서 감정평가의 3방식(원가법, 비교사례법, 수익환원법) 중 '수익환원법(Income Approach)'이 주된 평가방법으로 사용되었는지 반드시 확인해야 한다. 만약 원가법(건물 신축비)이나 비교사례법(주변 매매가)

에 과도하게 의존했다면, 이는 해당 부동산의 현금흐름 창출 능력(STO 배당의 근원)을 제대로 평가하지 못했을 가능성이 크다.

3.1.2. '수익환원율(Cap Rate)'의 마법: 가장 치명적인 함정

수익환원법의 핵심은 단 하나의 변수, '자본환원율(Cap Rate)'에 달려 있다. 아래 공식에서 보듯이, 감정평가사가 '자본환원율(Cap Rate)'을 낮게 적용할수록, 부동산의 가치는 높게 부풀려진다. 이것이 감정평가서 독해의 핵심이다.

은행 예금 이자 계산법을 거꾸로 생각하면 아주 쉽다.

- 은행 예금= 연간이자 x 이자율
- 이걸 뒤집으면: 원금= 연간이자/이자율

이것을 부동산에 그대로 적용한 것이 바로 이 공식이다.

- 원금 = 부동산 가치(우리가 알고 싶은 가격)
- 연간 이자 = 순영업소득(NOI)(그 건물이 1년간 벌어들인 순수익)
- 이자율 = 자본환원율(Cap Rate)(시장에서 기대하는 그 건물의 수익률)

즉, 이 공식의 의미는 다음과 같다.

- 부동산 가치 = 그 건물이 1년에 버는 순수익(NOI)/시장에서 기대하는 수익률(Cap Rate)

■ **자본환원율(Cap Rate) 변화에 따른 부동산 가치 민감도 분석(NOI 10억 가정)**

구분	감정평가사 A (공격적)	감정평가사 B (표준적)	감정평가사 C (보수적)
순영업소득(NOI)	10억 원	10억 원	10억 원
적용 Cap Rate	3.8%(매우 낮음)	4.2%(시장 평균)	4.6%(매우 높음)
평가된 부동산 가치	약 263억 원	약 238억 원	약 217억 원

STO 발행사가 제시한 감정평가서가 만약 A의 논리(Cap Rate 3.8%)를 따랐다면, 투자자는 시장 평균(B)보다 25억 원(263억-238억)이나 고 평가된 가격에 STO를 매입하게 되는 것이다.

3.1.3. 신탁 계약서: '내 권리'의 법적 안전장치를 확인한다

부동산 STO는 정부의 혁신적 법 해석(1.3.1.3. 참조)에 따라, '부동산 자체'를 신탁사에 맡기는 '비금전신탁' 방식을 사용한다. 신탁 계약서는 이 과정에서 투자자의 권리를 규정하는 가장 중요한 '법적 설계도'이다.

1) '파산절연(Bankruptcy Remoteness)'의 확인

신탁의 가장 '환상적인' 기능은 자산의 '파산절연'이다. 이는 STO를 발행한 '운용사(위탁자)'가 파산하더라도 신탁사에 맡겨진 '부동산(수탁자 소유)'은 안전하게 보존됨을 의미한다. 투자자는 신탁 계약서의 당사자 구조를 통해 이 안전장치가 잘 작동하는지 확인해야 한다.

(1) **위탁자(Settlor)**: STO 발행사(자산운용사 등)

(2) **수탁자(Trustee)**: 부동산의 법적 소유자(신탁회사, 한국예탁결제원 등). 이 '수탁자'가 얼마나 공신력 있는 기관(예: 주요 금융지주 신탁사)인지가 중요하다.

(3) **수익자(Beneficiary)**: STO 토큰 투자자(바로 당신이다).

2) '우선수익권'의 서열: 내가 돈을 받는 순서

신탁 계약서에서 가장 지적으로 흥미롭고 치명적인 부분은 '수익권의 서열'이다. STO 발행사는 통상 은행 대출(레버리지)을 끼고 부동산을 매입한다.

이때, 부동산에서 발생한 수익(임대료)이나 매각 대금은 정해진 순서대로 배분된다.

■ 신탁 계약서 상 수익 배분 순위(가상)

순위	수익권자	내용	투자자(STO) 위험도
1순위	선순위 대출 은행 (A은행)	담보대출(LTV 50%) 원리금	A은행이 돈을 다 받기 전까지 STO 투자자는 수익이 없다.
2순위	중순위 대출 (B캐피탈)	(만약 존재한다면)	1순위보다 높은 이자를 받으며, STO 투자자보다 선순위이다.
3순위	STO 투자자 (수익자)	STO 공모액에 대한 배당 및 원금	(후순위 위험) 부동산 가치 하락 시, 1, 2순위를 뺀 나머지만 받으므로 원금 손실 위험이 가장 크다.

투자자는 자신이 '몇 순위 수익권자'인지 반드시 확인해야 한다. '강남 프라임 오피스'라는 우량 자산이라도, 내가 '3순위'라면 이는 사실상 '고위험-고수익' 채권에 투자하는 것과 유사할 수 있다.

3.2. 가상 사례: '여의도 YBD 프라임 오피스' STO의 이면

1) **두자설녕서에 첨부된 두 문서를 열람:** 도시부동산 전공 대학생 E 씨는 '여의도 프라임 오피스'(총 가치 1,000억 원)를 기초자산으로 하는 STO 상품을 분석한다. 발행사는 "연 7%의 환상적 배당"을 광고한다. E 씨는 '지적 호기심'을 발동하여 투자설명서에 첨부된 두 문서를 열람한다.

- **1단계:** 감정평가보고서의 함정 발견(Cap Rate 3.5%)

  E 씨는 감정평가서에서 '최종 평가액 1,000억 원'이라는 숫자 대신, '수익환원율(Cap Rate) 3.5%'라는 숫자에 주목한다.

  그는 즉시 리서치 기관 자료를 교차 검증한다. "최근 여의도(YBD) 프라임 오피스의 실거래 Cap Rate는 4.0% 수준"임을 확인한다.

E 씨는 이 STO의 실제 가치를 '시장 Cap Rate 4.0%'로 역산(재평가)한다.

- (발행사 논리: NOI 35억/3.5% = 1,000억 원)
- (E 씨의 재평가: NOI 35억/4.0% = 875억 원)

E 씨는 이 STO가 시장의 객관적 가치(875억)보다 무려 125억 원(1,000억-875억)이나 고 평가되어 공모되고 있음을 간파한다. 감정평가사가 시장 평균보다 현저히 낮은 3.5%의 Cap Rate를 적용하여 '환상적인' 1,000억 원의 가치를 만들어 낸 것이다.

여의도 사무실 Prime Office https://blog.naver.com

- **2단계:** 신탁 계약서의 위험한 서열 발견(후순위 투자자)

  E 씨는 신탁 계약서의 '수익자 명부'를 확인하고 더욱 놀란다.

  1순위 우선수익자: C은행(대출 600억 원, LTV 60%)

  2순위 수익자: STO 투자자(공모액 400억 원)

2) **'400억 원 규모의 후순위(Junior) 지분 투자'로 분석하다:** E 씨는 이 STO가 사실상 1,000억 원짜리 자산에 '400억 원 규모의 후순위(Junior) 지분 투자'임을 깨닫는다.

3) **STO 투자자(2순위)는 원금 400억 원을 투자했지만, 275억 원만 회수 가능:** 만약 3년 후 부동산 시장 침체로 이 오피스를 875억 원(E 씨가 계산한 적정 가치)에 매각한다고 가정한다.
   - 매각대금 875억 원에서 1순위 C은행이 600억 원을 먼저 가져간다.
   - 남은 금액은 275억 원이다.
   - STO 투자자(2순위)는 원금 400억 원을 투자했지만, 275억 원 밖에 돌려받지 못한다.
4) **결론 및 시사점:** 결론적으로, E 씨는 "연 7% 배당의 우량 오피스" 상품이, 실체는 ① 125억 고 평가된 가격으로 공모하고, ② 자산 매각 시 125억 원(400억-275억)의 원금 손실 위험을 지닌 '고위험 후순위 투자'임을 밝혀낸다. 이 모든 환상적인 분석은 단 두 개의 서류를 심층적으로 독해한 결과인 것이다.

학습코너 선순위와 후순위 채권자

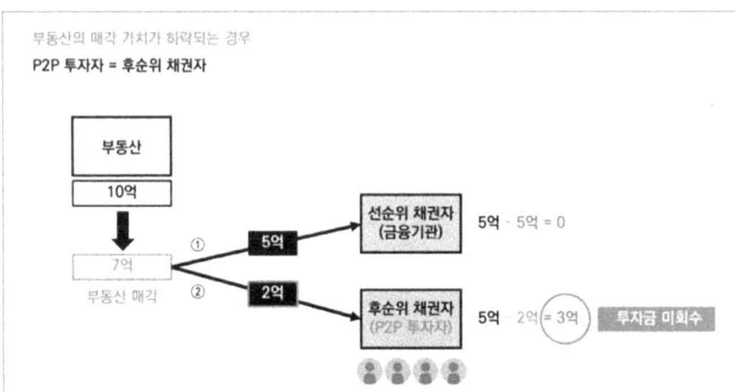

https://brunch.co.kr

4

“STO 투자관련 건물의 공실률, 임차인 구성(Tenant Mix), 관리 상태 등의 종합적 분석과 가상사례

4.1. STO 수익률의 핵심이 바로 공실률, 임차인 구성(Tenant Mix), 그리고 관리 상태라는 3대 요소이다.

부동산 토큰증권(STO) 투자는 단순히 디지털화된 증서를 구매하는 행위가 아니다. 이는 그 증서가 표상하는 ‘실물 자산(부동산)’의 현금흐름 창출 능력에 직접 투자하는 것이다. 즉, STO의 예상 배당수익률은 전적으로 해당 건물이 얼마나 ‘건강하게’ 임대 수익을 창출하고 있는가에 달려있다.

투자설명서에 적힌 ‘예상 수익률’이라는 숫자에 매몰되기 전, 투자자는 해당 건물의 ‘속살’을 들여다보는 환상적인 지적 탐험을 시작해야 한다. 그 핵심이 바로 공실률, 임차인 구성(Tenant Mix), 그리고 관리 상태라는 3대 요소이다. 이들은 STO의 배당 안정성을 결정하는 ‘살아있는 지표’이다.

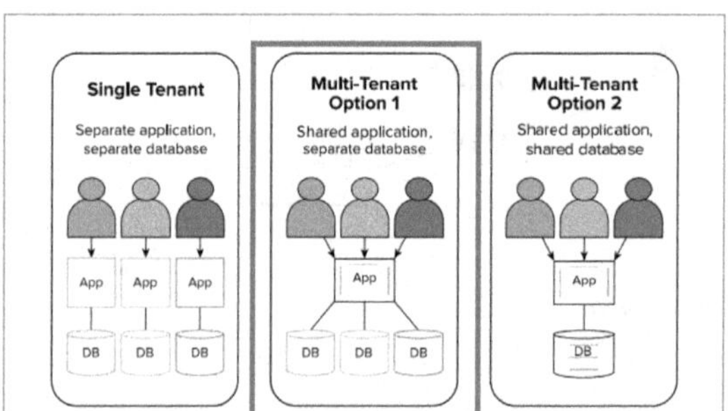

How to calculate costs in multi-Tenant architecture? https://stackoverflow.com

4.1.1. 공실률(Vacancy Rate): '수익의 누수'와 '시장의 거울'

공실률은 STO의 잠재적 수익(PGI)이 실제 수익(EGI)으로 전환되는 과정에서 발생하는 '수익의 누수'를 보여주는 가장 정직한 지표이다.

(1) **단순 숫자의 함정:** 현재 공실률이 5%라는 사실 자체보다 중요한 것은 '시장의 평균 공실률'과의 비교이다. 예를 들어, 강남 테헤란로(GBD)의 평균 공실률이 2%인데 해당 STO 건물의 공실이 5%라면, 이는 심각한 경쟁력 저하를 의미한다. 반대로, 시장 평균이 10%인 상권에서 5%의 공실을 유지한다면 이는 '초우량' 자산임을 방증한다.

(2) **자연공실률(Natural Vacancy)의 이해:** 도시부동산학적 관점에서 공실률 0%는 비현실적이거나 오히려 비효율적일 수 있다. 임차인 교체 시 필요한 물리적 시간(수리, 인테리어)을 고려한 '자연공실률'(통상 3~5%)을 상회하는 구조적 공실이 발생하는지 여부가 핵심이다.

(3) **추세 분석:** 현재 공실률보다 더 중요한 것은 '추세(Trend)'이다. 지난 3년간 공실이 꾸준히 증가하고 있다면, STO 발행사가 제시한 '미래 예상 수익'은 현재의 공실률을 기준으로 했더라도 이미 과대평가된 것일 수 있다.

내수. 소비 부진에... 신사역, 논현역, 강남역 등도 25.1.22 https://www.youtube.com

4.1.2. 임차인 구성(Tenant Mix): '수익의 질'과 '안정성'의 해부

모든 임대료는 동일한 가치를 갖지 않는다. 100억 원의 임대료가 '누구'로부터, '얼마나 오래' 지속될 수 있는가를 분석하는 것이 임차인 구성(Tenant Mix) 분석의 핵심이다.

(1) **앵커 테넌트(Anchor Tenant)의 존재:** 1층의 스타벅스, 상층부의 대기업 본사나 금융기관(은행) 등 '우량 임차인(앵커 테넌트)'의 존재는 단순한 임대 수익 이상의 가치를 지닌다. 이들은 ①장기 계약으로 현금흐름의 '안정적인 바닥(Floor)'을 형성하며, ② 건물의 대외 신용도를 높여 다른 우량 임차인을 유인하는 '자석' 역할을 한다.

(2) **WALE(가중평균 잔여임대기간):** STO 투자자가 반드시 확인해야 할 환상적인 지표이다.

- WALE(Weighted Average Lease Expiry): 각 임차인의 '임대 면적'을 가중치로 하여 '평균적인 잔여 임대 계약 기간'을 산출한 것이다.
- (예시) A임차인(면적 80%, 잔여 2년), B임차인(면적 20%, 잔여 10년) → WALE =(0.8 x 2년) +(0.2 x 10년) = 3.6년
- 긴 WALE(예: 7~10년): 임대료 상승은 더디지만, 공실 위험이 극도로 낮다. 이는 STO가 '채권(Bond)'처럼 안정적인 배당을 추구함을 의미한다.
- 짧은 WALE(예: 1~2년): 공실 위험은 크지만, 시장 임대료가 급등할 때 빠르게 임대료를 인상(Mark-to-Market)하여 '초과 수익(Upside)'을 노릴 수 있다. 이는 STO가 '주식(Stock)'처럼 자본 차익을 추구함을 의미한다.

(3) **업종 분산(Diversification):** 한 건물에 특정 산업(예: IT 스타트업) 임차인만 100% 입주해 있다면, 해당 산업의 불황 시 '대량 공실'이라는 재앙적 위험에 노출된다. 금융, IT, 제조, 서비스 등 다양한 업종이 혼합된 구성이 안정적이다.

4.1.3. 관리 상태(Management Status): '비용 통제'와 '자산 수명'

아무리 우량한 임차인이 있어도, 건물의 관리 상태가 엉망이라면 STO의 배당 재원은 밑 빠진 독처럼 새어 나가게 된다.

(1) **운영비용(OPEX)의 적정성:** 전문적인 PM(Property Management)사를 통해 관리되는 건물은 엘리베이터, 공조, 보안 등을 효율적으로 운영하여 '운영비용'을 절감한다. 이는 STO 배당의 재원이 되는 '순영업소득(NOI)'을 직접적으로 증대 시킨다.

(2) **자본적 지출(CAPEX)의 함정:** 건물의 노후화는 '미래의 시한폭탄'이다. 당장 배당수익률이 높아 보여도, 3년 뒤 대규모 '자본적 지출'(예: 외벽 교체, 냉난방기 전면 교체)이 예정되어 있다면, STO 투자자들은 그해 배당을 전혀 받지 못하거나(배당금의 CAPEX 유보) 추가 증자에 응해야 할 수도 있다. 잘 관리된 건물은 이 CAPEX 발생 시점을 예측하고 분산시킬 수 있다.

■ **STO 자산 건전성 종합 분석 매트릭스**

분석 항목	A+(최우수)	B(보통)	C(위험)
공실률	시장 평균 대비 현저히 낮고(예: 2%), 하락 추세	시장 평균과 유사 (예: 5%)	시장 평균보다 높고(예: 10%), 상승 추세
임차인 구성	(앵커 테넌트) S&P 500급 대기업, 제1금융권 50% 이상	중견기업, 우량 스타트업 위주	개인사업자, 영세기업 위주

WALE	5년 이상(안정적 배당형) 또는 1.5년 미만(매각 차익형, 호황기)	3~4년 (표준적)	1.5~2.9년(불확실성 높음)
업종 분산도	금융, IT, 공공기관 등 3개 이상 업종 고루 분포	1~2개 업종에 편중 (예: IT 스타트업 80%)	단일 업종 100% (예: 학원)
관리 상태 (PM/CAPEX)	글로벌 Top PM사 관리. 장기수선계획(LRCAP) 완비	국내 중견 PM사 관리. 단기적 수선 계획만 보유	건물주 직접 관리. 육안상 노후화 관찰됨. CAPEX 계획 부재
종합 평가	'채권형 STO' (초안정 배당 추구)	'혼합형 STO' (표준적 위험/수익)	'위험형 STO'(배당 중단 및 원금 손실 위험)

4.2. 가상 사례: '판교 테크노 밸리' STO A와 B의 비교

판교테크노밸리 https://www.utoimage.com

1) **두 개의 STO 상품(A, B)을 비교 분석:** F 씨는 '판교 테크노밸리'에 위치한 두 개의 STO 상품(A, B)을 비교 분석한다. 두 건물은 외견상 유사하며, 모두 "연 6.0%의 예상 배당수익률"을 제시하고 있다. F 씨는 이 '6.0%'라는 숫자의 함정을 파헤치기로 한다.

- STO 상품 A: '알파돔 타워'(가상)

  F 씨가 A의 투자설명서를 분석한 결과, 공실률은 0%로 완벽해 보였다. 그러나 '임차인 구성'을 확인한 F 씨는 지적 충격에 빠진다.

• **임차인 구성:** 단 1개의 '유니콘 IT 기업'이 건물 100%를 사용 중이다.(업종 분산 실패)

• **WALE:** 1.1년.(해당 기업의 임대차 계약이 1년 1개월 뒤 만료된다.)

F 씨는 '6.0%의 배당'이 오직 향후 1.1년간만 유효함을 간파한다. 만약 1.1년 뒤 이 유니콘 기업이 더 넓은 신사옥으로 이전(Relocation)한다면, 이 STO 빌딩의 공실률은 즉시 100%가 된다. '연 6.0%'는 환상이었으며, 실체는 '1.1년 만기 시한부 배당'이었던 것이다.

■ STO 상품 B: 'H스퀘어'(가상)

반면, B 상품은 현재 공실률이 5%로 A보다 나빠 보였다. 그러나 F 씨는 '임차인 구성'과 'WALE'에서 진정한 가치를 발견한다.

• **임차인 구성:** 1~3층(은행, 병원 등 리테일), 4~6층(네이버 계열사), 7~8층(중견 게임사), 9~10층(외국계 반도체 R&D센터).(우량 임차인 + 완벽한 업종 분산)

• **WALE:** 6.8년.(네이버 계열사가 10년 장기계약, 나머지도 평균 4~5년 잔존)

2) **B상품이 6.8년간 매우 높은 확률로 '확정적으로' 발생가능 확인:** F 씨는 B 상품의 '연 6.0% 배당'이 향후 최소 6.8년간 매우 높은 확률로 '확정적으로' 발생할 수 있음을 깨닫는다. 현재의 5% 공실은 우량 임차인 유치를 위한 '자연공실' 수준에 불과했다.

3) **결론 및 시사점:** '숫자'가 아닌 '구조'를 투자하다: F 씨는 A상품(시한부 6.0%)을 버리고 B상품(지속가능한 6.0%)을 선택한다. 이는 겉으로 보이는 '예상 배당수익률'이라는 숫자가 아닌, 그 숫자를 만들어 내는 '현금흐름의 구조(WALE, Tenant Mix)'에 투자해야 한다는 환상적인 결론에 도달한 것이다.

5

“STO 투자관련 자금조달구조(LTV, 에쿼티)와 발행사의 신용도 평가 및 리스크 관리와 가상사례

5.1. 투자자가 매입하는 ‘토큰’은 해당 부동산의 지분(Equity)을 나타내며, 이 지분은 은행 대출(Debt)이라는 거대한 파트너와 함께 부동산을 떠받치고 있다

따라서 STO 투자는 건물 자체의 입지나 임차인 구성을 분석하는 것에서 멈춰서는 안 된다. 이는 투자자가 보이지 않는 ‘자금의 설계도’를 해부하고, 그 설계도를 그린 ‘발행사(GP)’의 역량을 검증하는, 환상적이고도 치명적인 지적 여정이어야 한다.

본 장에서는 STO의 수익률과 위험을 결정하는 두 가지 핵심 축, 즉 ‘자금조달구조(LTV)’와 ‘발행사 신용도’를 심층적으로 분석한다.

5.1.1. 자금조달구조(LTV)의 해부: ‘레버리지’라는 양날의 검

부동산 STO의 자금조달구조는 총 부동산 가치(Value)를 ‘타인자본(Debt)’과 ‘자기자본(Equity)’으로 어떻게 구성했는지 보여주는 비율이다. 여기서 ‘자기자본’이 바로 STO 투자자들의 몫(공모액)이다.

(1) LTV(Loan-to-Value, 주택담보대출비율): 부동산 가치 대비 타인자본(대출)의 비율이다.

(2) 에쿼티(Equity): 총 부동산 가치에서 대출금을 뺀 순수 자기자본의 비율이며, 이것이 STO 공모 총액이 된다.

LTV DTI DSR 뜻 계산 공식 https://blog.naver.com

- 레버리지의 마법(정(+)의 레버리지)

높은 LTV(즉, 높은 대출 비율)는 STO 투자자의 '초과 수익'을 위한 마법의 지렛대가 될 수 있다. 이는 '자산의 본질 수익률(Cap Rate)'이 '타인자본 조달 금리(이자율)'보다 높을 때 발생한다.

(예시) 총 가치 100억, NOI 5억(Cap Rate 5.0%)의 자산이 있다고 가정한다.

- **LTV 수준에 따른 STO 투자자(에쿼티) 수익률 비교(조달 금리 4.0% 가정)**

구분	A: 저레버리지	B: 고레버리지	비고
총 부동산 가치	100억 원	100억 원	(동일 자산)
순영업소득(NOI)	5억 원(Cap Rate 5.0%)	5억 원(Cap Rate 5.0%)	(자산의 본질 수익)
LTV(대출 비중)	40%(40억 원)	80%(80억 원)	B가 2배의 레버리지 사용
Equity(STO 공모액)	60억 원	20억 원	B는 단 20억의 자본만 투입
대출 이자(연 4.0%)	(1.6억 원)	(3.2억 원)	(40억 x 4%) vs(80억 x 4%)
STO 배당 재원	3.4억 원(5억 - 1.6억)	1.8억 원(5억 - 3.2억)	
STO 예상 배당수익률	5.67%(3.4억/60억)	9.0%(1.8억/20억)	'레버리지의 마법' 발생

사례 B는 LTV를 80%까지 높여, 자기자본(STO) 20억 원으로 100억 원짜리 자산을 통제한다. 그 결과, 자산 본질 수익(5.0%)이나 저레버리지 상품(5.67%)보다 월등히 높은 9.0%라는 환상적인 수익률을 만들어낸다. 이것이 STO가 제공하는 '수익률 증폭'의 핵심이다.

■ **레버리지의 함정(리스크의 증폭)**

그러나 이 마법은 '시장이 좋을 때'만 유효하다. LTV가 높다는 것은 그만큼 고정비(이자)가 높다는 뜻이며, 이는 시장이 악화될 때 투자자의 지분(Equity)을 가장 먼저 잠식하는 '시한폭탄'이 된다.

(1) **금리 상승 리스크**: 만약 B의 대출이 '변동금리'였고, 금리가 4%에서 6.5%로 상승하면 어떻게 되는가?

- 대출 이자 = 80억 x 6.5% = 5.2억 원
- STO 배당 재원 = 5억(NOI) - 5.2억(이자) = -0.2억 원
- 결과: 배당수익률 0%(배당 중단). STO 투자자는 한 푼도 받지 못한다.

(2) **자산 가치 하락 리스크**: LTV가 높으면 '안전 마진'이 극도로 얇다. 만약 부동산 가치가 100억에서 800억으로 20% 하락하면, STO 투자자의 원금 20억 원은 전액 손실(Wipe-out) 상태가 된다.(자산가치 800억 = 대출 800억)

5.1.2. 발행사 신용도 평가: '누구'와 동업하는 가의 문제

STO 투자는 '건물주'가 되는 것이 아니라, 건물을 운용하는 '발행사(자산운용사, GP)'의 경영 성과에 참여하는 '후순위 지분권자(LP)'가 되는 것이다. 따라서 '어떤 건물'인가만큼 '누가 운용하는가'가 중요하다.

(1) **운용 역량(Track Record)**: 발행사가 해당 상권(예: 성수동)에서 유

사 자산(예: 중소형 오피스)을 성공적으로 운용해 본 경험이 있는가? 공실률을 낮추고 NOI를 극대화할 역량이 있는가?(AUM, 과거 포트폴리오 성과 확인)

(2) **재무 건전성(Counterparty Risk):** STO 자산은 신탁을 통해 '파산 절연'되지만, '운용사'가 파산하면 자산 운용에 치명적인 공백이 생긴다. 발행사 자체의 부채비율, 신용등급 등은 매우 중요한 '상대방 위험' 지표이다.

(3) **투명성 및 이해 상충:** 발행사가 운용 보수(Fee) 구조를 투명하게 공개하는가? 자산 관리(PM)나 임대차(LM)를 관계사에 몰아주며 불필요한 비용을 발생시키고 STO 투자자의 배당 재원을 잠식할 위험은 없는가?

5.1.3. 리스크 관리: '후순위 투자자'의 운명을 직시하라

보는 STO 투자자는 자신이 '후순위(Subordinated)' 투자자임을 명확히 인지해야 한다. 부동산에서 발생하는 모든 수익과 위험은 '폭포수(Waterfall)' 구조로 배분된다.

순위	배분 대상	내용	리스크 특성
1순위	세금 및 운영비용 (OPEX)	재산세, 관리비 등	가장 먼저 지출됨
2순위	선순위 대출기관 (은행)	대출 이자 (및 원금)	(Senior Debt) 이자를 받기 전까지 후순위는 0원
3순위	중순위 대출 (캐피탈 등)	(만약 존재한다면)	(Mezzanine) 은행보다 높지만 STO보다 빠름
4순위	STO 투자자 (Equity)	배당금 (및 매각 차익)	(First-Loss) 수익이 나면 가장 늦게 받고, 손실이 나면 가장 먼저 잃는다.

결론적으로, LTV가 높은 상품은 2순위(은행)의 몫이 극단적으로 커진 상태이다. 이는 4순위(STO 투자자)의 몫이 매우 불안정하고 위험에 크게 노출되어 있음을 의미한다.

5.2. 가상 사례: '광화문 GBD' 동일 자산, 상반된 금융 구조의 운명

프라임오피스 광화문 프라임급 빌딩 https://blog.naver.com

1) **두 STO 상품 분석:** 부동산학과 3학년생 G 씨는 광화문 GBD의 동일한 프라임 오피스 빌딩(가치 2,000억 원, NOI 80억 원, Cap Rate 4.0%)을 기초자산으로 하는 두 STO 상품을 마주한다. 두 상품의 환상적인 운명은 '자금조달구조'에서 갈리게 된다.

■ **'광화문 STO' A/B 상품 금융 구조 및 스트레스 테스트**

구분	STO-A(안정형)	STO-B(공격형-고수익형)
총 자산가치	2,000억 원	2,000억 원
순영업소득(NOI)	80억 원(Cap Rate 4.0%)	80억 원(Cap Rate 4.0%)
LTV(대출)	50%(1,000억 원)	75%(1,500억 원)
STO 공모액(Equity)	1,000억 원	500억 원

대출 금리(고정)	3.5%	3.8%(LTV가 높아 금리 상승)
연간 대출 이자	35억 원	57억 원
STO 배당 재원	45억 원(80억 - 35억)	23억 원(80억 - 57억)
(기본) STO 예상수익률	4.5%(45억/1,000억)	4.6%(23억/500억)

G 씨는 두 상품의 기본 수익률(4.5% vs 4.6%)이 거의 차이가 없음에 의아해한다. 하지만 B상품 발행사의 신용도가 낮아 조달 금리가 높았던 탓이다.

2) <u>스트레스 테스트</u>: '검은 백조'의 등장(금리 2%p 상승 및 NOI 10% 감소)

G 씨는 두 상품에 '금리 급등(변동금리 가정)'과 '경기 침체(공실 발생)'라는 최악의 시나리오를 적용하는 지적 탐험을 감행한다.

(1) (상황) 대출 금리 5.5%/5.8%로 상승, NOI 72억 원으로 10% 감소

(2) STO A(안정형) 결과:

- 새 이자 = 1,000억 x 5.5% = 55억 원
- 새 배당 재원 = 72억(NOI) - 55억(이자) = 17억 원
- 새 수익률 = 1.7%(17억/1,000억)
- (G 씨의 결론) 수익률은 급감했으나, '배당' 자체는 생존한다.

(3) STO-B(공격형) 결과:

- 새 이자 = 1,500억 x 5.8% = 87억 원
- 새 배당 재원 = 72억(NOI) - 87억(이자) = -15억 원
- 새 수익률 = 0%(배당 중단 및 채무 불이행 위기)
- (G 씨의 결론) 높은 LTV(75%)로 인해 NOI가 이자조차 감당하지 못한다. 이 상품은 '배당 중단'을 넘어, 발행사가 투자자에게 '추가 증자(Cash Call)'를 요구하거나, 2순위 대출기관(은행)

에 의해 '자산 압류(Foreclosure)'될 수 있는 환상적일 만큼 위험한 상태가 된 것이다.

3) **결론 및 시사점:** 결국 G 씨는 겉보기 수익률이 아닌 '금융 구조의 안정성'을 택하여 A상품에 투자한다. 이는 STO 투자가 부동산 투자인 동시에, 자신이 '후순위 지분권자'임을 인지하고 '금융 리스크'를 관리하는 행위임을 완벽하게 이해한 것이다.

주제 7

수익률 분석과 성과 평가

1

"STO 투자관련 임대수익률과 자본이득률의 분리 측정 방법과 가상사례

1.1. STO 투자관련 임대수익률과 자본이득률의 분리 측정해야 하는 이유

부동산 토큰증권(STO) 투자가 제공하는 총수익(Total Return)은 본질적으로 두 가지 상이한 성격의 이익이 환상적으로 결합된 결과이다. 이는 마치 주식 투자가 '배당금(Dividend)'과 '시세 차익(Price Appreciation)'으로 구성되는 것과 동일한 원리이다.

STO 투자자는 이 두 가지 수익 흐름을 의도적으로 '분리 측정(Decomposition)'하는 지적 해부 과정을 거쳐야만, 해당 STO 상품의 본질적인 속성과 위험 구조를 완벽하게 파악할 수 있다. 동일한 '총수익률 10%'라 할지라도, 그 구성이 어떠 한가에 따라 해당 STO는 '안정적인 채권'의 성격을 가질 수도, '공격적인 성장주'의 성격을 가질 수도 있기 때문이다.

본 절에서는 이 두 수익률을 분리 측정하는 방법과, 이것이 STO 투자 의사결정에 어떤 환상적인 통찰을 제공하는지 심층적으로 분석한다.

■ 임대수익률(Income Return): '현재'의 확정적 현금흐름

임대수익률은 STO 투자자가 보유한 토큰(증권)에 대하여 '정기적으로 수취하는 배당금'을 의미한다. 이는 STO의 기초자산인 부동산이 창출하는 '순영업소득(NOI)'이 그 재원이 된다.

이것은 STO 투자의 '채권적 성격(Bond-like characteristics)'을 보여주는 지표이며, 투자자가 해당 자산을 보유하는 동안 발생하는 '현재 가치'의 흐름이다.

[측정 공식과 예제]

1. 배당수익률 = [연간 주당(토큰당) 총 배당금/토큰 1주 매입 가격] x 100

당신이 '강남 빌딩 STO' 토큰 1주를 "10,000원(투자 원금)"에 샀다고 가정해 보자.

1년 후, 이 빌딩의 임대 수익이 정산되어 1주당 "500원(연간 총 배당금)"이 당신의 계좌로 입금되었다.

(1) 임대수익률(배당수익률)

배당수익률 = [550원(연간 주당(토큰당) 총 배당금) / 10,000원(토큰 1주 매입 가격)] x 100 = 5%

이 5%는 당신이 10,000원을 투자해서 1년 동안 배당금으로만 5%의 수익을 얻었다는 뜻입니다.(이는 건물의 가격이 오르는 것(시세 차익)과는 별개로 계산한 순수한 '현금 수익'입니다.)

(2) 분석의 핵심:

- 안정성: 이 수익률은 기초자산의 'WALE(가중평균 잔여임대기간)' 및 '임차인 구성(Tenant Mix)'과 직접적으로 연동된다.(이전 장 참조) WALE가 길고 앵커 테넌트가 우량할수록 임대수익률의 예측 가능성과 안정성은 극도로 높아진다.
- 현금흐름: 이는 투자자가 매각(Exit)을 고려하지 않고, 단순히 보유(Hold)하는 것만으로 얻을 수 있는 순수한 현금 수익이다.

2. 자본이득률(Capital Gain Rate): '미래'의 기대 가치

자본이득률은 STO 토큰 자체의 가치(가격)가 상승함에 따라 발생하는 '시세 차익'을 의미한다. 이는 STO 투자의 '주식적 성격(Stock-like characteristics)'을 나타낸다.

이 가치 상승의 근원은 두 가지이다. 첫째, 기초자산인 '부동산 실물의 가치 상승'(개발 호재, 인플레이션 헤지 등)이며, 둘째, 유통시장에서 거래되는 '토큰 가격의 변동'(수급, 시장 기대감)이다.

(1) 측정 공식: (보유 기간 1년 가정 시)

수익률(%) = (최종판매가격-처음 구매가격)/처음 구매가격 x 100

이는 결국 다음과 같은 의미가 된다.

수익률(%) = (순이익/투자 원금) x 100

(2) 분석의 핵심:

- 변동성: 이 수익률은 '미래'의 불확실성에 기반하므로 변동성이 크다. 이는 기초자산의 가치 상승뿐만 아니라, KRX 디지털 증권시장 등 유통 플랫폼의 수급 논리에 따라 결정된다.

(3) 성장성: 이는 해당 STO 상품의 '성장 잠재력'을 의미한다.(예: 개발 호재, 리모델링을 통한 가치 증대(Value-add) 전략 등)

1.2. '분리 측정'의 환상적인 통찰: STO의 본질을 간파하다

투자자가 '총수익률'이라는 단일 지표의 함정에 빠지지 않고, 이 두 수익률을 분리 측정해야 하는 이유는 명확하다. 이는 STO 상품의 '위험 프로파일(Risk Profile)'을 완벽하게 정의하기 때문이다.

■ **STO 수익구조 분리 측정에 따른 상품 유형 비교**

구분	A유형: Income-Driven STO(채권형)	B유형: Capital-Driven STO(성장주형)	C유형: Balanced STO(혼합형)
총 예상수익률	8%	8%	8%
(분리 측정)			
1. 임대수익률	7.0%(매우 높음)	1.0%(매우 낮음)	4.0%(안정적)
2. 자본이득률	1.0%(매우 낮음)	7.0%(매우 높음)	4.0%(합리적)
기초자산 예시	광화문 10년 장기임차 프라임 오피스	성수동 리모델링 예정 꼬마빌딩	판교 테크노밸리 우량 오피스(WALE 4년)
주요 리스크	금리 상승 리스크 (배당 매력 감소)	공실 리스크, 개발 지연 리스크, 시장 변동성 리스크	복합적 (중간 위험-중간 수익)
환상적 통찰	'안정적 연금'을 원하는 투자자에게 적합하다.	'높은 시세 차익'을 노리는 공격적 투자자에게 적합하다.	'배당'과 '성장'을 동시에 추구하는 표준적 투자자에게 적합하다.

결론적으로, '총수익률 8%'라는 동일한 광고 뒤에 숨겨진 세 상품의 본질은 완전히 다르다. 이 환상적인 분리 측정 과정을 통해 투자자는 비로소 자신의 투자 목적(연금 vs 시세차익)에 맞는 상품을 선별할 수 있게 되는 것이다.

1.3. 가상 사례: '종로'와 '성수' STO, 두 개의 9% 수익률 해부

1) 둘 다 "연 9%의 총 기대수익률"을 제시: 도시부동산을 전공하는 대학원생 H 씨는 졸업 프로젝트 자금 1,000만 원을 투자할 STO 상품

을 물색 중이다. 그녀의 눈에 두 개의 환상적인 상품이 들어왔다. 둘 다 "연 9%의 총 기대수익률"을 제시한다. 부동산학도인 H 씨는 이 '9%'의 본질을 해부하기로 결심한다.

종로 프라임 오피스 https://www.yna.co.kr

2) H 씨의 STO(A, B) 수익구조 분리 측정 비교 분석

항목	STO-A: 종로 프라임 오피스	STO-B: 성수동 팝업스토어 빌딩	H 씨의 지적 분석 (결론)
기초자산	100% 임차 완료 (대형 금융사, WALE 8년)	30% 공실(신진 디자이너 브랜드, WALE 1.5년)	A는 '현재가치', B는 '미래가치'에 투자한다.
총 기대수익률	9.0%(광고)	9.0%(광고)	이 숫자는 '함정'일 수 있다.
[수익 분리 1]			
임대수익률 (배당)	6.5%	1.5%	A는 즉시 6.5%의 '확정적' 현금흐름이 발생한다. B의 1.5%는 미미하며 불확실하다.
[수익 분리 2]			
자본이득률 (시세)	2.5%	7.5%	A는 성숙 시장이라 자본차익이 낮다(물가상승률 헤지 수준). B는 성수동의 '개발 호재'와 '젠트리피케이션' 기대감이 7.5%의 높은 상승률로 반영되어 있다.

[H 씨의 최종 판단]

상품의 본질	'초우량 회사채'	'고위험 바이오 성장주'	
투자 결정	H 씨는 1년 뒤 졸업 프로젝트에 사용해야 하는 '단기 확정' 자금이므로, '시세 차익(자본이득)'의 변동성을 감수할 수 없다.		H 씨는 '총수익률 9%'의 환상에 속지 않고, '안정적 임대수익률 6.5%'를 제공하는 STO-A(종로)를 선택한다.

3) **결론 및 시사점:** H 씨는 '총수익률'이라는 포장을 해체하고, '임대수익률'과 '자본이득률'을 분리 측정함으로써, 자신의 투자 목적에 부합하는 환상적인 의사결정을 내릴 수 있었다. 이는 모든 STO 투자자가 갖춰야 할 가장 기본적인 전문성이자 지적인 무기인 것이다.

성수동 팝업스토어빌딩부터 핫플까지 https://www.hankyung.com

2

STO 투자관련 부동산 조각투자 수익률의 벤치마크 설정 기준과 가상사례

2.1. 벤치마크의 설정은 STO 투자의 첫 단추이자, 해당 투자가 감수하는 위험대비 합리적인 보상여부를 판단하는 기준이다.

부동산 토큰증권(STO) 투자자가 마주하는 가장 '환상적'이면서도 동시에 가장 '치명적인' 숫자는 바로 발행사가 제시하는 '예상 수익률'이다. 예를 들어, "연 8%의 기대수익률!"이라는 문구는 그 자체로 강력한 유혹이다.

그러나 지적인 투자자는 이 숫자를 맹목적으로 받아들이지 않는다. 그들은 "이 8%는 무엇과 비교해야 하는가?"라는 근본적인 질문을 던진다.

이때 필요한 '비교의 잣대'가 바로 '벤치마크(Benchmark)'이다. 벤치마크의 설정은 STO 투자의 첫 단추이자, 해당 투자가 감수하는 위험 대비 합리적인 보상을 제공하는지 판단하는 가장 전문적인 과정이다.

STO의 수익구조는 '임대수익(배당)'이라는 채권적 성격과 '자본이득(시세 차익)'이라는 주식적 성격을 동시에 지닌 '하이브리드(Hybrid)' 자산이다. 따라서 STO의 벤치마크는 단일하지 않으며, 다 차원적인 비교의 틀을 요구한다.

2.1.1. 벤치마크 1: 무위험수익률(Risk-Free Rate)

모든 투자의 가장 기본이 되는 벤치마크는 '무위험수익률', 즉 대한민국 '국고채 금리'(예: 3년 만기)이다. 이는 투자자가 아무런 위험을 감수하지 않고 얻을 수 있는 '최소한의 기회비용'이다.

STO의 예상 수익률이 국고채 금리보다 높아야 하는 것은 당연하며, 그 차이(Spread)를 '리스크 프리미엄(Risk Premium)'이라고 칭한다.

- **의미**: 투자자는 STO의 원금 손실 위험, 유동성 제한 위험, 발행사 위험을 감수하는 대가로 ' '만큼의 추가 수익을 요구해야 하는 것이다.

2.1.2. 벤치마크 2: 대체 신용자산(Corporate Bonds)

STO는 실물 부동산이라는 '담보'를 가진 수익증권이다. 이는 기업의 신용을 기반으로 이자를 지급하는 '회사채'와 유사한 투자 대안이 될 수 있다.

따라서 STO의 '예상 배당수익률(임대수익)'은 동일한 만기의 '우량 회사채(AA- 등급) 금리'와 직접 비교되어야 한다. 만약 STO의 배당수익률이 우량 회사채 금리보다 낮다면, 투자자는 굳이 비상장 STO에 투자할 매력을 느끼기 어렵다.

2.1.3. 벤치마크 3: 공모 리츠(K-REITs) 지수(가장 중요한 벤치마크)

부동산 조각투자 STO와 가장 직접적으로 비교되어야 할 환상적인 벤치마크는 바로 '상장 리츠(K-REITs)'이다.

(1) **유사성**: 둘 다 부동산에서 발생하는 임대수익을 주된 배당 재원으로 한다.

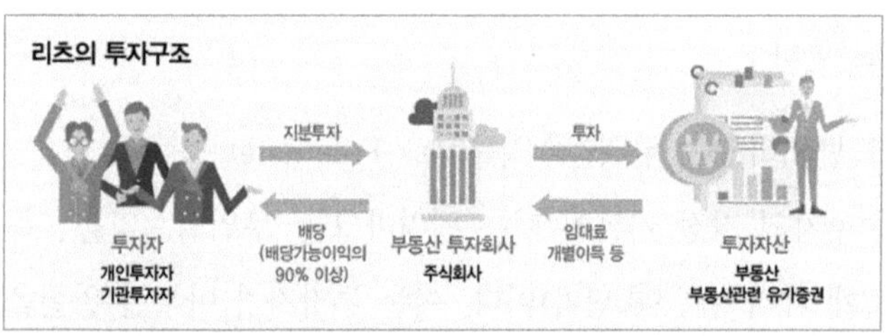

포트폴리오에 '리츠(REITs)' 담아볼까? https://www.mk.co.kr

(2) 차이점(STO의 본질적 위험):

- **분산 위험:** 리츠는 '수십 개의 자산 포트폴리오'로 분산되어 있으나, STO는 '단일 자산(Single Asset)'에 집중되어 공실 및 매각 위험이 훨씬 크다.
- **유동성 위험:** 리츠는 KOSPI에 상장되어 주식처럼 즉시 현금화가 가능하나, STO는 초기 유통시장이 매우 제한적일 것이다.('비유동성 위험')

따라서 STO 투자자는 이 두 가지 치명적인 위험(단일 자산 + 비유동성)을 감수하는 대가로, 상장 리츠의 평균 배당수익률보다 '월등히 높은' 수익률을 벤치마크로 설정해야 한다.

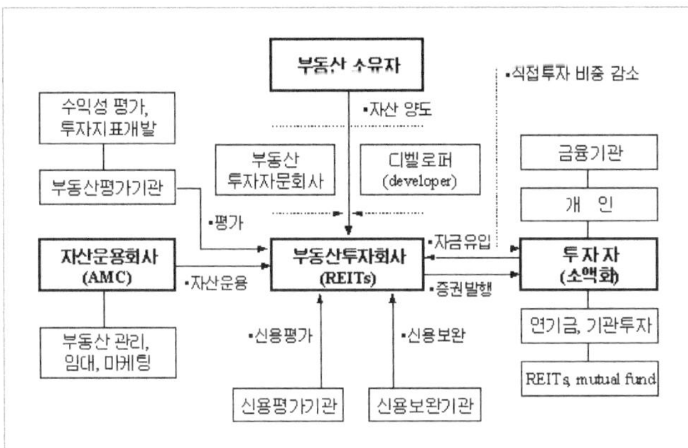

Kapa 논단 https://www.kapanet.or.kr

2.1.4. 벤치마크 4: 대상 자산 시장의 '캡레이트(Cap Rate)'

이는 가장 전문적인 벤치마크이다. 이는 '수익률'이 아닌 STO의 '발행가격(공모가)'이 적정한지 검증하는 기준이다.

STO 발행사가 제시한 기초자산의 '자본환원율(Cap Rate)'을, 해당 지역

(예: 강남 GBD)의 '평균 시장 Cap Rate'와 비교해야 한다. 만약 시장 평균 Cap Rate가 4.0%인데, STO 발행사가 3.5%의 Cap Rate를 적용하여 부동산 가치를 부풀려 공모했다면, 투자자는 시작부터 '고평가된' 가격에 진입하는 셈이다.

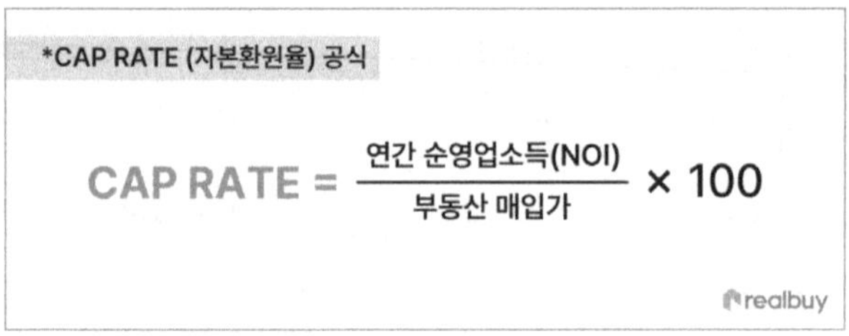

부동산 투자 성공하려면 캡레이트(CAP RATE)부터! https://blog.naver.com

■ STO 투자 벤치마크 설정의 다층적 구조

벤치마크 유형	비교 대상	STO 비교 지표	벤치마크의 의미 (지적 호기심)
최소 요구수익	국고채 3년물 금리 (예: 3.5%)	총 기대수익률 (배당+시세)	"나는 왜 은행 예금이 아닌 이 위험한 투자를 하는가?" (리스크 프리미엄 확보)
'수익'의 안정성	우량 회사채(AA-) 금리 (예: 4.5%)	예상 배당수익률 (임대수익)	"STO의 '배당'이 기업의 '이자'보다 매력적인가?" (담보자산의 현금흐름 비교)
'위험'의 합리성	상장 리츠(K-REITs) 평균 배당률(예: 6.0%)	총 기대수익률 및 배당수익률	"나는 왜 '분산된' 리츠 대신 '단일 자산' STO에 투자하는가?" (단일자산 + 비유동성 프리미엄 요구)
'가격'의 적정성	대상 지역 시장 Cap Rate(예: 강남 4.0%)	STO 기초자산 Cap Rate	"나는 지금 '비싼' 가격에 이 조각을 사는 것은 아닌가?" (공모가의 고평가 여부 검증)

2.2. 가상 사례: '성수동 팩토리형 오피스 STO'의 9% 수익률 해부

새로운 영감을 주는 스타트업 팩토리 https://brunch.co.kr

1) **'성수동 팩토리형 오피스 STO' 상품의 투자**설명서: P 씨는 최근 한 증권사가 공모하는 '성수동 팩토리형 오피스 STO' 상품의 투자설명서를 접하게 된다. 발행사가 제시한 "총 기대수익률 연 9.0%"는 매우 환상적으로 보였다.(임대수익률 4.5% + 예상 자본이득률 4.5%로 구성)

   P 씨는 이 '9.0%'라는 숫자의 실체를 파악하기 위해, 자신이 배운 벤치마크 기준을 적용하는 지적 탐험을 시작한다.

2) P 씨의 '성수동 STO' 벤치마크 비교 분석표

벤치마크	시장 기준 금리/수익률	'성수동 STO' 비교 지표	P 씨의 환상적인 분석
국고채 (3년)	3.5%	총 9.0%	(Pass) 5.5%의 리스크 프리미엄이 존재한다. 최소 요구수익은 충족한다.
회사채 (AA-)	4.5%	배당 4.5%	(Neutral) STO의 '확정적' 배당 부분이 우량 회사채 이자와 동일하다. '담보'가 있음에도 불구하고 매력적인 우위는 아니다.
K-REITs (상장)	평균 배당 6.0%	배당 4.5%	(Fail) 치명적인 지점이다. 분산되고 유동성이 풍부한 리츠가 '배당만 6.0%'를 주는데, 이 단일 자산 STO는 '배당이 4.5%'에 불과하다.

3) **P 씨의 최종 결론:** '9.0%'의 환상을 간파하다

P 씨는 이 STO 상품의 본질을 완벽하게 간파하게 된다.

발행사가 제시한 '총 9.0%'라는 환상적인 숫자는, '안정적인 배당(4.5%)'이 아닌, '불확실한 자본 이득(4.5%)'에 전적으로 의존하는 '고위험 성장주'와 같은 구조였던 것이다.

4) **결론 및 시사점:** 투자자는 더 안전한 상장 리츠(배당 6.0%)를 포기하고, 그보다 낮은 배당(4.5%)을 감수하면서 '성수동 오피스 가격이 1년에 4.5%씩 상승한다'라는 '발행사의 미래 예측'에 모든 것을 베팅해야 하는 상품이다.

P 씨는 벤치마크 분석을 통해, 이 STO가 안정적인 '부동산 배당 투자'가 아니라 '성수동의 미래 가치에 대한 고위험 레버리지 투자'임을 명확히 인지하게 된다. 이 지적 과정이야 말로 벤치마크 설정이 제공하는 가장 환상적인 리스크 관리 기법인 것이다.

3

STO 투자관련 세후 수익률 계산 및 투자 성과 평가 지표와 가상사례

3.1. '세후 수익률(After-tax Return)'을 계산하는 것이야 말로 투자의 본질을 꿰뚫는 첫걸음이다.

STO 투자자가 마주하는 투자설명서의 '예상 수익률'은 세금을 공제하기 전의 '세전 수익률(Pre-tax Return)'이다. 이는 투자자의 환상을 자극하

기에 충분하지만, 진정한 지적 투자자는 이 숫자에 현혹되지 않는다. 투자자의 계좌에 실제로 귀속되는 수익, 즉 '세후 수익률(After-tax Return)'을 계산하는 것이야 말로 투자의 본질을 꿰뚫는 첫걸음이다.

나아가, 투자가 종료된 후 "그래서 이 투자가 정말 잘한 것인가?"를 객관적으로 평가하는 '성과 평가 지표'를 아는 것은, 다음 투자의 성공을 담보하는 환상적인 지적 무기가 된다. 본 장에서는 이 두 가지 핵심 도구를 심층적으로 분석한다.

3.1.1. 세후 수익률: '환상'을 걷어내고 '실체'를 계산한다

STO 투자의 수익은 크게 두 가지, 즉 보유 기간의 '배당소득'과 매각 시점의 '자본이득(매각 차익)'으로 구성된다. 이 두 수익원은 세법상 다른 경로를 따르기에, 분리하여 계산해야 한다.

1) 배당소득(임대수익)의 세후 계산

STO는 '증권'이므로, 보유 기간에 받는 임대료 기반의 배당은 '배당소득'으로 간주된다.

(1) 원천징수(Withholding Tax): 투자자가 배당을 받을 때, 발행사(증권사)는 먼저 세금을 떼고 지급한다. 이 세율이 바로 '15.4%'(소득세 14% + 지방소득세 1.4%)이다.

(2) 세후 배당수익률:

{세후 배당수익률} = {세전 배당수익률} x (1 - 0.154)

이 공식은 세전 배당수익률에서 '배당소득세(15.4%)'를 제외한 실제 수령하는 세후 배당수익률을 계산하는 방법이다. "세전 배당수익률이 얼마이든, 거기서 15.4%는 세금으로 빠지고 나머지 84.6%만 내 실제 수익이 된다"는 뜻이다.

(3) 종합소득과세(Global Income Taxation): 만약 STO 배당을 포함한 투자자의 연간 총 금융소득(이자+배당)이 2,000만 원을 초과할 경우, 이는 타 소득(근로, 사업 등)과 합산되어 더 높은 누진세율을 적용 받을 수 있다. 이는 고액 자산가에게 매우 치명적인 변수가 된다.

■ **세전 vs 세후 배당수익률 비교(예시)**

구분	세전 예상 배당수익률	원천징수세율	실질 세후 배당수익률
STO 상품 A	7.0%(환상)	15.4%	5.92%(현실)
STO 상품 B	5.0%	15.4%	4.23%

2) 자본이득(매각 차익)의 세후 계산

이는 STO 토큰을 매입한 가격보다 '비싸게 팔았을 때' 발생하는 수익이다. STO는 새로운 형태의 증권이므로, 과세 체계는 향후 '금융투자소득세(금투세)'의 도입 여부와 그 방향성에 따라 결정될 것이다.

가장 유력한 시나리오는 '금융투자상품'으로 분류되어, 매각 차익에 대해 별도의 세율(예: 22%)로 분리과세하는 방식이다. 즉, 투자자는 배당받을 때 15.4%의 세금을 내고, 팔아서 차익이 나면 그 차익에 대해 또 22%의 세금을 내야 하는 것이다.

3.1.2. 투자 성과 평가 지표: '진짜 성적표'를 읽는 법

투자가 종료되었을 때, 단순히 '돈을 벌었다'가 아니라 '얼마나 잘 벌었는지'를 평가하는 환상적인 지표들이 존재한다.

1) 총수익률(Total Return)

가장 단순한 지표로, 투자 기간 발생한 모든 세후 수익(배당+자본이득)을 최초 투자 원금으로 나눈 값이다.

(1) 공식:

총 수익률 = [{총 세후 배당금 합계} + {세후 매각 차익}] / {{최초 투자 원금}} x 100

당신이 '성수동 꼬마빌딩 STO' 토큰 1주를 "10,000원(최초 투자 원금)"에 샀다고 가정해 보자.

1. 2년간 보유:
   - 1년 차: 세금 떼고 배당금 500원을 받았다.
   - 2년 차: 세금 떼고 배당금 500원을 받았다.
   - ▶ 총 세후 배당금 합계 = 1,000원
2. 2년 후 매각:
   - 이 토큰을 13,000원에 팔았다.
   - 시세 차익(양도차익)은 3,000원(13,000 - 10,000)이다.
   - 이 차익에 대한 세금을 떼고 나니, 세후 매각 차익이 2,500원이 남았다.

   [1,000원{총 세후 배당금 합계} + 2,000원{세후 매각 차익}] / 10,000원{최초 투자 원금} x 100 = 0.35

3. 한계: 이 30%의 수익이 '1년 만'에 난 것인지 '10년 만'에 난 것인지 구분하지 못한다. 즉, '시간의 가치'가 빠져 있다.

2) 내부수익률(IRR, Internal Rate of Return)

부동산 및 도시공학 전공자들이 반드시 알아야 할, 가장 환상적이고 전문적인 지표이다. IRR은 '화폐의 시간가치'를 반영한 '진짜 연평균 수익률'이다.

(1) 개념: IRR은 투자의 전 기간(투자 시점, 배당 시점, 매각 시점)에 발생한 모든 현금흐름(유입/유출)의 '순현재가치(NPV)'를 0으로

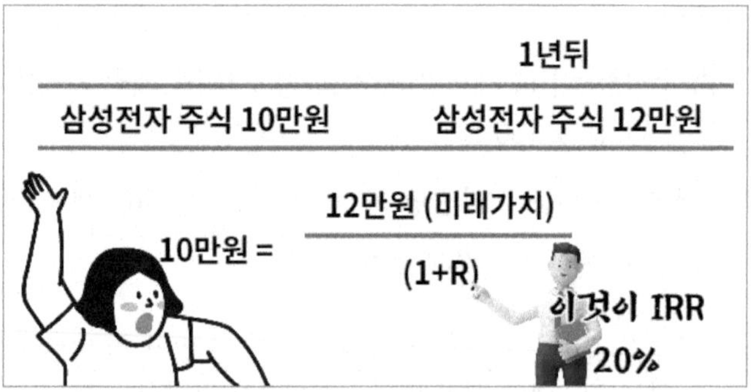

NPV와 IRR 투자 수익률 뜻 공부하기 https://9invtech.com

만드는 할인율(이자율)이다.

(2) **지적 해석**: 쉽게 말해, "이 STO 투자가 연이율 몇 %짜리 적금과 동일한가?"를 계산해내는 것이다.

(3) **중요성**: IRR이 높다는 것은 단순히 총수익이 높은 것 뿐만 아니라, 수익이 '투자 초기에' 더 많이 발생했음을 의미할 수도 있다.(오늘의 1만 원은 내일의 1만 원보다 가치 있다.)

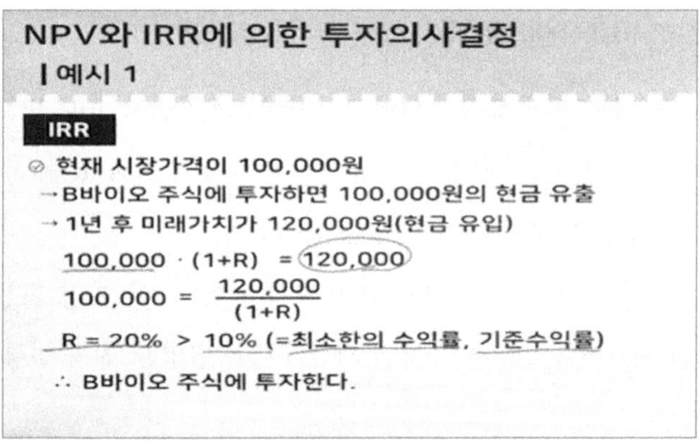

NPV와 IRR 이란? https://m.blog.naver.com

3) 에쿼티 멀티플(EM, Equity Multiple)

가장 직관적인 지표로, "내 원금이 몇 배가 되어 돌아왔는가?"를 보여준다.

[에쿼티 멀티플 계산 방법]

에쿼티 멀티플은 총 현금 분배액을 총 자기자본 투자액으로 나누어 계산한다.

에쿼티멀티플=총현금분배액/총자기자본투자액

- 총 현금 분배액: 투자 기간 동안 발생하는 모든 현금 흐름을 의미하며, 운영 수익(배당), 자산 매각 대금 등을 포함한다.
- 총 자기자본 투자액: 투자자가 처음 투자에 투입한 자기자본으로, 대출금(타인 자본)은 제외된다.

[에쿼티 멀티플의 의미]

- 1.0 이상: 투자를 통해 원금 이상의 수익을 얻었다는 것을 의미합니다. 예를 들어, 에쿼티 멀티플이 2.0이라면 투자 원금의 두 배를 회수했다는 뜻으로, 투자 원금($1) 에 더해 $1의 수익을 추가로 얻었다는 의미입니다.
- 1.0: 투자 원금을 회수했지만, 이익은 없다는 뜻입니다.
- 1.0 미만: 투자를 통해 원금 손실이 발생했다는 것을 의미합니다.

[예시]

부동산 신디케이션에 $100,000을 투자했다고 가정해 보자.

- 투자 기간 동안 총 $250,000의 현금 분배(운영 이익 및 매각 대금 포함)를 받았다.
- {에쿼티 멀티플} = {250,000}/{100,000} = 2.5

• 이 경우 에쿼티 멀티플은 2.5x이며, 이는 투자 원금의 2.5배를 회수했거나 150%의 총 수익을 올렸다는 것을 의미한다

• 예시: EM 1.5x = 10만 원을 투자하여, 배당과 매각대금으로 총 150만 원을 돌려받았다는 의미이다.

• IRR과의 관계: EM은 '총량'을, IRR은 '속도(시간)'를 보여준다.

■ 핵심 성과 평가 지표 비교

지표	측정 대상	핵심 질문	장점	단점
총수익률	수익의 총량	"원금 대비 총 몇 % 벌었나?"	계산이 가장 간단하다.	'투자 기간(시간)'을 무시한다.
IRR (내부수익률)	수익의 속도 (연이율)	"이 투자는 '연 몇 %'짜리인가?"	화폐의 시간가치를 반영한 가장 정확한 수익률이다.	엑셀 등 계산 도구가 필요하며, 개념이 다소 어렵다.
Equity Multiple	원금 대비 배수	"내 돈이 몇 배가 되었나?"	가장 직관적이고 이해하기 쉽다.	'시간'의 개념이 없다.(1년에 1.5배 vs 10년에 1.5배)

3.2. 가상 사례: J 씨의 '스마트 물류센터 STO' 세후 성과 분석

1) J 씨는 '인천공항 연계 스마트 물류센터' STO 상품에 1,000만 원(1,000토큰, 1주 1만 원)을 3년간 투자했다. 발행사가 제시한 '세전 예상수익률'은 환상적이었지만, J 씨는 직접 '세후 성과'를 분석하기로 한다.

LG전자, 인공지능 물류 플랫폼 기업 '파스토'와 차세대 '물류 로봇' 시장 공략
https://www.aitimes.kr

2) J 씨의 '스마트 물류센터 STO' 세후 성과 분석표

A. 세전 현금 흐름

구분	0년차(투자)	1년차	2년차	3년차(매각)	합계
투자금	(1,000만 원)				
세전 배당금 (수익률)		+60만 원 (6.0%)	+65만 원 (6.5%)	+70만 원 (7.0%)	195만 원
토큰 매각가 (1주 1.3만 원)				+1,300만 원	

B. 세금 계산(J씨의 분석)

구분	0년차(투자)	1년차	2년차	3년차(매각)	합계
배당소득세 (15.4%)		(9.24만 원)	(10.01만 원)	(10.78만 원)	(30.03만 원)
자본이득 (1,300-1,000)				300만 원	
자본이득세 (가정: 22%)				(66만 원)	(66만 원)
총 세금 부담					(96.03만 원)

C. 세후 현금흐름(실체)

구분	0년차(투자)	1년차	2년차	3년차(매각)	합계
실제 현금흐름	(1,000만 원)	+50.76만 원	+54.99만 원	+1,293.22만 원	

D. 최종 성과 평가(환상적 결론)

구분	0년차(투자)	1년차	2년차	3년차(매각)	합계
총수익률 (단순)	29.89%	{(50.76+54.99+293.22) }/{1000} = 29.89%(3년 누적)			
Equity Multiple	1.299x	{(50.76+54.99+1293.22) }{1000} = 1.299배(원금의 약 1.3배 회수)			
IRR (내부수익률)	연 9.09%	IRR(-10000000, 507600, 549900, 12932200) = 9.09%			

3) **J 씨의 결론:** J 씨는 이 투자의 '진짜 성적표'를 완성했다.

세전 총수익(배당 195 + 차익 300 = 495만 원)만 보면 "총 49.5%"의 환상적인 수익처럼 보였으나, 세금(약 96만 원)을 제외한 '실질 총수익률은 29.89%'였다.

4) **시사점:** 또한, 이 29.89%라는 숫자는 '3년간'의 성과이므로, 이를 '화폐의 시간가치'까지 고려한 "진짜 연평균 수익률(IRR)은 9.09%"임을 밝혀낸다. J 씨는 이 '9.09%'라는 객관적인 지표를 K-리츠 평균 배당률, 국고채 금리 등 다른 벤치마크와 비교함으로써 자신의 투자가 얼마나 성공적이었는지 비로소 전문적으로 평가할 수 있게 된 것이다.

4

STO 투자관련 전통적 부동산 투자 대비 조각투자의 수익성을 비교 분석과 가상사례

4.1. 동일 건물이라도 '금융 구조', '거래 비용', '세금', 그리고 '유동성'이라는 네 가지 핵심 변수에 따라 투자자의 손익계산서가 달라진다.

부동산 조각투자(STO)의 등장은 "누구나 건물주가 될 수 있다"는 환상적인 가능성을 열었다. 그러나 도시계획과 부동산을 전공하는 지적인 투자자라면, 여기서 한 걸음 더 나아가 "조각투자의 수익률은 전통적인 부동산 직접 투자(전체 매입)의 수익률과 어떻게 다른가?"라는 근본적인 질문을 던져야 한다.

동일한 건물을 대상으로 하더라도, 투자 방식(전체 vs 조각)에 따라 투자자의 최종 수익률은 완전히 달라진다. 이는 단순히 '투자 규모'의 차이가 아니라, '금융 구조', '거래 비용', '세금', 그리고 '유동성'이라는 네 가지 핵심 변수가 투자자의 손익계산서에 상이하게 작용하기 때문이다.

본 절에서는 이 네 가지 변수를 중심으로, 전통적 투자와 조각투자의 수익성 구조를 심층 비교 분석한다.

4.1.1. 금융 구조의 비대칭성: '레버리지'의 주체와 비용 전가

수익성을 결정하는 가장 큰 차이는 '레버리지(Leverage)'를 누가, 어떻게 일으키는가에 있다.

(1) **전통적 투자**: 투자자(매입자)가 '직접' 금융기관을 상대하여 LTV(담보인정비율) 한도 내에서 대출을 일으킨다. 투자자의 개인 신용도와 담보력이 조달 금리를 결정하며, 레버리지의 모든 위험과 이익은 투자자 본인에게 직접 귀속된다.

(2) **STO(조각투자)**: 투자자(LP)가 아닌, STO를 기획하고 발행하는 '발행사(GP)'가 이미 레버리지를 구조화 한다. STO 투자자는 발행사가 설정한 '부채(Debt)'를 제외한 순수 '자본(Equity)' 부분에만 투자한다.

이 구조적 차이는 치명적인 수익률의 차이를 낳는다. STO 투자자는 발행사의 '신용도'와 '협상력'에 의존한 이자율을 간접적으로 부담한다. 또한, 발행사는 이 모든 금융 구조를 설계하고 운용하는 대가로 '운용보수(Fee)'를 수취한다.

결론적으로, STO의 배당수익률은 부동산의 순영업소득(NOI)에서 은행 이자뿐만 아니라 '발행사 보수'까지 차감한 후의 값이 된다. 이는 전통적 직접 투자자의 세전 수익보다 구조적으로 낮을 수밖에 없는 요인이다.

4.1.2. 거래 비용(Transaction Cost)의 절감

전통적 투자의 수익성을 갉아먹는 가장 큰 요인은 막대한 '거래 비용'이다.

(1) **전통적 투자**: 매입 시 취득세(4.6%), 중개수수료, 법무사 비용 등이 발생한다. 500억 원 빌딩 매입 시, 취득세만 23억 원에 달한다. 이는 투자 원금 회수 기간(Payback Period)을 극단적으로 늘리는 요인이다.

(2) **STO(조각투자)**: 투자자는 STO '증권'을 매매하는 것이다. 따라서 취득세가 발생하지 않는다. 단지 주식 거래와 유사한 수준의 '플랫폼(거래소) 수수료'만 부담한다. 이는 STO 투자가 지닌 가장 환상적인 수익성 제고 요인이다.

4.1.3. 세금 구조의 차이: '보유세' vs '금융소득세'

(1) **전통적 투자**: 보유 기간에 재산세, 종합부동산세(종부세) 등 '보유세'를 직접 납부해야 한다. 이는 현금흐름(NOI)을 감소시키는 고정 비용이다. 매각 시에는 '양도소득세'가 중과된다.

(2) **STO(조각투자)**: 보유세는 신탁사 혹은 발행사가 납부하며, 이는 이미 '배당 재원' 산정 시 비용으로 차감된다. 투자자가 직접 납부하는 세금은 배당금에 대한 '배당소득세(15.4%)'이다. 매각 차익에 대해서는 향후 '금융투자소득세'의 적용 대상이 될 것이다. 소액 투자자 입장에서는 종부세 등의 부담에서 자유롭다는 명확한 이점이 존재한다.

4.1.4. 유동성(Liquidity)의 가치: '현금화'는 그 자체로 수익이다

(1) **전통적 투자**: 극도로 '비유동적(Illiquid)'이다. 500억 원 빌딩을 원하는 시점에 원하는 가격으로 매각하는 것은 수개월에서 수년이 걸릴 수 있으며, 종종 큰 폭의 가격 할인을 감수해야 한다.

(1) STO(조각투자): 정부가 '유통 시장'(거래소) 개설을 허용한 핵심 이유이다. 주식처럼 실시간으로 자신의 '조각'을 매매할 수 있게 된다. '현금화 가능성'이 높다는 것은 그 자체로 '유동성 프리미엄'을 가지며, 이는 투자자의 실질 수익률을 높이는 핵심 요소이다.

비교 항목	전통적 부동산 투자 (직접 매입)	STO 조각투자 (증권 매입)	수익성에 미치는 영향 (지적 호기심)
초기 투자금	막대함 (수십억~수백억)	소액 (1만 원~)	(STO 압승) STO는 '접근성' 자체를 수익으로 환원시킨다.
레버리지 주체	투자자 본인 (직접 조달)	발행사(GP) (간접 부담)	(전통) 투자자 역량에 따라 수익률이 극대화/극소화된다.
수익 구조	NOI - 이자	(NOI - 이자 - 운용보수)/STO 총액	(STO) 발행사 보수로 인해 동일 자산도 배당률이 낮아진다.
핵심 거래비용	취득세(4.6%), 중개수수료	플랫폼 수수료 (소액)	(STO 압승) STO는 거래 마찰 비용이 거의 제로에 가깝다.
보유 시 세금	재산세, 종부세 (직접 납부)	배당소득세 (15.4%, 원천징수)	(STO) 소액 투자자는 보유세 부담에서 완전히 자유롭다.
유동성(환금성)	매우 낮음 (Illiquid)	높음(Liquid) (거래소 매매)	(STO 압승) STO는 '현금화 비용'이 거의 발생하지 않는다.

4.2. 가상 사례: '광화문 프라임 오피스'에 투자한 두 명의 투자자

1) **동일한 오피스에 투자하는 두명의 투자자**: 여기 동일한 '광화문 프라임 오피스'(자산가치 1,000억 원, 연 NOI 40억 원, Cap Rate 4.0%)에 투자하는 두 명의 투자자가 존재한다.

광화문 프라임 오피스 https://www.globalepic.co.kr

- 투자자 A(전통적): 사모펀드(PEF) 운용사 '알파인베스트'
- 투자자 B(STO): 도시공학과 3학년생 K 씨(투자금 1,000만 원)

■ 투자자 A(전통적 투자자 '알파') 의 수익성 분석

'알파'는 1,000억 원짜리 빌딩을 매입하기 위해 LTV 60%(600억 원)의 대출을 연 5.0% 금리로 조달하고, 자기자본(Equity) 400억 원을 투입한다.

- 초기 비용: 취득세 46억 원(1,000억 x 4.6%) 발생.(총 투입 현금 = 446억 원)
- 연간 수익(세전):

  NOI: 40억 원

  (-) 대출 이자: 30억 원(600억 x 5.0%)

  = 세전 수익: 10억 원
- '알파'의 수익률(ROE): (지적 호기심 자극) Cap Rate(4.0%)보다 이자율(5.0%)이 높은 '부(-)의 레버리지' 상황이지만, 세금(46억)이 수익률을 더욱 극적으로 하락 시킨다.

■ 투자자 B(STO 투자자 'K씨') 의 수익성 분석

STO 발행사 '베타증권'이 '알파'와 동일한 구조(매입가 1,000억, 대출

600억, 이자 5.0%)로 상품을 설계한다. 단, '베타증권'은 운용보수로 STO 공모액(Equity 400억)의 1.0%(연 4억 원)를 수취한다.

- STO 배당 재원:

  NOI: 40억 원

  (-) 대출 이자: 30억 원

  (-) 운용 보수: 4억 원

  = 총 배당 재원: 6억 원

- '베타증권' STO의 세전 배당수익률: K 씨는 1,000만 원을 투자하여 세전 1.5%(연 15만 원)의 배당을 기대한다.

2) 환상적인 결론: '진입 비용'이 수익률을 역전시키다

투자자	A(알파)	B(K 씨)
자산(동일)	광화문 오피스	광화문 오피스
투자 방식	전통적 직접 매입	STO 조각투자
투입 현금	446억 원 (Equity 400억 + 취득세 46억)	1,000만 원 (취득세 0원)
세전 연 수익	10억 원	15만 A원 (배당 재원 6억/400억)
첫해 실질 수익률	2.24%	1.5%

표면적으로 '알파'(2.24%)가 'K 씨'(1.5%)보다 수익률이 높아 보인다. 하지만 이는 '알파'가 46억 원이라는 막대한 초기 비용을 현금으로 지불했음에도 불구하고 얻은 처참한 첫해 수익률이다.

3) 결론 및 시사점: 환상적인 지적 결론은 다음과 같다. STO는 '운용보수' 때문에 동일 자산의 명목 수익률(배당률)은 전통적 투자보다 낮아질 수 있다. 그러나 STO는 '취득세'라는 환상적인 진입 장벽을 제

거하고 '유동성'을 부여함으로써, 투자자의 '실질적인' 총 투자수익률(Total Return)을 극적으로 제고시키는 것이다. K 씨는 단 1,000만 원으로 '알파'와 거의 유사한(오히려 초기 비용을 감안하면 더 나은) 투자 기회에 접근할 수 있게 된 것이다.

5

STO 투자관련 투자 기간별 수익률 변동성 및 위험조정수익률 산출 및 가상사례

5.1. 투자자는 단순히 "몇 % 수익이 났는가?"를 묻지 않는다. '위험조정수익률(Risk-Adjusted Return)'과 그 핵심에 '샤프 지수(Sharpe Ratio)'에 물어보면 된다.

부동산 토큰증권(STO) 투자자가 마주하는 '수익률'은 단 하나의 숫자가 아니다. 그것은 '시간'이라는 변수와 '위험'이라는 그림자를 동시에 품고 있는 다층적인 개념이다. 특히 투자 '기간'은 STO 수익률의 성격 자체를 근본적으로 변화시킨다.

단기적으로 STO의 수익률은 유통시장의 수급과 심리에 따라 움직이는 '토큰 가격(시세)'에 의해 좌우된다. 이는 마치 주식처럼 높은 '변동성(Volatility)'을 보인다. 그러나 투자 기간이 길어질수록, 수익률은 해당 부동산의 '본질 가치', 즉 '임대료 기반의 꾸준한 배당(Income Return)'에 수렴하게 된다.

따라서 지적인 투자자는 단순히 "몇 % 수익이 났는가?"를 묻지 않는다. "내가 감수한 위험 대비 얼마나 효율적인 수익을 얻었는가?"를 묻는다. 이 환상적인 질문에 답하는 도구가 바로 '위험조정수익률(Risk-Adjusted Return)'이며, 그 핵심에 '샤프 지수(Sharpe Ratio)'가 있다.

5.1.1. 투자 기간의 마법: '변동성'의 두 얼굴

STO의 총수익률은 '배당수익'과 '자본이득(시세 차익)'의 합이다. 투자 기간은 이 두 요소의 비중을 결정한다.

(1) **단기 투자(Short-term)**: 투자자의 수익은 유통시장에서의 '토큰 가격 변동'에 전적으로 의존한다. 이 가격은 시장의 기대감, 유동성, 심지어 거시경제 뉴스와 같은 외부 요인에 의해 크게 출렁인다. 이는 '고위험-고수익'을 노리는 '투기(Speculation)'에 가깝다.

(2) **장기 투자(Long-term)**: 투자 기간이 3년, 5년, 10년으로 길어질수록, 단기적인 가격 변동성의 영향력은 희석된다. 대신, 그 기간 누적되는 '안정적인 배당금'이 총수익에서 차지하는 비중이 환상적으로 커진다. 이는 기초자산(부동산)의 본질(WALE, 임차인 신용도)에 기반한 '투자(Investment)'에 수렴하는 것이다.

결론적으로, STO 투자의 '기간'을 설정하는 것은, 내가 '가격의 롤러코스터'에 탑승할 것인지, '임대료의 에스컬레이터'에 탑승할 것인지를 결정하는 행위이다.

5.1.2. '샤프 지수(Sharpe Ratio)': 위험 1단위당 보상을 측정하다

A상품이 "연 15% 수익"을, B상품이 "연 8% 수익"을 냈다고 가정해 보자. A가 무조건 더 좋은 투자일까? 만약 A가 '90% 폭락'의 위험을 안고 달성한 15%라면 어떨까?

샤프 지수는 바로 이 '위험 대비 보상'의 효율성을 측정하는 가장 환상적인 지표이다.

샤프 지수(Sharpe Ratio)는 투자 성과를 평가하는 지표로, 위험을 고려한 수익률을 나타냅니다. 이 지수는 투자 수익률에서 무위험 수익률을 뺀 값을 투자 위험(표준편차)으로 나눈 값으로, 샤프 지수가 높을수록 동일한 위험 대비 더 높은 수익을 얻거나, 같은 수익을 더 적은 위험으로 달성했음을 의미한다

[샤프 지수의 계산 방법]

- 공식: 샤프 지수

  = (**투자수익률-무위험수익률**) / **투자수익률의 표준편차**
- 투자수익률: 투자로 얻은 총수익률이다.
- 무위험수익률: 위험이 없는 투자의 수익률로, 주로 국채 금리 등이 사용된다.
- 표준편차: 투자의 변동성, 즉 위험을 나타내는 지표이다

이 공식의 각 요소를 해부하는 것은 그 자체로 지적인 탐험이다.

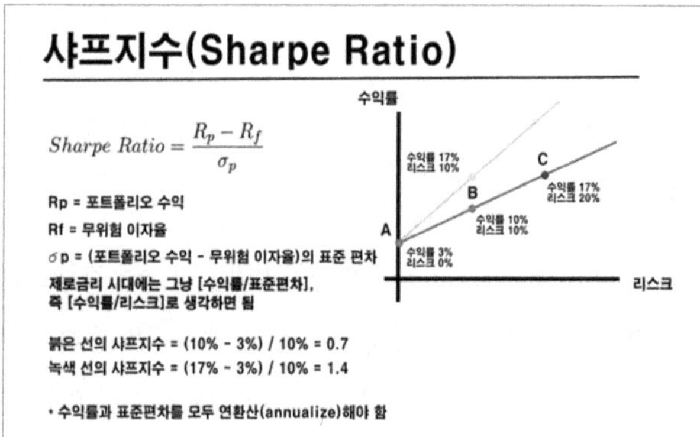

https://mypi.ruliweb.com

(1) **분자(초과 수익):**

- 무위험 수익률(Risk-Free Rate): 국고채 금리 등, 아무 위험 없이 얻을 수 있는 '최소한의 수익'이다.
- 의미: 내가 은행 예금이 아닌 STO라는 '위험'을 감수한 대가로 '추가로 얻은 보상(Bonus)'이 얼마인지를 나타낸다.

(2) **분모(총 위험):**

- 표준편차(Standard Deviation): 수익률이 평균에서 얼마나 격렬하게 움직였는지(출렁였는지)를 측정한 '위험'의 객관적 수치이다.

(3) **샤프 지수의 본질:** "내가 감수한 위험 1단위(표준편차) 당, 몇 단위의 "추가 보상(초과 수익)을 얻었는가?"를 의미한다.

(4) **높은 샤프 지수:** 동일한 위험 수준에서 더 높은 수익을 얻었거나, 동일한 수익을 더 적은 위험으로 얻었음을 의미하며, 투자 성과가 우수하다고 판단한다.

(5) **낮은 샤프 지수:** 위험 대비 수익률이 좋지 않음을 의미한다.

(6) **마이너스 샤프 지수:** 투자 수익률이 무위험 수익률보다 낮고 위험(표준편차)이 높은 경우를 의미하며, 감수한 위험에 비해 수익을 얻지 못했음을 나타낸다.

샤프 지수가 높을수록, 그 투자는 '매우 효율적'이고 '환상적으로 잘한' 투자가 된다.

■ **투자 기간 및 위험조정수익률의 핵심 개념**

구분	단기 투자 (Short-term)	장기 투자 (Long-term)	위험조정수익률 (Sharpe Ratio)
수익 원천	자본 이득 (시세 차익)	배당 수익 (임대료)	초과 수익 (수익률 - 무위험 수익률)

주요 변수	시장 심리, 유동성, 수급	WALE, 공실률, 임차인 신용도	수익률의 변동성 (표준편차)
변동성	매우 높음 (High Volatility)	상대적으로 낮음 (Stable)	(분모) 낮을수록 지수가 높아진다.
지적 해석	'투기(Speculation)'에 가까움	'투자(Investment)'에 수렴함	"위험 1단위당 보상률" (높을수록 좋음)

5.2. 가상 사례: '하이 리스크 성수동' vs '로우 리스크 광화문' STO

한국의 브루클린 서울 '성수동' 오피스빌딩 https://www.sedaily.com

1) 두 개의 STO 상품에 1년간 투자: L 씨는 두 개의 STO 상품에 1년간 투자한 후, 어느 투자가 더 '잘한 투자'였는지 평가하고자 한다.(당시 무위험 수익률은 연 3.0%로 가정한다)

- STO-A(성수동 밸류애드): 리모델링 예정 꼬마빌딩. 핫플레이스지만 공실 위험이 높고, 시장 기대감에 따라 가격 변동이 극심했다.
- STO-B(광화문 프라임 오피스): 대기업 10년 장기임차. 배당은 따박따박 나오지만, 시장의 폭발적 관심은 없었다.

광화문사무실, 프라임급 빌딩 https://blog.naver.com

지표	STO-A(성수동)	STO-B(광화문)	L 씨의 환상적인 분석(결론)
연간 총 수익률 (결과)	12.0% (배당 1% + 시세 11%)	8.0% (배당 5% + 시세 3%)	표면적으로는 성수동(A)이 광화문(B)보다 4%p나 높은 수익을 냈다.
무위험 수익률 (기준)	3.0%	3.0%	(동일)
초과 수익 (분자)	9.0% (12.0% - 3.0%)	5.0% (8.0% - 3.0%)	'위험을 감수한 보너스' 자체는 A가 더 컸다.
변동성 (표준편차)	20.0% (극심한 롤러코스터)	5.0% (매우 안정적)	A는 B보다 4배나 더 위험한 투자였다.(수익률이 -8%에서 +32%까지 출렁였다)
샤프 지수 (성과)	$9.0₩% / 20.0₩% =$ 0.45	$5.0₩% / 5.0₩% =$ 1.00	(환상적인 결론)

2) L 씨의 최종 결론: '더 번 것'이 '잘한 것'이 아니다: L 씨는 샤프 지수를 계산하고 나서야 두 투자의 본질을 완벽하게 꿰뚫어 보게 된다. 성수동(A)은 20%라는 살인적인 변동성(위험)을 감수하고, 위험 1단위당 0.45의 초과 수익밖에 얻지 못했다. 반면, 광화문(B)은 5%라는 낮은 변동성(위험)만으로, 위험 1단위당 1.00이라는 환상적인 효율의 초과 수익을 달성했다.

3) **결론 및 시사점:** 결론적으로, L 씨는 "겉보기 수익률(12%)은 성수동이 높았지만, '위험조정수익률'(샤프 지수 1.0)은 광화문이 압도적으로 높았다"고 평가한다. 즉, L 씨의 포트폴리오에서 '더 잘한 투자', '더 스마트한 투자'는 바로 광화문 STO였던 것이다. 이는 투자 기간의 변동성을 통제하며 질적으로 우수한 수익을 추구해야 한다는 지적 통찰을 제공한다.

주제
8

수익률 극대화: 매수와 매도 타이밍 포착법

1

부동산 경기 변동 사이클과 금리 정책이 STO 가격에 미치는 영향 분석과 가상사례

1.1. STO는 가격은 거시경제의 거대한 두 축, 즉 '부동산 경기 사이클'과 '중앙은행의 금리 정책'에 의해 움직인다

부동산 토큰증권(STO)의 가격은 해당 기초자산(부동산)의 물리적 상태만으로 결정되지 않는다. STO는 '증권'의 속성을 지니므로, 그 가격은 거시경제의 거대한 두 축, 즉 '부동산 경기 사이클'과 '중앙은행의 금리 정책'에 의해 연동되어 움직인다.

이 두 변수가 STO 가격을 어떻게 결정하는지, 그 메커니즘을 심층적으로 해부하는 것은 투자자가 '숲'을 보며 '나무(STO)'에 투자할 수 있게 하는 가장 지적인 활동이다.

1.1.1. 부동산 경기 사이클: STO '배당 재원(NOI)'의 원천

부동산 경기 사이클(회복 → 호황 → 후퇴 → 침체)은 STO 수익의 가장 근본적인 재료인 '순영업소득(NOI)'을 직접적으로 결정한다.

(1) **호황기**(Expansion Phase): 경기가 팽창하면 기업들은 사무실을 확장하고, 상권은 활성화된다.

- 공실률 하락 → 임대료 상승: 수요가 공급을 초과하여 공실이 줄고, 임대료를 높일 수 있는 '임대인 우위 시장(Landlord's Market)'이 형성된다.
- NOI 극대화: 이는 STO의 배당 재원(NOI)을 극대화 시킨다.
- STO 가격 반응: ① 배당수익률이 상승하고, ② 기초자산의 가치 상승(Cap Rate 하락)으로 자본이득(시세 차익) 기대감이 커져, STO 토큰의 가격은 강력한 상승 동력을 얻는다.

(2) **침체기**(Recession Phase): 경기가 위축되면 기업들은 비용 절감을 위해 사무실을 축소하고, 소비가 줄어 상권이 침체된다.

- 공실률 상승 → 임대료 하락: 공급이 수요를 초과하여 공실이 늘고, 임차인을 유치하기 위해 '임차인 우위 시장(Tenant's Market)'이 된다.
- NOI 급감: 이는 STO의 배당 재원을 직접적으로 잠식한다.
- STO 가격 반응: ① '배당 컷(Cut)'의 위험이 발생하고, ② 기초자산의 가치 하락(Cap Rate 상승)으로 자본손실 위험이 부각되어, STO 토큰의 가격은 하락 압력을 받는다.

1.1.2. 금리 정책: STO 가격의 '밸류에이션(Valuation)'을 결정하는 중력

만약 경기 사이클이 STO의 '내용물(배당금)'을 결정한다면, 중앙은행의 금리 정책은 그 내용물을 담는 '그릇의 가치(밸류에이션)'를 결정하는 중력과 같다. 금리는 세 가지 환상적인 경로를 통해 STO 가격에 영향을 미친다.

(1) **할인율(Discount Rate) 경로:** 모든 자산의 가치는 '미래에 발생할 현금흐름(배당)의 현재가치'이다. 이때 미래의 현금을 현재가치로 환산하는 '할인율'의 기준이 되는 것이 바로 중앙은행의 '기준금리'이다.

- 금리 인상기: 할인율(r)이 상승한다. {가치} = {배당금}/{(1+r)}에서 분모가 커지므로, 동일한 배당금을 창출하더라도 STO의 현재가치(적정 가격)는 하락한다.
- 금리 인하기: 할인율(r)이 하락한다. 분모가 작아지므로, STO의 현재가치(적정 가격)는 상승한다.

(2) **자금 조달(Leverage) 경로:** 대부분의 STO 기초자산은 '레버리지(대출)'를 활용한다.

- 금리 인상기: 변동금리 대출의 이자 비용(부채 서비스)이 급증한다. 이는 NOI에서 이자를 뺀 '최종 배당 재원'을 직접적으로 감소시킨다. 심각할 경우, 배당이 0이 될 수도 있다.
- 금리 인하기: 이자 비용이 감소하여, '최종 배당 재원'이 증가하는 효과를 낳는다.

(3) **대체투자 매력도(Relative Appeal) 경로:**

- 금리 인상기: 위험이 없는 "예금/채권 금리가 5%"인데, 위험을 감수해야 하는 "STO 배당률이 6%"라면, 투자 매력은 급감한다. 안전자산으로 자금이 이탈하며 STO 가격은 하락 압력을 받는다.

• 금리 인하기: 예금/채권 금리가 1%로 낮아지면, 6%의 배당을 주는 STO의 매력은 환상적으로 부각되어 STO 시장으로 자금이 유입된다.

1.2. 가상 사례: ' 테크밸리 오피스STO'의 영광과 몰락(시나리오 1 → 4)

동탄테크노밸리 내 오피스텔·오피스 https://www.hankyung.com

1) **오피스 STO 상품에 1,000만 원(1,000토큰)을 투자:** 도시공학과 대학원생 Y 씨는 2021년 초, '테크밸리 중형 오피스' STO 상품에 1,000만 원(1,000토큰)을 투자한다.

■ 2021년: 환상적인 '골디락스'(시나리오 1)

• **경기 사이클:** IT 산업의 폭발적 성장(호황)으로 판교 오피스 공실률은 0%에 수렴한다. 임대료가 급등하며 STO의 NOI(배당재원)가 급증한다.

• **금리 정책:** 제로금리(인하) 기조가 유지된다. 낮은 할인율로 자산 가치(밸류에이션)가 폭등한다.

• **STO 가격:** Y 씨의 STO는 높은 배당과 시세 차익 기대감으로 1주당 1만 원에서 1만 8천 원으로 폭등한다.

■ 2022년~2023년: '퍼펙트 스톰'의 도래(시나리오 4)

Y 씨가 환호하던 사이, 거시경제가 급변한다.

- **금리 정책(선행)**: 인플레이션을 잡기 위해 중앙은행이 기준금리를 0.5%에서 3.5%까지 급격히 인상(인상)한다.

  1. (가치 하락) 모든 자산의 할인율이 높아져 STO의 적정 가치가 급락한다.

  2. (비용 증가) 해당 오피스의 변동금리 대출 이자가 30억에서 70억으로 폭증한다.

- **경기 사이클(후행)**: 금리 인상의 여파로 IT 산업이 침체(침체)에 빠진다.

  3. (수익 감소) 스타트업들이 파산하고 대기업이 구조조정하며, 판교 오피스 공실률이 15%까지 치솟는다(NOI 급감).

■ **Y 씨의 환상적인(그러니 치명적인) 결론**: Y 씨가 마주한 STO의 성적표는 처참했다.

2) Y 씨의 '판교 테크 STO' 투자 현황 비교

지표	2021년 (골디락스)	2023년 (퍼펙트 스톰)	Y 씨의 분석
경기 (NOI)	IT 호황 (NOI 100억)	IT 불황 (NOI 70억)	(수익 감소) 임대 수익 자체가 30% 감소한다.
금리 (비용/가치)	저금리 (이자 30억)	고금리 (이자 70억)	(비용 폭증) NOI 70억 - 이자 70억 = 0
STO 배당금	연 6% (주당 600원)	연 0% (배당 중단)	NOI가 폭증한 이자 비용을 감당하지 못해 배당이 '0'이 된다.
STO 토큰 가격	18,000원 (고점)	5,000원 (폭락)	배당이 중단되고 미래 가치까지 하락하자 투매가 발생한다.

3) 결론 및 시사점: 결론적으로, Y 씨는 STO 투자가 단순히 '건물'에 투

자하는 것이 아니라, '경기 사이클(NOI)'과 '금리 정책(Valuation)'이라는 두 개의 거대한 파도 위에 올라탄 '레버리지 금융 상품'임을 뼈저리게 깨닫게 된 것이다. 이 두 변수의 상호작용을 읽지 못하면, 환상적인 수익 뒤에 숨은 치명적인 위험을 피할 수 없는 것이다.

2

부동산 조각투자 대상 주변 부동산 실거래가 및 임대료 시세 변동을 통한 가치 재평가와 가상사례

2.1. "주변 부동산 시장의 '실거래가'와 '임대료 시세'"라는 두 개의 나침반을 활용한 '가치 재평가'를 수행해야 한다

부동산 토큰증권(STO)에 투자한다는 것은, 디지털 거래소에 상장된 '토큰'의 가격 변동성에만 베팅하는 것이 아니다. 그것은 본질적으로 그 토큰이 표상하는 '실물 부동산'의 가치에 투자하는 행위이다.

STO의 토큰 가격은 주식시장의 주가와 같이 유통시장에서 실시간으로 변동한다. 그러나 이 가격이 허공에 떠 있는 것이 아니라, '기초자산(Underlying Asset)'이라는 강력한 '가치의 닻(Value Anchor)'에 묶여 있게 된다.

따라서 지적인 투자자는 STO의 현재 거래 가격만 보는 것이 아니라, 그 '가치의 닻' 자체가 움직이고 있는지를 판단하기 위해 "주변 부동산 시장의 '실거래가'와 '임대료 시세'"라는 두 개의 나침반을 활용한 '가치 재평가'를 수행해야 한다. 이는 STO의 현재 가격이 고 평가되었는지, 혹은 저평가되었는지 판단하는 가장 전문적인 '기본적 분석(Fundamental Analysis)' 과정이다.

2.1.1. 임대료 시세 변동: '미래 배당(NOI)'의 바로미터

STO 배당금의 원천은 기초자산인 부동산의 '순영업소득(NOI)', 즉 임대료 수입이다. 주변 시장의 임대료 시세 변동은 STO의 '미래 배당 능력'을 예측하는 가장 중요한 선행지표이다.

■ Mark-to-Market(MTM) 갭 분석:

STO 자산의 '현재 계약 임대료'와 '주변 시장 임대료(Market Rent)' 사이의 격차를 분석하는 것이다.

(1) Positive MTM: 만약 STO 건물의 임대료가 평당 10만 원(장기계약)인데, 주변 신규 계약 임대료 시세가 평당 15만 원으로 급등했다면, 이는 '환상적인' 호재이다.

(2) 지적 해석: 비록 현재의 배당금은 10만 원에 묶여있지만, 몇 년 후 임차 계약이 만료(WALE 참조)되는 시점에 임대료가 15만 원으로 '점프 업'할 것이며, 이는 미래 NOI의 폭발적 증가를 예고한다.

(3) 가격 반영: 현명한 시장 참여자들은 이 '미래의 배당 증가분'을 현재가치로 할인하여 '선반영'하므로, STO의 현재 토큰 가격은 상승 압력을 받게 된다.

학습코너 Mark-to-Market(MTM) 갭 분석

Mark-to-Market(MTM) 갭 분석은 금융 자산과 부채의 가치를 현재 시장 가격으로 재평가(시가 평가)하여 발생하는 자본 손익의 차이를 분석하는 것을 의미한다. 이는 기업의 재무 상태를 실시간으로 파악하고,

특히 시장 변동성으로 인한 위험을 관리하는 데 중요하다.

■ MTM과 갭 분석의 결합

전통적인 '갭 분석'은 자산과 부채의 만기 또는 이자율 재조정(repricing) 시점의 차이를 측정하는 것이었습니다. 반면, MTM 갭 분석은 다음과 같은 특징을 가진다.

- 시가 재평가: 자산을 취득 당시의 장부가(historical cost)가 아닌, 현재 시장에서 거래되는 가격으로 평가한다.
- 리스크 분석: 현재 시장 상황을 반영하여 자산과 부채 간의 가치 차이(갭)를 실시간으로 분석함으로써, 기업이 부담하는 시장 리스크를 더 정교하게 측정할 수 있다.

■ MTM 갭 분석의 주요 특징

- 투명성: 금융회사의 재무 상태를 현재 시장 가치에 기반하여 투명하게 보여줍니다. 이는 투자자, 감독 기관 등 이해관계자에게 더 정확한 정보를 제공한다.
- 변동성: 시장이 불안정할 경우, 자산과 부채의 가치 변동이 재무제표에 직접 반영되어 기업의 손익 변동성이 커질 수 있다.
- 리스크 관리: 파생상품, 선물 등 시장 가격 변동에 민감한 금융 상품을 운용하는 금융기관에서 필수적인 리스크 관리 기법으로 사용된다.
- 유동성 문제: 시장 상황이 좋지 않을 때 MTM 손실이 커지면 추가 자본 확충 필요성이 생기거나 유동성 문제를 야기할 수 있다. 2008년 금융위기 당시 MTM 회계 방식이 위기를 심화시켰다는 비판을 받기도 했다.

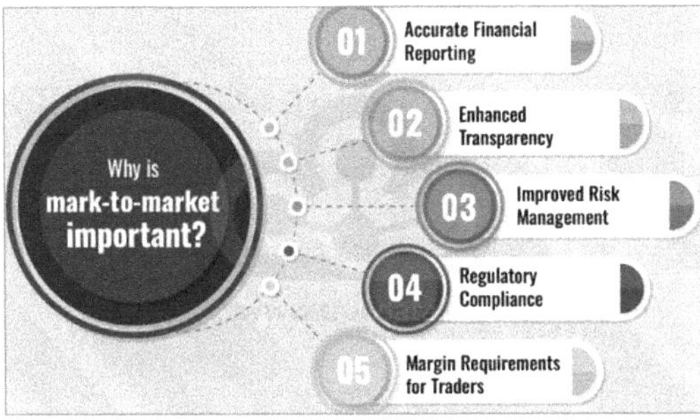

Why is mark-to-market important? https://www.truedata.in

2.1.2. 실거래가 변동: '자본 가치(Cap Rate)'의 재설정

주변의 유사한 부동산(동일 상권, 유사 등급)의 '실제 매매 가격(실거래가)' 데이터는 STO 기초자산의 '자본 가치' 그 자체를 재평가하는 기준이 된다.

1) 비교사례를 통한 Cap Rate 역산:

두자사는 국토교통부 실거래가 시스템이나 상업용 부동산 데이터 플랫폼을 통해 주변 유사 빌딩의 매매 사례를 확인해야 한다.

(1) **사례 분석:** 만약 STO 자산이 3년 전 'Cap Rate 4.5%'(NOI 45억/가치 1,000억)로 평가되었는데, 바로 옆 건물이 최근 'Cap Rate 3.8%'(NOI 38억/가치 1,000억)에 거래되었다고 가정해 보자.

(2) **지적 해석:** 이는 시장이 해당 지역 부동산의 '위험도'를 더 낮게 보거나 '성장성'을 더 높게 평가하여, 더 낮은 기대수익률(Cap Rate 3.8%)에도 기꺼이 투자하고 있음을 의미한다.

(3) **가치 재평가:** 이 새로운 '시장 Cap Rate(3.8%)'를 STO 자산의 현재 NOI(45억)에 적용하면, 45{억 원}/{3.8%} =1,184{억 원}$이라는 새로운 자산 가치가 도출된다.

(4) 가격 반영: STO의 기초자산 가치(NAV) 자체가 1,000억에서 1,184억으로 상승했으므로, STO 토큰의 가격 역시 이론적으로 18.4% 상승해야 할 강력한 근거가 마련된 것이다.

■ 주변 시세 변동에 따른 STO 가치 재평가 메커니즘

분석 지표	데이터 소스 (예시)	STO 가치에 미치는 영향 (경로)	재평가되는 가치 요소
임대료 시세 변동	한국부동산원 임대동향, 상업용 플랫폼 (네이버부동산, 부동산플래닛 등)	{미래 임대료 예측} → {미래 NOI 증감}	수익가치 (배당 잠재력)
실거래가 변동	국토교통부 실거래가, 밸류맵, 디스코 등	{유사 자산 매매가} → {시장 Cap Rate 재설정}	자본가치 (NAV 자체)

2.2. 가상 사례: '마포 홍대입구' 꼬마빌딩 STO의 가치를 재발견한 S 씨

홍대입구 역세권 소액투자 꼬마빌딩 https://www.top-bd.com

1) **'홍대 STO'에 500만 원(500주, 주당 1만 원)을 투자:** 부동산 전공 대학원생 S 씨는 2년 전 '홍대입구역 꼬마빌딩 STO'(이하 '홍대 STO')에 500만 원(500주, 주당 1만 원)을 투자했다. 이 STO는 5년 장기 임차 계약(WALE 5년)으로 묶여 있어, 지난 2년간 '연 4.0%(세전)'의 고정적인 배당만 지급했다.

그 결과, STO 유통시장에서의 토큰 가격은 1만 100원 수준에서 지루하게 횡보하고 있었다. S 씨는 이 투자가 실패했다고 생각하던 중, '가치 재평가'라는 지적인 탐험을 시작한다.

2) S 씨의 '홍대 STO' 가치 재평가 분석표(2년 경과 시점)

■ **STO 기초 자산 : '홍대 STO' 꼬마빌딩(총 가치 200억)**

항목	STO 최초 공모 시점(2년 전)	현재 S 씨의 재평가 시점	S 씨의 환상적인 분석
임대료 분석	(계약 임대료) 평당 15만 원 (WALE 5년)	(계약 임대료) 평당 15만 원 (WALE 3년)	(시세 발견) S 씨는 '홍대 상권'이 '연남동'을 넘어 '합정'까지 확장되며, 최근 신규 임대료 시세가 평당 21만 원으로 폭등한 것을 발견한다.
	(NOI: 8억 원)	(NOI: 8억 원)	(MTM 분석) 현재 임대료(15만)와 시장 임대료(21만) 간에 "+40%의 'Positive MTM 갭'"이 존재함을 확인한다.
자본가치 분석	(평가 Cap Rate) 4.0% (8억 NOI/200억 가치)		(실거래가 발견) S 씨는 바로 옆 골목의 유사 면적 꼬마빌딩이 최근 250억 원에 매각되었으며, 해당 건물의 추정 NOI(8.75억)를 역산하여 '시장 Cap Rate'가 3.5%로 하락했음을 계산해낸다.
미래 잠재 NOI		11.2억 원 (8억 x 1.4)	3년 뒤 계약 만료 시, 현재 시세(21만)로 갱신하면 NOI가 40% 증가할 것이다.
적용 Cap Rate		3.5% (시장 수준)	시장은 이제 3.5%의 수익률에도 기꺼이 투자하고 있다.
S 씨의 재평가 NAV	200억 원	320억 원 {11.2억 원}/{3.5%}	(환상적인 결론)
(이론적 토큰 가격)	10,000원	16,000원	

3) S 씨의 결론: (MTM +40%)와(Cap Rate 하락)을 반영하지 못하고 있음을 인식: S 씨는 '홍대 STO'의 현재 토큰 가격(10,100원)이, 4.0%

라는 '현재의 고정 배당'에만 매몰되어 '미래의 폭발적 배당 증가(MTM +40%)'와 '기초자산 가치 상승(Cap Rate 하락)'을 전혀 반영하지 못하고 있음을 간파한다.

4) **결론 및 시사점:** 시장의 다른 투자자들이 현재의 낮은 배당률에 실망하여 토큰을 매도할 때, S 씨는 이 STO가 "주당 16,000원의 본질가치(NAV)"를 지닌, 극도로 '저평가된' 우량 자산임을 확신한다. S 씨는 주변 시세 분석이라는 환상적인 지적 활동을 통해, 남들이 보지 못하는 미래 가치를 선점하는 투자 기회를 잡게 된 것이다.

3

부동산 조각투자 관련 정기적인 배당 수익 및 자본 차익 (Capital Gain) 실현의 균형점 찾기와 가상사례

3.1. 투자자는 배당 수익과 자본 차익이라는 두 가지 수익원이 종종 '트레이드오프 관계에 있음을 인지해야 한다.

부동산 토큰증권(STO) 투자는 투자자에게 두 가지 종류의 환상적인 과실을 제공한다. 첫 번째는 '과실수' 자체가 정기적으로 맺는 열매, 즉 '배당 수익(Dividend Income)'이다. 두 번째는 '과실수' 자체가 성장하여 그 가치가 오르는 것, 즉 '자본 차익(Capital Gain)'이다.

지적인 투자자는 이 두 가지 수익원이 종종 '트레이드오프(Trade-off)' 관계에 있음을 인지해야 한다. 안정적인 배당에 집중하는 STO는 자본 차익의 잠재력이 낮을 수 있으며, 폭발적인 자본 차익을 노리는 STO는 당장의 배당이 거의 없을 수 있다.

따라서 STO 투자의 성공은 '총수익률'이라는 단일 숫자에 매몰되는 것이 아니라, 자신의 투자 목적(현금흐름 vs 자산증식)에 맞춰 이 두 수익원의 '환상적인 균형점'을 찾는 전략적 행위이다. 본 장에서는 이 두 수익원의 본질을 해부하고, 그 균형점을 찾는 지적인 방법을 탐구한다.

3.1.1. '배당 수익' 중심 STO: '채권'처럼 투자한다(Income-Driven)

이는 STO 투자의 '채권적 성격'에 집중하는 전략이다. 투자의 최우선 목적은 '자산 매각'이 아닌, '보유'를 통한 지속적이고 안정적인 현금흐름(Cash Flow)의 확보다.

1) 기초자산의 특징:

(1) Prime Asset(초우량 자산): 이미 성숙한 핵심 권역(예: 광화문 GBD, 강남 GBD)의 프라임 오피스 빌딩.

(2) 앵커 테넌트(Anchor Tenant): 신용도가 극도로 높은 대기업 본사, 제1금융권 은행, 대형 로펌 등이 '앵커 임차인'으로 존재한다.

(3) 긴 WALE(가중평균 잔여임대기간): WALE이 5년, 7년, 10년 등 장기 계약으로 묶여 있어 공실 리스크가 거의 제로에 가깝다.

2) 수익 구조의 환상:

투자자는 시장 경기 변동과 무관하게, 마치 '연금'이나 '확정 이자'처럼 예측 가능한 배당을 매월 또는 매분기 수취한다.

3) 치명적 한계:

이미 성숙한 자산이며 임대료가 장기 고정되어 있어, 주변 임대료가 급등해도 이를 즉각 반영하지 못한다. 따라서 '자본 차익'의 잠재력(Upside Potential)은 현저히 낮다.

3.1.2. '자본 차익' 중심 STO: '성장주'처럼 투자한다(Capital-Driven)

이는 STO 투자의 '주식적 성격'에 집중하는 전략이다. 당장의 배당금(현금흐름)은 미미하더라도, '미래의 가치 상승'이라는 환상적인 한 방을 노리는 공격적 투자이다.

1) 기초자산의 특징:

(1) Value-Add(가치부가형 자산): 현재는 노후화되었으나 리모델링/재건축 잠재력이 큰 자산(예: 성수동 구형 공장, 을지로 노후 상가).

(2) Development(개발형 자산): 특정 개발 호재(예: GTX 노선 확정, 대규모 복합개발)의 직접 수혜지.

(3) 짧은 WALE 또는 높은 공실률: 현재 임차인이 없거나(공실), 단기 계약 상태여서 즉각적인 '가치 증대' 작업(임차인 교체, 용도 변경 등)이 가능하다.

2) 수익 구조의 환상:

3~5년 뒤 성공적인 '엑시트(Exit)', 즉 매각을 통해 투자 원금의 수십, 수백 퍼센트에 달하는 '자본 이득'을 실현하는 것을 목표로 한다.

3) 치명적 한계:

리모델링 기간이나 개발 초기에는 배당이 '0'일 수 있다. 또한, 개발 계획이 지연되거나 시장이 침체하면 기대했던 자본 차익을 얻지 못할 '높은 위험(High Risk)'을 감수해야 한다.

3.1.3. 균형점 찾기: '포트폴리오'라는 환상적인 해법

대부분의 일반 투자자는 '안정적인 현금흐름'과 '미래의 자산 증식'을 동시에 원한다. 이 모순적인 목표를 달성하는 가장 환상적인 해법은 '하나의 완벽한 STO'를 찾는 것이 아니라, '두 가지 성격의 STO를 조합하는 포트폴리오'를 구축하는 것이다.

■ '배당' vs '자본 차익' STO의 핵심 비교

비교 항목	'배당' 중심(채권형)	'자본 차익' 중심(성장주형)
투자 목적	안정적 현금흐름(연금)	미래 시세 차익(자산 증식)
주요 수익원	배당 수익(Income Return)	자본 이득(Capital Gain)
기초자산 예시	광화문 프라임 오피스 (대기업 장기 임차)	성수동 리모델링 대상 꼬마빌딩
핵심 지표	WALE(김), 임차인 신용도(높음)	개발 호재, 용도변경 가능성(높음)
예상 배당률	높음(예: 5~7%)	낮거나 없음(예: 0~2%)
예상 자본차익	낮음(물가상승률 수준)	매우 높음(Target 2x~3x)
위험 프로파일	낮은 위험 - 중간 수익	높은 위험 - 높은 수익
투자자 유형	은퇴자, 안정추구형 투자자	젊은 직장인, 공격적 투자자

3.2. 가상 사례: '두 개의 지갑'으로 균형점을 찾은 도시계획도 K 씨

1) **2,000만 원으로 STO 투자를 결심:** 부동산학과를 막 졸업한 K 씨는 첫 직장에서 받은 보너스 2,000만 원으로 STO 투자를 결심한다. 그녀의 재무 목표는 두 가지이다.

- **현재:** 매월 소소한 '커피값'이라도 벌 수 있는 현금흐름(안정성)
- **미래:** 5년 뒤 결혼자금에 보탤 수 있는 '목돈'(성장성)

K 씨는 이 두 가지 상반된 목표를 달성하기 위해 '포트폴리오'라는 환상적인 전략을 사용한다.

2) K 씨의 '균형점 포트폴리오' 구축 사례

구분	포트폴리오 A: '나의 연금'(안정형)
투자 상품	STO-Income(종로 프라임 오피스)

상품 특징	• 우량 금융사 7년 장기 임차 • WALE: 6.5년 • 예상 배당률: 연 5.5%(확정적) • 예상 자본차익: 연 1.5%(낮음)
K 씨의 투자금 배분	1,500만 원(75%)
배분 전략(지적 분석)	K 씨는 투자금의 3/4을 '안정형'에 투입하여, 실패하지 않는 '기본 현금흐름'을 확보한다.
K 씨의 투자 결과	
1. 현재의 현금흐름	연 82.5만 원(1,500만 x 5.5%)
2. 미래의 자본 증식	낮은 기대감

구분	포트폴리오 B: '나의 꿈'(성장형)
투자 상품	STO-Growth(연남동 꼬마빌딩)
상품 특징	• 핫플레이스 리모델링 대상 • 공실률 30%(리모델링 예정) • 예상 배당률: 연 1.0%(낮음) • 예상 자본차익: 연 15.0%(높음)
K 씨의 투자금 배분	500만 원(25%)
배분 전략(지적 분석)	나머지 1/4은 '공격형'에 투입하여, 설령 실패하더라도(원금 손실) 감수할 수 있는 범위 내에서 '미래의 대박'을 노린다.
K 씨의 투자 결과	
1. 현재의 현금흐름	연 5만 원(500만 x 1.0%)
2. 미래의 자본 증식	높은 기대감

3) **결론 및 시사점:** K 씨는 자신의 투자를 '안정형'과 '성장형'으로 분리 배분함으로써, '현재의 배당'과 '미래의 자본 차익'이라는 두 마리 토끼를 잡는 환상적인 '균형점'을 스스로 설계해낸 것이다.

4

부동산 조각투자 관련 자산 매각(청산) 시점의 예상 수익 및 잠재적 리스크 시뮬레이션과 가상사례

4.1. STO투자의 여정은 '정기적인 배당'이라는 과실을 수확하는 과정과, 투자 자산 전체를 매각(청산)하여 '자본 차익'이라는 최종적인 열매를 거두는 두 단계로 구성된다

부동산 토큰증권(STO) 투자의 여정은 '정기적인 배당'이라는 과실을 수확하는 과정과, 투자 자산 전체를 매각(청산)하여 '자본 차익'이라는 최종적인 열매를 거두는 두 단계로 구성된다. 특히, 이 '청산'의 순간은 STO 투자의 성패를 결정짓는 가장 환상적이면서도 치명적인 순간이다.

투자자는 STO 상품이 제시하는 '예상 매각 차익'이라는 청사진에만 매료될 것이 아니라, 이 청산 과정이 '수익 배분 폭포수(Payment Waterfall)'라는 엄격한 금융 논리에 의해 지배된다는 사실을 직시해야 한다.

본 절에서는 자산 매각 시점에 발생 가능한 세 가지 핵심 시나리오(낙관적, 기준, 비관적)를 시뮬레이션 함으로써, 투자자가 얻게 될 최종 수익과 그 이면에 숨겨진 잠재적 리스크의 본질을 심층적으로 해부한다.

4.1.1. 청산의 메커니즘: '수익 배분 폭포수(Waterfall)'의 작동 원리

STO 투자자는 해당 부동산의 '주주(Equity)'이지만, 그에 앞서 부동산을 담보로 자금을 빌려준 '선순위 대출기관(Debt)'이 존재한다. 자산이 매각되면, 그 대금은 다음과 같은 순서로 폭포수처럼 위에서 아래로 배분된다.

[1순위] 매각 부대비용: 중개수수료, 법무 비용, 매각 관련 세금 등

[2순위] 선순위 대출 원금: 은행 등 대출기관의 원금 상환(가장 큰 비중)

[3순위] STO 투자자(지분): 위 1, 2순위를 모두 정산하고 '남은' 잔여 재원

이 구조가 환상적이면서도 치명적인 이유는, STO 투자자가 '최후순위(Last in line)'이자 '최우선 손실(First-Loss)'의 위치에 있기 때문이다. 즉, 수익이 나면 가장 늦게 배분 받고, 손실이 나면 가장 먼저 자신의 지분(원금)을 잃게 된다는 것이다.

4.1.2. '매각 가격'이라는 핵심 변수

시뮬레이션의 핵심 변수는 단 하나, 바로 '최종 매각 가격'이다. 이 가격은 투자 시점(0년 차)에는 그저 '예측'일 뿐이며, 5년 뒤 청산 시점의 '부동산 경기 사이클'과 '금리 수준'에 따라 결정된다.

(1) **낙관적 시나리오(Optimistic)**: 경기 호황 및 저금리로 자산 가치가 폭등하여, 예상보다 훨씬 높은 가격에 매각된다.

(2) **기준 시나리오(Base Case)**: 발행사의 최초 제안서대로 시장이 안정적으로 성장하여, 예상했던 가격에 매각된다.

(3) **비관적 시나리오(Pessimistic)**: 경기 침체 및 고금리(퍼펙트 스톰)로 자산 가치가 하락하여, 예상보다 낮은 가격, 심지어 원금 이하로 매각된다.

4.2. 가상 사례: '성수동 밸류애드 오피스' STO의 5년 후 청산 시뮬레이션

1) 오피스' STO에 1,000만 원(1,000토큰)을 투자: 직장인 M 씨는 '성수동 밸류애드(Value-add) 오피스' STO에 1,000만 원(1,000토큰)을 투자했다.

성수동 오피스 개발 줄잇는 자금조달 https://dealbook.co.kr

이 상품의 5년 후 청산을 가정한 시뮬레이션은 M 씨의 지적 호기심을 강력하게 자극했다.

■ '성수동 밸류애드 STO' 최초 자금조달 구조(0년 차)

항목	금액	비고
A. 총 자산 가치(매입가)	500억 원	리모델링 비용 포함
B. 선순위 대출(LTV 60%)	300억 원	연 5% 이자, 5년 만기(2순위)
C. STO 공모액(Equity)	200억 원	(M 씨 투자금 1,000만 원 포함)(3순위)

M 씨는 5년간의 배당(연 5%)을 꾸준히 수령한 후, 5년 차에 드디어 자산 매각(청산)의 순간을 맞이한다. 이 시뮬레이션은 5년 후 '매각 가격' 변동에 따른 M 씨의 운명을 보여준다.

2) 5년 후 '성수동 STO' 청산 시나리오별 수익 배분 시뮬레이션

항목	① 낙관적 시나리오(호황)	② 기준 시나리오(예상)	③ 비관적 시나리오(침체)	④ 파국적 시나리오(붕괴)
5년 후 총 매각 대금	700억 원 (자산 40% 상승)	600억 원 (자산 20% 상승)	500억 원 (자산 0% →)	400억 원 (자산 하락)

[1순위] (-) 매각 부대비용	(14억 원) (2% 가정)	(12억 원) (2% 가정)	(10억 원) (2% 가정)	(8억 원) (2% 가정)
[2순위] (-) 선순위 대출 상환	(300억 원) (원금)	(300억 원) (원금)	(300억 원) (원금)	(300억 원) (원금)
(=) [3순위] STO 투자자 최종 배분 총액(A)	386억 원	288억 원	190억 원	92억 원
최초 STO 공모액(B)	200억 원	200억 원	200억 원	200억 원
STO 투자자 총 자본 차익 (손실)(A-B)	+186억 원 (이익)	+88억 원 (이익)	(-10억 원) (손실)	(-108억 원) (손실)
M 씨(1,000만 원)의 최종 회수금 (원금+손익)	1,930만 원 ({386}/{200} x1000)	1,440만 원 ({288}/{200} x 1000)	950만 원 ({190}{200} x 1000$)	460만 원 ({92}{200} x 1000$)

3) M 씨의 결론

이 시뮬레이션은 M 씨에게 STO 투자의 본질을 완벽하게 보여준다.

- **낙관적/기준 시나리오(①, ②)**: M 씨는 5년간의 배당 수익(총 250만 원, 세전)과 더불어, 청산 시 440만 원에서 930만 원에 달하는 '자본 차익'이라는 환상적인 '두 번째 수확'에 성공한다.
- **비관적 시나리오(③)**: 경기가 정체되어 자산 가격이 5년 전과 동일(500억)하자, M 씨는 원금 1,000만 원 중 50만 원을 손해 본다. 이는 매각 비용(10억)과 은행 대출(300억)을 먼저 떼어주고 나니, STO 투자자의 몫(190억)이 원금(200억)보다 적어졌기 때문이다.
- **파국적 시나리오(④)**: 자산 가치가 20% 하락(400억)하자, STO 투자자의 "원금 손실은 무려 -54%(540만 원)"에 달한다. 이는 LTV 60%라는 '레버리지'가 손실을 환상적으로 증폭시킨 결과이다.

4) 결론 및 시사점: 결론적으로, STO 투자는 '자산 가격 상승기'에는 레버리지를 통해 이익을 극대화하지만, '자산 가격 하락기'에는 STO 투자자가 '최후순위'에서 모든 손실을 가장 먼저 흡수하는 '방패막' 역할을 하게 된다는 것을 이 시뮬레이션은 명확히 보여주는 것이다.

제3부

투자 전략 및 리스크 관리와 세금 전략

주제 9

나만의 투자 스타일 구축하기

1

안정적 배당 수익 추구형 STO: 도심 핵심 오피스 및 상가 투자 전략과 가상사례

1.1. '안정적 배당 수익 추구형' 전략은, STO 투자를 통해 보유 기간 내내 '제2의 월급' 또는 '지속 가능한 연금'처럼 예측 가능한 현금흐름을 확보하는 것을 목적으로 한다.

부동산 토큰증권(STO) 투자는 그 스펙트럼이 매우 넓다. 한쪽 끝에는 '자본 차익(Capital Gain)'을 극대화하려는 '성장주형' 투자가 있다면, 그 반대편에는 '안정적 배당 수익(Income Driven)'을 최우선으로 추구하는 '채권형' 투자가 존재한다.

본 절에서 다루는 '안정적 배당 수익 추구형' 전략은, STO 투자를 통해 매각 시점의 '환상적인 한 방'을 노리기보다, 보유 기간 내내 '제2의 월급' 또는 '지속 가능한 연금'처럼 꾸준하고 예측 가능한 현금흐름(Cash Flow)

을 확보하는 것을 목적으로 한다.

이는 부동산 투자의 본질 중 '안정성'에 방점을 찍는 가장 보수적이면서도 지적인 접근법이며, 그 핵심 대상 자산이 바로 '도심 핵심 오피스(Core Office)'와 '핵심 상가(Prime Retail)'이다.

1.1.1. 전략의 핵심: '자산'이 아닌 '임차인'에 투자한다

이 전략의 가장 환상적인 패러다임 전환은, 투자자가 '건물'이라는 하드웨어(Hardware)에 투자하는 동시에, 그 건물을 채우고 있는 '임차인의 신용도(Tenant Credit)'라는 소프트웨어(Software)에 투자한다는 점이다. 배당의 원천은 결국 '임차인이 지불하는 월세'이기 때문이다.

(1) **핵심 오피스(Prime Office):** 서울의 3대 핵심 업무 지구(GBD-강남, CBD-광화문/종로, YBD-여의도)에 위치한 최상급 빌딩을 의미한다.

- **특징:** 이곳의 임차인(Tenant)은 삼성, LG 같은 초우량 대기업, 김앤장 같은 대형 로펌, 혹은 신한/KB 같은 제1금융그룹 본사이다. 이들은 경기가 침체된다고 해서 쉽게 사무실을 이전하거나 임대료를 연체하지 않는다.

(2) **핵심 상가(Prime Retail):** 명동 중앙길, 강남대로, 가로수길 등 '대체 불가능한(Irreplaceable)' 입지의 1층 상가를 의미한다.

- **특징:** 이곳의 임차인은 애플, 나이키, 스타벅스 리저브 등 글로벌 플래그십 스토어(Flagship Store)이다. 이들의 임차 계약은 단순한 '월세'가 아니라 '브랜드 홍보' 목적이 결부되어 있어 매우 장기적이고 안정적이다.

1.1.2. '안정 배당형' STO 선별을 위한 지적 체크리스트

안정적인 배당 수익을 추구하는 투자자는 STO 상품의 '예상 수익률'

숫자만 볼 것이 아니라, 그 숫자의 '안정성'을 담보하는 다음과 같은 핵심 지표들을 반드시 확인해야 한다.

핵심 지표	지적 분석 포인트	'안정형' 투자자의 판단 기준
WALE (가중평균 잔여임대기간)	'배당의 지속성'을 측정하는 가장 중요한 지표이다.	(길수록 좋다) WALE이 5년 이상, 7년, 10년이라면, 이는 '5~10년 만기 확정금리 채권'에 투자하는 것과 유사한 환상적인 안정성을 제공한다.
임차인 구성 (Tenant Mix)	'배당의 신용도'를 결정한다.	(우량 할수록 좋다) 단일 '앵커 테넌트'(예: 삼성전자)가 100% 임차 중이거나, 다수의 우량 임차인(대기업, 금융사)으로 분산되어 있어야 한다.
LTV 및 금리 구조	'배당의 변동성'을 통제하는 레버리지 구조이다.	(낮고 고정적일수록 좋다) LTV가 60% 이하로 낮고, 특히 대출 금리가 '고정금리'라면, 향후 금리 인상기에도 배당 재원이 잠식당할 위험이 없다.
MTM (Mark-to-Market) 갭	'현재 임대료'와 '시장 임대료'의 차이이다.	(Negative MTM) 현재 임대료가 시장가보다 '낮아야' 한다. 이는 향후 계약 갱신 시, 임대료가 상승하여 '배당이 증가할' 잠재력(Upside)이 있음을 의미한다.

1.1.3. 환상적 트레이드오프: '성장'을 포기하고 '예측 가능성'을 얻는다

이 전략의 핵심은 '포기'에 있다. 투자자는 성수동 꼬마빌딩의 폭발적인 '자본 차익' 가능성을 포기하는 대가로, 광화문 프라임 오피스의 '예측 가능한' 현금흐름을 선택하는 것이다.

이는 시장의 변동성에 '베팅(Betting)'하는 것이 아니라, 우량 임차인의 '신용'과 장기 계약이라는 '법적 안정성'에 '투자(Investing)'하는 행위이다. 이는 특히 은퇴 후 연금이 필요한 투자자나, 시장의 등락에 스트레스를 받고 싶지 않은 보수적인 투자자에게 가장 환상적인 해법이 될 것이다.

1.2. 가상 사례: '제2의 연금'을 설계한 은퇴자 P 씨의 광화문 STO

1) **'광화문 GBD 프라임 오피스 STO' 상품을 발견**: 은퇴를 앞둔 P 씨(60세)는 은퇴 자금 5억 원을 투자할 곳을 찾고 있었다. 은행 예금(연 3.5%)

프라임오피스 광화문 프라임급 빌딩 https://blog.naver.com

은 물가상승률을 감안하면 사실상 마이너스였고, 주식 투자는 남은 노후 자금을 잃을까 두려웠다. 이때 P 씨는 '광화문 GBD 프라임 오피스 STO' 상품을 발견한다.

2) P 씨가 분석한 '광화문 STO' 상품 구조

항목	내용	P 씨의 지적 분석(결론)
기초자산	광화문 A급 오피스 (가치 5,000억)	(안정성 A+) 대한민국 핵심 중의 핵심 입지이다.
임차인 구성	'KB금융그룹' 본사 100% 임차	(신용도 AAA) 내가 망해도 KB는 망하지 않을 것이다. '배당 지급'의 주체가 사실상 KB금융이다.
WALE	7.5년 (잔여 임대 계약)	(환상적인 발견) 나의 '제2 연금'이 향후 7.5년간 '확정'된 것이나 다름없다.
LTV/금리	LTV 50%(2,500억)/ 고정금리 4.0%	(리스크 제거) 향후 시장 금리가 6%로 폭등해도, 이 STO의 이자 비용은 4.0%로 고정되어 나의 배당 재원이 안전하다.
자산 Cap Rate	4.8% (NOI 240억)	
[P 씨의 예상 수익 계산]		
A. 순영업소득(NOI)	240억 원	
B.(-) 대출 이자(고정)	100억 원 (2,500억 x 4.0%)	

C.(-) 운용 보수(가정)	12.5억 원 (STO 2,500억 x 0.5%)	
D.(=) 총 배당 재원	127.5억 원	(A - B - C)
E.(세전) 예상 배당수익률	5.1% {127.5억}/{2,500억}	

3) **P 씨의 결론:** P 씨는 이 STO의 세전 배당수익률이 "연 5.1%"임을 확인한다. 이는 은행 예금(3.5%)보다 월등히 높다. P 씨를 환상에 빠지게 한 것은 이 5.1%라는 숫자가 '예측'이 아니라 'KB금융그룹'과의 '7.5년짜리 계약'에 기반한 '사실상의 확정 수익'이라는 점이다.

4) **결론 및 시사점:** 그는 성수동 꼬마빌딩 STO가 5년 뒤 300%의 자본차익을 얻을 수도 있다는 사실을 알지만, 동시에 리모델링 실패로 '배당 0%'가 될 위험도 인지한다. P 씨는 그 '불확실한 대박'을 과감히 포기하고, 향후 7.5년간 매 분기 자신의 통장에 'KB금융'이 보내주는 것이나 다름없는 '확정적 배당(연 5.1%)'을 선택한다.

   P 씨는 STO를 통해 변동성이 큰 '성장주'가 아닌, 대한민국에서 가장 안전한 '초우량 채권'을 매입하는 환상적인 결정을 내린 것이다.

2

시세 차익 극대화형 STO: 개발 지역 및 가치 상승 잠재력이 높은 자산 투자 전략과 가상사례

2.1. '시세 차익 극대화형' 전략은 '나무 자체의 성장(가치 상승)'에 베팅하는 '성장주형' 투자이다.

부동산 토큰증권(STO) 투자는 그 본질에 따라 두 가지 상반된 전략으로 나뉜다. 앞서 다룬 '안정적 배당 수익 추구형'이 이미 완성된 우량 자산에서 발생하는 '과실(임대료)'을 꾸준히 수확하는 '채권형' 투자라면, 지금부터 다룰 '시세 차익 극대화형' 전략은 '나무 자체의 성장(가치 상승)'에 베팅하는 '성장주형' 투자이다.

이 전략의 핵심은 '현재의 배당'을 기꺼이 포기하거나 최소화하는 대가로, '미래의 폭발적인 자본 이득(Capital Gain)'을 노리는 것이다. 이는 STO를 '연금'이 아닌 '로켓'으로 접근하는 방식이며, 도시의 변화와 성장에 대한 환상적인 통찰을 요구한다.

2.1.1. 전략의 핵심: '완성품'이 아닌 '설계도'에 투자한다

시세 차익 극대화형 STO는 이미 가치가 반영된 도심 핵심부(Core) 자산이 아닌, '가치의 변곡점'에 서 있는 자산을 그 대상으로 한다. 이는 크게 두 가지 유형으로 분류된다.

1) 가치부가형(Value-Add) 자산: '변신'에 투자한다

이는 현재는 노후화되었거나 저평가된 자산을 매입하여, 적극적인 '가치 증대' 활동(리모델링, 용도변경, 임차인 재구성)을 통해 자산의

본질 가치를 강제로 끌어올리는 전략이다.

(1) **핵심 대상:** 성수동의 낡은 공장, 을지로의 노후 상가, 강남 이면 도로의 저효율 꼬마빌딩 등.

(2) **지적 분석 포인트:**

- **WALE(가중평균 잔여임대기간):** '안정형'과 정반대로, WALE이 짧을수록 유리하다. 기존의 저렴한 임차인을 신속히 내보내고 새로운(높은 임대료의) 임차인을 유치해야 하기 때문이다.
- **Zoning(용도지역):** 도시계획 전공자의 환상적인 분석 영역이다. 현재 '공장'이지만, 용도지역이 '준공업지역'이나 '상업지역'이어서 '카페'나 '오피스'로 용도변경이 가능한지 법적 검토가 필수적이다.
- **배당의 함정:** 리모델링 기간(약 6~12개월) 동안은 임대 수익이 '0'이므로, STO 배당금 역시 '0'이 될 수 있음을 인지해야 한다.

2) **개발 호재형(Opportunistic) 자산:** '미래 지도'에 투자한다

이는 자산 자체의 물리적 변화보다는, 자산이 속한 '지역'의 환상적인 변화에 편승하는 전략이다.

서울시 "GTX역 3개 추가하자"…역당 2000억 건설비용은 누가 내나 https://www.fnnews.com

(1) 핵심 대상: GTX 노선 신설이 확정된 역세권, 대규모 복합개발(예: 용산국제업무지구, 마곡 MICE 단지) 인근, 신흥 업무지구로 지정된 지역의 자산.

(2) 지적 분석 포인트:

- '루머'와 '확정'의 구분: "GTX가 들어올 수도 있다"라는 루머가 아닌, '국가철도망 구축계획'에 반영되거나 '예비타당성 조사'를 통과한 '확정된 미래'에 투자해야 한다.
- 투자 기간(Holding Period): 개발 호재는 실현되기까지 5년, 10년이 걸릴 수 있다. 이는 '단기 배당'이 아닌, '장기적인 인내'를 요구하는 투자이다.

2.1.2. '성장'의 대가: 고위험-고수익(High Risk-High Return)의 본질

이 전략은 환상적인 수익 잠재력만큼이나 치명적인 위험을 내포한다.

■ **'안정 배당형' vs '시세 차익형' STO 전략 비교**

비교 항목	안정 배당형(채권형)	시세 차익형(성장주형)
투자 목적	지속적 현금흐름(연금)	미래의 자본 이득(목돈)
핵심 자산	광화문 프라임 오피스(Core)	성수동 구형 공장(Value-Add)
주요 수익원	배당 수익(Income Return)	자본 차익(Capital Gain)
WALE	김(Long)(예: 7년)	짧음(Short)(예: 1.5년)
배당 안정성	매우 높음(확정적)	매우 낮음(0% 가능성)
핵심 리스크	금리 상승(배당 매력 하락)	① 개발 지연/② 공실/ ③ 매각 시점의 시장 침체
지적 통찰	'임차인의 신용'에 투자한다.	'발행사의 운용 능력'과 '미래'에 투자한다.

2.2. 가상 사례: '도시재생 프로젝트'의 공동 소유주가 된 대학생 U 씨

성수동 붉은벽돌 뭐길래…2000만원 주겠다 파격 지원 https://www.hankyung.com

1) '성수동 붉은 벽돌 공장 밸류애드' STO 상품을 발견: 은퇴를 앞둔 U 씨는 STO 포트폴리오를 구성하던 중, '성수동 붉은 벽돌 공장 밸류애드' STO 상품을 발견한다. 이 상품은 '연 1.0%'라는 처참한 예상 배당률을 제시했지만, U 씨의 지적 호기심을 자극한 것은 그 '사업 계획'이었다.

2) U 씨가 분석한 '성수동 STO' 상품 구조

항목	내용	U 씨의 환상적인 분석(결론)
기초자산	성수동2가 낡은 2층 구두 공장 (가치 300억)	WALE가 0.8년으로 매우 짧아, 즉시 '가치 증대' 작업이 가능하다.
STO 자금 용도	총 공모액 200억 원(LTV 50%) 중 50억 원은 '리모델링 비용'으로 사용	(환상적인 발견) 이것은 단순한 '자산 매입'이 아니다. STO가 '도시재생 프로젝트 파이낸싱(PF)'의 역할을 수행한다.
운용 전략	1년간 리모델링 후, '복합문화공간' (1층 F&B, 2층 공유 오피스/팝업스토어) 으로 용도 변경	U 씨는 해당 필지의 용도지역이 '준공업지역'임을 확인, 용도변경에 법적 문제가 없음을 간파한다.

예상 수익 구조		
1년 차 (공사)	배당률 0% (수익 없음)	'배당 0%'는 이 전략의 '실패'가 아닌, '과정'임을 이해한다.
2~4년 차 (안정화)	배당률 3.5% (임대료 상승 반영)	
5년 차 (매각)	예상 매각가 500억 원 (리모델링 성공)	
U 씨의 예상 총수익	5년간 총 배당(약 10.5%) + 자본 차익(약 67%)	(총 공모액 200억 기준. 매각 차익 200억의 절반(대출 상환 후)인 100억이 귀속. 100억/200억 = 50%. 여기에 LTV 효과 등이 더해짐)

3) **U 씨의 판단:** U 씨는 이 STO가 '연 1%'의 배당 상품이 아니라, '5년 만기 총 수익률 70~80%를 목표로 하는 고위험-고수익 PF 상품'임을 꿰뚫어 본다.

4) **결론 및 시사점:** U 씨는 자신의 포트폴리오 중 '안정형'(광화문 오피스 STO)에 80%를 배분하고, 나머지 20%를 이 '성수동 STO'에 과감히 투자한다. 그는 '배당 0%'의 위험을 감수하는 대신, "5년 뒤 자신이 투자한 돈으로 환상적인 '붉은 벽돌 복합문화공간'이 탄생하는 '도시재생 프로젝트의 공동 소유주'"가 되는 길을 선택한 것이다. 이는 STO 투자가 단순한 재테크를 넘어, 도시의 미래 풍경을 바꾸는 데 기여하는 지적인 행위가 될 수 있음을 증명하는 것이다.

3

단기 유동성 활용형 STO: 2차 시장의 가격 변동성을 이용한 트레이딩 전략과 가상사례

3.1. 단기 유동성 활용형 STO: 2차 시장의 가격 변동성을 이용한 트레이딩 전략

부동산 토큰증권(STO) 투자는 그 기초자산(부동산)의 '본질 가치'에 장기적으로 투자하는 '가치 투자' 방식이 주류를 이룬다. 이는 건물의 임대수익(배당)과 자본 가치 상승을 공유하는 전통적인 부동산 투자의 관점이다.

그러나 STO가 '증권'으로서 2차 시장(거래소)에 상장되는 순간, 이는 완전히 새로운 차원의 접근법을 탄생시킨다. 바로 자산의 본질 가치와는 무관하게, 오직 2차 시장의 '가격 변동성(Volatility)'만을 활용하여 단기 차익을 추구하는 '트레이딩(Trading) 전략'이다.

이는 투자자가 '건물주'의 관점에서 벗어나, '디지털 증권 트레이더'의 관점으로 환상적인 시각 전환을 하는 것을 의미한다. 이 전략에서 STO는 '우량 오피스 빌딩'이 아니라, 모니터에 표시된 '차트'와 '거래 코드'일 뿐이다.

3.1.1. '가치'와 '가격'의 괴리: 트레이딩은 왜 가능한가?

장기적으로 자산의 '가격'은 그 '본질 가치(NOI, Cap Rate)'에 수렴한다. 그러나 단기적으로 가격은 '시장 참여자들의 심리'와 '수급'에 의해 결정된다. 이로 인해 '가격'과 '가치' 사이의 '괴리(Discrepancy)'가 발생하며, 이것이 바로 단기 트레이더의 주된 수익원이 된다.

(1) **정보의 비대칭성:** 특정 개발 호재나 우량 임차인 계약 정보를 남들보다 빨리 해석할 경우, 가격이 상승하기 전에 매수할 수 있다.

(2) **시장의 과민반응(Overreaction):** 사소한 악재(예: 일시적 공실)에도 투자자들이 공포에 빠져 투매(Panic Sell)할 때, 본질 가치보다 '과도하게 하락한' 가격에 매수할 수 있다.

(3) **유동성 프리미엄/할인:** 당장 현금이 급한 투자자가 본질 가치보다 싼 가격에 '급매물(Fire Sale)'을 내놓는 경우, 이를 매수하여 정상 가격에 되파는 전략이 가능하다.

3.1.2. 단기 트레이딩의 2대 전략

1) 기술적 분석(Technical Analysis)

이는 자산의 재무제표(NOI, 임대료)를 보는 것이 아니라, 오직 STO 토큰의 '가격 차트'와 '거래량'만을 분석하는 환상적인 기법이다. 주식 시장에서 활용되는 모든 분석이 STO에 동일하게 적용된다.

(1) **핵심 도구:** 이동평균선(Moving Average), 지지선(Support Line)과 저항선(Resistance Line), RSI(상대강도지수) 등.

(2) **전략 예시:** STO 토큰 가격이 과거 여러 번 반등했던 '지지선'(예: 9,500원)에 도달했을 때 매수하고, 여러 번 부딪혔던 '저항선'(예: 11,000원)에 도달했을 때 매도하여 1,500원의 차익을 실현한다.

2) 이벤트 기반 트레이딩(Event-Driven Trading)

이는 STO의 본질 가치에 영향을 미칠 수 있는 '특정 이벤트'의 일정을 미리 파악하고, 그 이벤트 전후의 가격 변동성을 활용하는 지적인 전략이다.

■ STO 단기 트레이딩의 주요 이벤트 예시

이벤트 유형	세부 내용	트레이딩 전략(예시)
1. 배당 관련	배당 기준일 (Record Date)	'배당락일(Ex-Dividend Date)'에 배당금 이상으로 가격이 과도하게 하락할 때 매수한다.
2. 임차인 공시	우량 임차인 신규/재계약 공시	공시 직후 시장이 환호하며 '추격 매수'가 붙을 때, 미리 선점한 물량을 매도한다.
3. 개발 호재	주변 GTX 노선 확정 발표	발표 직후 '기대감'으로 가격이 급등하면, 단기 차익을 실현하고 빠져나온다.
4. 금리 정책	한국은행 기준금리 발표	금리 '인하' 발표 시, STO의 배당 매력이 부각되므로 즉시 매수 포지션을 취한다.

3) 환상인가, 함정인가: 치명적인 위험

이 전략은 환상적인 수익 가능성을 제시하지만, '가치 투자'와는 비교할 수 없는 치명적인 위험을 내포한다.

(1) 유동성 위험(Liquidity Risk): 초기 STO 2차 시장의 가장 큰 맹점은 '낮은 유동성'이다. 내가 10,000원에 매도하고 싶어도, 사줄 사람(매수 호가)이 9,000원에만 존재한다면, 나의 이론적 수익은 즉시 소멸된다. 이는 주식 시장의 대형주와는 근본적으로 다른 점이다.

(2) 높은 거래 비용(Transaction Cost): 잦은 매매는 '거래 수수료'와 '세금'을 누적시키며, 이는 단기 트레이더의 수익을 갉아먹는 가장 큰 적이다.

결론적으로, 이 전략은 '부동산'에 투자하는 것이 아니라 '변동성'에 베팅하는 행위이다. 이는 안정적인 배당을 원하는 투자자가 아닌, 시장의 심리를 읽고 위험을 감수할 수 있는 '전문 트레이더'의 영역인 것이다.

3.2. 가상 사례: '이벤트'를 포착하여 30%의 차익을 실현한 핀테크 전공자 Q 씨

판교테크노밸리 프라임급 임대형 오피스 'H스퀘어' https://www.joongang.co.kr

1) 판교 STO')의 단기 트레이딩을 결심: 핀테크(Fintech)를 전공하는 대학원생 Q 씨는 부동산의 본질 가치(NOI)에는 관심이 없었다. 그는 오직 '데이터'와 '시장 심리'에만 집중했다. 그는 '판교 테크노밸리 오피스 STO'(이하 '판교 STO')의 단기 트레이딩을 결심한다.

2) Q 씨의 '판교 STO' 이벤트 기반 트레이딩 시뮬레이션

단계	시점	Q 씨의 지적 분석 및 실행	'판교 STO' 가격
1. 분석	D-30일	Q 씨는 '판교 STO'의 핵심 임차인(유니콘 AI 기업)의 임대차 재계약 만료일이 30일 뒤임을 발견한다. 시장은 '재계약 불발'의 불확실성으로 인해 토큰 가격이 12,000원에서 10,000원까지 하락한 상태임을 확인한다.	10,000원
2. 가설	D-30일	Q 씨는 "불확실성은 이미 가격에 선 반영되었으며, 재계약 '성공'이든 '실패'든, 결과가 발표되는 순간 불확실성이 해소되며 가격이 반등할 것"이라는 가설을 세운다. 그는 '재계약 성공'에 베팅한다.	
3. 진입	D-29일	Q씨는 불확실성이 최고조에 달한 시점에 '판교 STO' 1,000주(1,000만 원)를 과감히 매수한다.	10,000원

4. 이벤트 발생	D-5일	[공시] "핵심 임차인, 10년 장기 재계약 체결 완료."	10,000원
5. 시장 반응	D-5일 (공시 직후)	공시가 뜨자마자 '재계약 실패' 리스크가 '10년 확정 수익'이라는 환상적인 호재로 반전된다. 시장 참여자들이 공포에서 환희로 돌아서며 '추격 매수(FOMO)'를 시작한다.	12,500원(급등)
6. 엑시트(매도)	D-4일	Q 씨는 이 호재가 장기적으로 건물 가치에 미칠 영향(본질 가치)에는 관심이 없다. 그는 오직 '단기 급등'이라는 변동성만을 이용한다. 가격이 과열되었다고 판단, 전량 13,000원에 매도한다.	13,000원

3) Q씨의 환상적인 결론: Q씨는 단 26일 만에 1,000만 원을 투자하여 1,300만 원을 회수, "300만 원(세전 30%)"의 차익을 실현했다.

4

사회적 가치 투자형 STO: ESG 연계 부동산 및 특수 목적 건물 투자 방안과 가상사례

4.1. 재무적 수익(Financial Return)'과 '사회적 가치(Social Impact)'라는 두 마리 토끼를 동시에 추구하는 '임팩트 투자(Impact Investing)'의 영역이다.

부동산 토큰증권(STO) 투자의 지평은 단순히 '수익률'이라는 재무적 목표에만 국한되지 않는다. 지적인 투자자, 특히 도시의 미래를 고민하는 전공자들에게 STO는 '자본의 사회적 책임'을 실현하는 환상적인 도구가 될 수 있다.

이는 투자를 통해 '재무적 수익(Financial Return)'과 '사회적 가치(Social

Impact)'라는 두 마리 토끼를 동시에 추구하는 '임팩트 투자(Impact Investing)'의 영역이다. STO는 이러한 '가치 투자'의 문턱을 극적으로 낮춤으로써, 개인이 자신의 신념과 일치하는 부동산 프로젝트에 주주로 참여할 수 있는 새로운 길을 열어주는 것이다.

본 절에서는 STO가 어떻게 ESG(환경, 사회, 지배구조) 가치와 결합하며, '특수 목적 건물' 투자를 통해 도시의 긍정적 변화에 기여할 수 있는지 심층적으로 분석한다.

4.1.1. ESG 연계 STO: '착한 건물'이 '수익성'도 높다

ESG 투자는 더 이상 도덕적 구호가 아니다. 이는 자산의 '장기적 리스크 관리'이자 '지속가능한 수익 창출'의 핵심 전략이다. STO는 이를 부동산 단위로 구현할 수 있게 한다.

환경, 사회, 지배구조! 지속 가능한 발전을 추구하는 ESG 경영 https://openads.co.kr

1) 환경(E: Environmental) - 그린 빌딩(Green Building)

(1) 개념: LEED, G-SEED 인증, 제로에너지빌딩(ZEB) 등 친환경 인증을 받은 자산에 투자하는 것이다.

(2) 수익 메커니즘:

- 운영비용(OPEX) 절감: 고효율 단열재, 태양광 패널, 중수도 시스템 등은 건물의 에너지 및 수도 비용을 획기적으로 절감시킨다. 이는 STO 배당의 재원이 되는 '순영업소득(NOI)'의 직접적 상승을 의미한다.
- 'Green Premium'(그린 프리미엄): 글로벌 우량 임차인(대기업)들은 이제 ESG 경영의 일환으로 '친환경 인증' 건물을 최우선으로 선호한다. 이는 낮은 공실률과 높은 임대료를 보장하며, 자산 매각 시 더 높은 가치(Cap Rate 하락)를 인정받게 한다.

2) 사회(S: Social) - 포용적 부동산(Inclusive Property)

(1) 개념: 청년주택, 예술가 공용 스튜디오, 지역 커뮤니티 센터, 장애물 없는(Barrier-free) 설계가 적용된 건물 등 '사회적 포용성'을 증진시키는 자산이다.

(2) 수익 메커니즘:

- 안정적 수요 확보:(예: 청년주택) 주변 시세보다 저렴한 임대료를 제공하되, 지자체 보조금이나 '대학생/청년'이라는 명확하고 꾸준한 수요층을 통해 공실률을 '0'에 가깝게 관리한다.
- 공공성 기반 인센티브: 정부 및 지자체는 이러한 '특수 목적' 건물에 대해 용적률 완화, 세제 혜택 등을 제공하며, 이는 사업의 수익성을 보전하는 강력한 안전장치가 된다.

3) 지배구조(G: Governance) - 투명한 STO

(1) 개념: STO 자체가 블록체인 기반의 '투명한 지배구조'를 핵심 속성으로 한다.

(2) 수익 메커니즘: 스마트 컨트랙트를 통해 임대료 수익이 발생 즉시 투자자들에게 투명하게 자동 배당된다. 또한, 발행사는 정기적인 'ESG 리포트'(예: 탄소 감축량, 사회 기여도)를 공시하며, 이는 투자자의 신뢰를 확보하고 토큰 가치의 안정성을 높이는 기반이 된다.

■ **전통적 STO vs ESG 연계 STO 비교**

비교 항목	전통적 '수익 극대화형' STO	ESG '가치 투자형' STO
투자 목적	단기/최대 재무적 수익 (High Return)	재무적 수익 + 사회적 가치 (Dual Return)
핵심 자산	밸류애드(Value-Add) 꼬마빌딩	그린 빌딩(ZEB), 청년주택(Social)
주요 수익원	자본 차익(Capital Gain)의 비중이 높음	안정적 배당(Income) + 가치 프리미엄
리스크 관리	시장 변동성 리스크가 높음	'정책 리스크' 및 '공실 리스크'가 낮음
투자자 보상	재무적 배당	재무적 배당 + '사회적 배당'(Impact)

4.1.2. 특수 목적 건물(Special Purpose Building) 투자

이는 전통적인 오피스/상가를 넘어, 명확한 '목적성'과 '사회적 수요'를 가진 건물에 투자하는 환상적인 전략이다.

(1) 예시: 헬스케어(시니어타운, 전문 병원), 데이터센터(IDC), 스마트팜(도심형 농장), 저온 물류창고 등.

(2) 지적 분석: 이러한 자산은 '경기 변동'에 둔감하다.(예: 경기 침체와 무관하게 헬스케어 수요는 지속됨) 또한, 해당 산업의 전문 운영사와 '초장기(15~20년)' 임대차 계약을 맺는 경우가 많아, '안정적 배당형' 전략의 끝판왕이 될 수 있다.

4.2. 가상 사례: 도시재생에 투자한 '그린 데이터센터 STO'

kt cloud, 하이퍼스케일 데이터 센터 '가산 IDC' https://www.metroseoul.co.kr

1) 가산디지털단지 그린 IDC(인터넷 데이터센터)' STO 상품: 부동산을 전공한 직장인 J 씨는 자신의 전공 지식과 신념을 동시에 만족시킬 STO를 찾고 있었다. 그녀가 발견한 것은 '가산디지털단지 그린 IDC(인터넷 데이터센터)' STO 상품이었다.

2) J 씨가 분석한 '가산 그린 IDC' STO 상품 구조

항목	내용	J 씨의 환상적인 지적 분석
기초자산	가산디지털단지 내 노후 아파트형 공장(가치 500억)	
STO 운용 전략	[E: 환경] 해당 공장을 '고효율 에너지 IDC'로 전면 리모델링(용도변경)한다. • (전략 1) 건물 옥상 전체에 태양광 패널 설치 • (전략 2) AI 기반 '액침 냉각' 시스템 도입(전력 소모 40% 절감)	(가치 발견) IDC는 '전기 먹는 하마'로 악명 높다. 이 STO는 전기료(OPEX)를 획기적으로 낮춰 NOI를 극대화하는 '친환경' 전략을 사용한다.
임차인 구조	[S: 사회] 글로벌 클라우드 기업(A사)과 '15년 장기 임대차' 계약 체결 완료. • (특약) A사는 본 STO가 창출하는 '탄소배출권'을 우선 매입한다.	(안정성 확보) '15년 WALE'는 사실상 15년 만기 채권과 같다. 게다가 '탄소배출권'이라는 "추가 수익원(기타소득)"까지 발생한다.

[J 씨의 투자 결정]		
예상 배당률	연 5.5%(안정적)	
비재무적 가치	연간 탄소 감축량, 노후 공단 재생 기여	
J 씨의 결론	J 씨는 500만 원을 이 STO에 투자한다.	J 씨는 이 투자가 단순한 5.5%의 배당 투자가 아님을 인지한다. 그녀는 4차 산업혁명의 핵심 인프라인 '데이터 센터'에 투자하는 동시에, '노후 산업 단지 재생'이라는 도시공학적 과제와 '탄소 중립'이라는 지구적 과제 해결에 '주주'로서 직접 기여하게 된 것이다.

3) J 씨의 결론 및 시사점: 결론적으로, J 씨는 이 STO 투자를 통해 매 분기 '재무적 배당금'과 함께, "본인이 투자한 자산이 이번 분기에 얼마만큼의 탄소를 절감했는지"가 명시된 'ESG 임팩트 리포트'라는 '사회적 배당금'을 함께 수령하게 될 것이다. 이는 STO가 제공하는 가장 환상적이고 지적인 투자의 형태인 것이다.

5

투자 목표와 기간, 위험 감수 성향에 따른 맞춤형 STO 포트폴리오 설계와 가상사례

5.1. 투자 목표와 기간, 위험 감수 성향에 따른 맞춤형 STO 포트폴리오 설계

부동산 토큰증권(STO) 투자의 여정에서 '어떤 자산(What)'을 사는가에 대한 탐험을 마쳤다면, 이제 투자자는 '어떻게 조합할 것인가(How)'라는,

보다 환상적이고 고차원적인 단계로 나아가야 한다. 이는 단일 자산을 '선택(Stock Picking)'하는 투자자를 넘어, 전체 자산을 '배분(Asset Allocation)'하는 포트폴리오 매니저의 관점을 갖추는 것을 의미한다.

STO 포트폴리오는 단 하나의 완벽한 상품을 찾는 것이 아니다. 그것은 투자자 자신의 고유한 '재무적 DNA'에 맞춰, 성격이 다른 STO들을 의도적으로 조합하는 '지적인 설계' 과정이다. 이 재무적 DNA를 구성하는 세 가지 핵심 요소가 바로 ① 투자 목표, ② 위험 감수 성향, ③ 투자 기간이다.

본 절에서는 이 세 가지 변수를 축으로 하여, 어떻게 자신만의 '맞춤형 STO 포트폴리오'를 환상적으로 구축할 수 있는지 심층적으로 분석한다.

5.1.1. 포트폴리오의 3요소: '목표', '성향', '기간'의 정의

1) 투자 목표(Goals): '배당'인가, '성장'인가?

이는 포트폴리오의 '방향성'을 결정하는 가장 근원적인 질문이다.

(1) **안정적 배당 추구**(Income-Driven): 투자의 목적이 '제2의 월급'이나 '노후 연금'처럼 꾸준한 현금흐름을 확보하는 것이다.(예: 은퇴자, 보수적 투자자)

(2) **자본 차익 추구**(Capital-Driven): 현재의 배당은 미미하더라도, 5~10년 뒤 자산 가치 상승을 통해 '목돈'을 실현하는 것이 목적이다.(예: 사회초년생, 공격적 투자자)

2) 위험 감수 성향(Risk Tolerance): '변동성'을 얼마나 감내할 수 있는가?

이는 포트폴리오의 '배합 비율'을 결정한다.

(1) **안정형**(Conservative): 원금 손실의 가능성을 최소화하는 것을 최우선으로 한다. 시장의 단기적 변동성에 심리적 스트레스를 크

게 받는다.

(2) 공격형(Aggressive): 높은 수익을 위해서라면 높은 변동성과 일시적 원금 손실도 감수할 수 있다.

3) 투자 기간(Time Horizon): '언제' 그 돈이 필요한가?

이는 포트폴리오의 '유동성' 제약을 결정한다.

(1) 단기(1~3년): 3년 내 결혼자금, 학자금 등 목적이 명확한 자금이다. '자본 차익형'(Value-add) 투자는 매각 시점이 불확실하므로 부적합하다. 언제든 현금화가 가능한 '거래소 상장' 우량 배당형 STO가 중심이 되어야 한다.

(2) 장기(5~10년 이상): 10년 뒤 은퇴 자금 등이다. 단기적인 가격 변동에 구애 받지 않으며, 리모델링이나 개발에 5년 이상이 소요되는 '시세 차익 극대화형' 상품을 편입하여 복리 효과를 극대화할 수 있다.

5.1.2. 환상적인 설계: STO 포트폴리오 아키타입

이 세 가지 변수를 조합하면, 투자자를 위한 4가지 환상적인 '포트폴리오 아키타입(Archetype)'이 도출된다.

위험 성향	투자 목표: 안정적 배당(Income)	투자 목표: 자본 차익(Growth)
안정형 (Conservative)	[유형 1: 고정 연금형(Fixed Annuity)] - (90%) 광화문/GBD 프라임 오피스 - (10%) 판교 IDC 센터(초장기 임차) - 특징: 모든 자산을 초우량 '배당형' STO로 구성. 변동성을 극도로 억제하고, 은행 이자+의 안정적 현금흐름 창출.	[유형 2: 원금 보존 성장형 (Conservative Growth)] - (60%) 광화문/GBD 프라임 오피스 - (40%) 성수동 밸류애드 꼬마빌딩 - 특징: '배당형'으로 원금 보존의 안전판을 확보한 뒤, '성장형'으로 자본 차익을 추구.

공격형 (Aggressive)	[유형 3: 배당 성장형 (Income Growth)] - (50%) 광화문/GBD 프라임 오피스 - (50%) MTM 갭이 큰 중소형 빌딩 - 특징: 안정적 배당을 기반으로 하되, 임대료 상승 잠재력(MTM)이 큰 자산에 투자하여 '배당금의 성장'까지 추구.	[유형 4: 극대화 성장형 (Aggressive Growth)] - (20%) 판교 오피스(배당 기반) - (80%) 성수동/용산 밸류애드 및 개발 STO - 특징: 배당을 최소화하고 대부분의 자산을 '시세 차익형'에 집중. 투자 기간이 '장기'일 때만 유효한 전략.

5.2. 가상 사례: 직장인 R 씨의 '이중 목적' 포트폴리오 설계

1) **두 가지 다른 목적의 자금 3,000만 원을 운용:** 직장인 R 씨는 두 가지 다른 목적의 자금 3,000만 원을 운용하게 되었다.

- **자금 A(2,000만 원):** 부모님이 R 씨에게 맡기신 노후 자금의 일부.(목표: 절대 잃지 않고 은행 이자보다 높은 현금흐름 창출, 성향: 초안정형, 기간: 장기)
- **자금 B(1,000만 원):** R 씨 본인의 5년 뒤 자녀 학비 자금.(목표: 5년 뒤 자산 극대화, 성향: 공격형, 기간: 중기/5년)

R 씨는 두 자금을 위한 환상적이고도 완벽하게 분리된 '맞춤형 STO 포트폴리오'를 설계한다.

2) R 씨의 '목적 기반' 이중 포트폴리오 설계 안

구분	포트폴리오 A: '부모님의 파이프라인'	포트폴리오 B: '나의 5년 로드맵'
투자 원금	2,000만 원(100%)	1,000만 원(100%)
투자 목표	안정적 배당(연 5% 세후)	자본 극대화(5년 뒤 200% 목표)
위험 성향	안정형(Conservative)	공격형(Aggressive)
아키타입 적용	[유형 1: 고정 연금형]	[유형 4: 극대화 성장형] (기간 변형)

포트폴리오 구성		
1.(배당) GBD 프라임 오피스 (WALE 7년, 초우량 임차인)	1,000만 원(50%)	300만 원(30%)
2.(배당) 판교 IDC 센터 (글로벌 IT기업 15년 임차)	800만 원(40%)	-
3.(성장) 성수동 밸류애드 (리모델링 후 매각, 5년 만기)	200만 원(10%)	700만 원(70%)
R 씨의 지적 설계 의도		
(분석) '부모님의 돈'은 90%를 '초우량/초장기' 배당 자산에 투입하여, 시장 변동과 무관하게 '확정적 현금 흐름'을 창출한다.	(분석) '나의 돈'은 5년 뒤 매각이 예정된 '성수동 밸류애드'에 70%를 집중 투자하여 자본 차익을 극대화한다.	
(환상적 결론)	R 씨는 포트폴리오 A를 통해 '연금 운용역'의 역할을 수행하며, 포트폴리오 B를 통해 '벤처 캐피탈리스트'의 역할을 동시에 수행한다.	R 씨는 STO를 통해, 과거 기관투자자들만 가능했던 '목적 기반 자산 배분'을 개인 수준에서 환상적으로 구현해 낸 것이다.

주제 10

부동산 STO 포트폴리오 분산 투자

1

자산 유형별 분산 STO: 오피스, 리테일, 물류센터, 호텔 등 다양한 상품에 대한 투자와 가상사례

1.1. 자산 유형별 분산하여 '포트폴리오 효과(Portfolio Effect)'를 누릴 수 있게 한다.

"모든 달걀을 한 바구니에 담지 말라"는 투자의 제1 원칙은 부동산 시장에서 개인에게는 사실상 불가능한 환상에 가까웠다. 한 개인이 수백억 원의 오피스 빌딩과 수천억 원의 물류센터, 그리고 수십억 원의 명동 상가를 동시에 소유하는 것은 불가능하기 때문이다. 그러나 토큰증권(STO)의 등장은 이 모든 것을 가능하게 하는 '금융 혁명'을 가져왔다.

STO는 개인 투자자가 단돈 1만 원으로도 다양한 자산 유형(Asset Class)에 분산 투자하여, 과거 기관투자자들만 누릴 수 있었던 '포트폴리오 효과(Portfolio Effect)'를 누릴 수 있게 한다.

이는 단순히 여러 개의 건물 조각을 소유한다는 의미를 넘어선다. 각 자산 유형은 서로 다른 '경제 사이클'과 '수요 동인'에 의해 움직인다. 즉, STO를 통한 자산 유형의 분산은, 한 자산이 불황을 겪을 때 다른 자산이 호황을 누리며 '위험을 상쇄(Hedge)'하는, 환상적이고도 지적인 리스크 관리 전략이 되는 것이다.

1.1.1. 주요 부동산 자산 유형의 본질과 STO 투자 전략

STO 포트폴리오를 설계하기 위해선, 각 자산 유형이 지닌 고유의 'DNA'를 해부해야 한다.

자산 유형	핵심 수요 동인 (DNA)	투자 매력 (Pros)	핵심 리스크 (Cons)	STO 전략상 역할
오피스 (Office)	기업 경기, 고용률, GDP	(안정성) 장기 임차 계약(WALE $₩uparrow$), 우량 임차인, 낮은 변동성.	경기 침체 시 공실률 상승, 재택근무 확산 트렌드.	포트폴리오의 '닻' (Anchor) • 안정적 배당 수익원
리테일 (Retail/ 상가)	소비 심리, 유동 인구, 관광	(입지의 힘) 명동, 강남 등 A급 상권은 강력한 임대료 상승 잠재력.	e-커머스의 위협, 경기 민감도 '최상', 팬데믹 등 외부 충격에 취약.	'경기 회복' 베팅 • 고위험-고수익 (High Risk-High Return)
물류센터 (Logistics)	e-커머스 성장, 수출입 물동량	(성장성) e-커머스 구조적 성장, 10~15년 초장기 임차 계약, 오프라인 리테일과 '반대'로 움직임.	교외 입지로 인한 지가 상승 제한, 과잉 공급(Supply) 리스크.	'성장 동력'(Growth Engine) • 리테일의 리스크를 헤지(Hedge)함
호텔 (Hotel)	관광 (Inbound/Out-bound), MICE	(경기 극대화) 경기 호황 및 관광 시즌 시 수익률 극대화 가능.	'경기 민감도'와 '운영 리스크'가 가장 높음. 고정비 부담이 큼.	'조커(Joker)' 자산 • 극단적 고수익 추구 시 소량 편입

1.1.2. '비동조화(Non-Correlation)'라는 마법: '상관관계가 낮은' 자산들을 묶는 것이다.

포트폴리오 분산의 핵심은 '상관관계가 낮은' 자산들을 묶는 것이다. STO는 이를 개인 수준에서 가능하게 한다. 가장 환상적인 조합은 '리테일 STO'와 '물류센터 STO'를 동시에 보유하는 것이다.

팬데믹으로 인해 오프라인 '리테일' 상가가 최악의 침체를 겪을 때, 온라인 쇼핑의 폭증으로 '물류센터'는 역대급 호황을 맞이했다. 만약 두 STO를 50:50으로 보유했다면, 투자자의 총자산은 외부 충격에도 불구하고 안정적으로 방어되었을 것이다.

이는 STO가 단순한 '조각 투자'를 넘어, 개인에게 '경제 사이클을 헤지하는' 지적인 투자 전략을 선물하는 것임을 의미한다.

학습코너 '비동조화(Non-Correlation)'

'비동조화(Non-Correlation)'는 특정 대상들이 서로 상관관계를 보이지 않고 독자적인 움직임을 보이는 현상을 의미합니다. 이 용어는 주로 금융, 통계, 경제학 등 다양한 분야에서 사용되며, 때로는 '탈동조화(Decoupling)'와 혼용되기도 합니다.

- ■ 금융 및 경제 분야

  금융 시장에서 비동조화는 특정 국가의 경제나 금융 시장이 다른 국가나 세계 경제의 흐름과 다른 움직임을 보이는 현상을 가리킵니다.

  - 예시: 미국 증시가 하락하는데 한국 증시는 독자적으로 상승하는 경우, 양국 증시 간에 비동조화가 일어났다고 볼 수 있습니다.

- **투자 전략:** 여러 자산 간의 비동조화 정도를 파악하여 투자 포트폴리오를 다변화하는 데 활용됩니다. 서로 상관관계가 낮은 자산들에 분산 투자하면, 특정 자산의 가치 하락으로 인한 전체 포트폴리오의 위험을 줄일 수 있습니다

[참고 : https://www.google.com]

1.2. 가상 사례: '경제의 사계절'에 베팅한 P 씨의 STO 포트폴리오

1) **"어떤 경제 상황이 와도 내 포트폴리오가 방어할 수 있을까?":** 개인 사업가 P 씨는 1,000만 원의 여유 자금으로 STO 투자를 결심한다. 그녀는 '어떤 자산이 가장 오를까?'를 고민하는 대신, "어떤 경제 상황이 와도 내 포트폴리오가 방어할 수 있을까?"라는 환상적인 질문을 던진다.

   P 씨는 2024년의 경제 상황을 '느린 경기 회복'과 'e-커머스의 지속 성장', 그리고 '잠재적 경기 침체 리스크'가 혼재된 상황으로 진단한다. 이에 따라 그녀는 '사계절 포트폴리오'를 설계한다.

2) P 씨의 '사계절 STO 포트폴리오'(투자금 1,000만 원)

포트폴리오 구성	투자 상품 (가상)	투자금 (비중)	P 씨의 환상적인 설계 의도(전략)
핵심 (Core)	'광화문 프라임 오피스 STO'(WALE 7년, 우량 임차인)	400만 원 (40%)	(봄/가을) 포트폴리오의 '안정적인 닻'. 경기가 좋든 나쁘든 7년간 꾸준히 발생할 '배당 수익'을 확보한다.(방어)
성장 (Growth)	'평택 스마트 물류센터 STO' (e-커머스 기업 10년 임차)	300만 원 (30%)	(여름) 'e-커머스'라는 구조적 성장에 베팅한다. 만약 오프라인 침체가 와도 이 자산이 포트폴리오를 견인할 것이다.(공격)

경기민감 (Cyclical)	'제주 애월읍 럭셔리 호텔 STO'(리오프닝 수혜주)	200만 원 (20%)	(뜨거운 여름) '경기 회복'과 '관광 활성화'가 예상대로 진행될 시, 가장 폭발적인 자본 차익을 안겨줄 '조커' 자산이다.(초공격)
헤지(Hedge)	'서울 대학가 청년주택 STO'(ESG 연계, 공공 지원)	100만 원 (10%)	(겨울) 만약 '퍼펙트 스톰(불황)'이 닥쳐도, '청년주택' 수요는 경기와 무관하게(Non-cyclical) 꾸준하다. 최악의 상황을 대비하는 보험이다.(초방어)

3) **P 씨의 판단:** 1년 후, P 씨의 예측대로 '경기 회복'이 더디게 진행되어 '호텔 STO'(3) 의 수익률은 기대 이하였다. 그러나 'e-커머스'는 견조하게 성장하여 '물류센터 STO'(2) 가 높은 수익을 기록했다. 또한 '오피스 STO'(1) 는 예상대로 꾸준한 배당을 지급했다.

4) **결론 및 시사점:** 결과적으로 P 씨의 포트폴리오는 '호텔'에서의 부진을 '물류센터'와 '오피스'가 완벽하게 방어하며, 전체적으로는 안정적인 플러스(+) 수익률을 달성한다. 이는 P 씨가 특정 자산의 미래를 맞추는 '점쟁이'가 아니라, '서로 다른 사이클을 타는 자산들을 조합'하여 위험을 관리하는 환상적인 '포트폴리오 매니저'가 되었음을 의미하는 것이다.

2

지역별 분산 STO: 수도권과 비수도권, 주요 광역시 등 지역적 리스크 분산과 가상사례

2.1. 지역별 분산 STO: 수도권과 비수도권, 주요 광역시 등 지역적 리스크 분산

부동산 투자의 제1 원칙은 "입지(Location)"이다. 그러나 수많은 투자자가 "입지"를 '강남'이라는 단일한 의미로만 해석하는 우를 범한다. 부동산 시장은 단 하나의 거대한 시장이 아니다. 그것은 '지역'이라는 고유한 경제적 운명 공동체로 파편화된 수백, 수천 개의 하위 시장(Sub-market)의 집합이다.

서울의 오피스 시장을 움직이는 동인(Driver)과 부산 해운대의 리테일 시장을 움직이는 동인, 그리고 평택의 물류센터 시장을 움직이는 동인은 완전히 다르다. 전통적으로 개인 투자자는 이 모든 지역에 동시에 투자할 수 있는 '자본의 분산' 능력이 부재했다. 10억 원으로 서울의 오피스 '한 칸'을 사는 순간, 그는 자신의 모든 자산을 '수도권 오피스 경기'라는 단 하나의 시나리오에 '올인'해야 했다.

부동산 토큰증권(STO)은 바로 이 '지역적 집중의 덫'을 해체하는 환상적인 금융 혁명이다. STO는 개인 투자자가 자신의 자산을 지리적으로 분산시켜, 특정 지역의 경제적 충격으로부터 포트폴리오 전체를 방어할 수 있는 '지역적 헤지(Geographic Hedge)' 전략을 비로소 가능하게 만드는 것이다.

2.1.1. '지역의 운명'에 베팅하는 것: 지역별 리스크의 본질

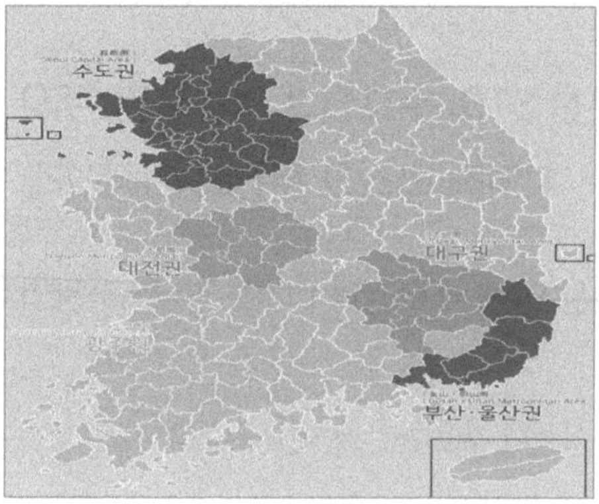

[데이터로 보는 세상] 늘어나는 지역 - 도시간 격차 https://www.futurekorea.co.kr

모든 지역 부동산 시장은 그 지역의 '경제적 DNA'에 의해 움직인다. 지역적 분산 투자는 바로 이 DNA가 서로 다른 자산들을 조합하는 지적인 행위이다.

(1) 수도권(서울/경기/인천):

- DNA: 대한민국 경제의 '심장'. 금융, IT, 대기업 본사, 정부 정책에 의해 움직인다.
- 특징: 가장 높은 안정성(낮은 공실률)과 환금성을 지녔으나, 그 대가로 가장 높은 가격과 가장 낮은 임대수익률(Cap Rate)을 감수해야 한다.
- 리스크: 국가 전체의 거시경제 위기, 강력한 금융 규제(LTV/DSR, 금리 인상)에 가장 민감하게 반응한다.

(2) 주요 광역시(부산/대구/인천/광주/대전 등):

- DNA: '지역 거점 경제'의 엔진. 특정 주력 산업(예: 부산-물류/관광, 울산-제조업)과 지역 내 수급에 의해 움직인다.

• 특징: 수도권보다 높은 임대수익률과, 해당 지역의 개발 호재에 따른 '알파(Alpha)' 수익을 기대할 수 있다.
• 리스크: 수도권 경기와는 '비동조화(De-correlation)'될 수 있으나, 해당 지역의 '주력 산업'이 쇠퇴할 경우(예: 제조업 불황) 치명타를 입는다.

(3) 기타 비수도권(테마 지역):

• DNA: '특수 목적'에 의해 움직인다.(예: 제주-관광/리조트, 평택/천안-반도체/물류, 강원-데이터센터/관광)
• 특징: 가장 높은 임대수익률과 자본 차익 잠재력을 제공할 수 있다.
• 리스크: 가장 높은 변동성을 지닌다. 해당 테마(예: 관광객 급감)가 꺾일 경우, 자산 가치가 급락하고 환금성이 마비될 수 있다.

2.1.2. STO를 통한 환상적인 '국토 분산 포트폴리오'

STO 포트폴리오의 핵심은 '어느 지역이 가장 많이 오를까?'를 예측하는 것이 아니다. 이는 '서로 다른 경제 사이클을 가진 지역들을 조합'하여, 어떤 지역이 침체에 빠지더라도 다른 지역의 수익으로 이를 방어하는 '환상적인 안정성'을 구축하는 것이다.

■ STO 지역 분산 포트폴리오의 전략적 역할

지역 유형	포트폴리오 내 역할	핵심 STO 자산 예시	위험-수익 프로파일
수도권 (서울 핵심부)	'닻'(Anchor) • 포트폴리오의 안정성 확보 • 인플레이션 헤지(Hedge)	GBD/CBD 프라임 오피스 STO 강남대로 핵심 리테일 STO	낮은 위험 - 낮은/중간 수익 (Low Risk - Low/Mid Return)

주요 광역시 (부산 등)	'균형추'(Balancer) • 수도권과 다른 경기 사이클 • 추가 배당 및 성장성 확보	해운대 LCT 리테일/호텔 STO 부산항 인근 물류센터 STO	중간 위험 - 중간 수익 (Mid Risk - Mid Return)
비수도권 (테마 지역)	'로켓'(Booster) • 고수익(High Yield) 추구 • 특정 산업 성장에 베팅	평택 스마트 물류센터 STO 제주 럭셔리 리조트 STO	높은 위험 - 높은 수익 (High Risk - High Return)

2.2. 가상 사례: '지역적 비동조화'에 베팅한 V 씨

1) **1억 원의 시드머니로 STO 투자를 계획:** V 씨는 1억 원의 시드머니로 STO 투자를 계획한다. 그녀는 '서울 불패'를 외치며 100%를 강남 오피스 STO에 투자하려는 친구들과 달리, '지역별 경제 사이클의 비동조화'라는 환상적인 가설에 베팅하기로 한다.

V 씨는 2024년 한국 경제를 '수도권 IT/금융의 조정기'와 'K-컬처/관광의 호황기', 그리고 'e-커머스의 구조적 성장기'가 혼재된 상태로 진단한다.

2) V 씨의 '지역 분산 STO 포트폴리오'(1억 원)

포트폴리오 배분(지역)	투자 상품 (가상)	투자금 (비중)	V 씨의 환상적인 설계 의도
수도권 (서울)(안정성)	'광화문 프라임 오피스 STO' (WALE 6년, 우량 임차인)	4,000만 원 (40%)	'서울 IT 경기'가 둔화되더라도, '광화문 금융사'의 장기 임대료(배당)는 안전할 것이다. 포트폴리오의 '방어 기지'이다.
광역시 (부산)(비동조화)	'해운대 MICE 연계 호텔 STO'(국제회의 연계)	3,000만 원 (30%)	'서울 오피스' 경기와 '부산 관광' 경기는 다르게 움직인다. K-관광 호황의 수혜를 입어, 서울의 부진을 상쇄할 '헤지 자산'이다.

비수도권 (평택)(테마 성장)	'평택항 스마트 물류센터 STO'(e-커머스 전용)	3,000만 원 (30%)	이는 '지역'이 아닌 '산업(e-커머스)'에 투자하는 것이다. 불황에도 온라인 쇼핑은 성장하며, 이는 앞선 두 자산과 또 다른 수익 곡선을 그릴 것이다.

3) **V 씨의 판단:** 2년 후, V 씨의 환상적인 가설은 증명된다. 수도권 IT 경기가 일시적 침체를 맞아 '광화문 오피스 STO'(1) 의 토큰 가격은 5% 하락했다(단, 배당은 꾸준히 지급됨).

   그러나 같은 기간, K-관광 호황으로 '해운대 호텔 STO'(2) 는 폭발적인 배당과 함께 토큰 가격이 20% 급등했다. '평택 물류 STO'(3) 역시 e-커머스 성장에 힘입어 15% 상승했다.

   V 씨의 친구가 '서울 100%' 투자로 -5%의 손실(배당 제외)을 기록하는 동안, V 씨의 '지역 분산 포트폴리오'는 전체 +9.5% [(-5% x4) +(20% x0.3) +(15% x 0.3)]라는 압도적인 성과를 기록한다.

4) **결론 및 시사점:** V 씨는 STO를 통해, '지역별 경제의 상이한 파동'을 이용하여 리스크를 상쇄하는, 기관투자자 수준의 '지적인 분산 투자'를 환상적으로 성공시킨 것이다.

3

임차인 구성별 분산 STO: 단일 임차인과 다수 임차인 자산의 장단점 비교 투자와 가상사례

3.1. '임대료'를 지불하는 주체인 '임차인(Tenant)'의 구성(Mix)은 해당 STO의 운명을 결정짓는 가장 핵심적인 'DNA'이다

부동산 토큰증권(STO) 투자의 본질은 '현금흐름(배당)'에 대한 권리를 매입하는 것이다. 이 현금흐름의 원천, 즉 '임대료'를 지불하는 주체인 '임차인(Tenant)'의 구성(Mix)은 해당 STO의 운명을 결정짓는 가장 핵심적인 'DNA'이다.

투자자는 "이 건물이 어디에 있는가?"라는 질문만큼이나 "이 건물의 월세는 '누가' 내고 있는가?"라는 환상적인 질문을 던져야 한다. 임차인의 구성은 크게 '단일 임차인(Single-Tenant)' 구조와 '다수 임차인(Multi-Tenant)' 구조로 나뉜다.

이는 마치 투자의 운명을 한 명의 '슈퍼스타'에게 '올인(All-in)'할 것인지, 아니면 여러 명의 '준수한 선수'로 '팀'을 구성할 것인지 선택하는 것과 같다. 이 두 전략은 안정성, 수익성, 그리고 위험도 측면에서 완벽히 상반된 특징을 지닌다.

3.1.1. 단일 임차인(Single-Tenant) STO: '신용도'에 올인한다

이는 건물 전체(혹은 90% 이상)를 단 하나의 기업이 통째로 임차하는 자산이다.

(1) 환상적인 장점(The Upside):

- **신용도(Credit)의 전가**: 만약 임차인이 '삼성전자'나 'KB금융그룹' 같은 초우량 앵커 테넌트(Anchor Tenant)라면, 이 STO의 배당금은 사실상 '삼성전자'의 신용도에 의해 보장된다. 이는 부동산 투자가 아니라 'AAA급 우량 회사채'에 투자하는 것과 유사한 환상적인 안정성을 제공한다.
- **낮은 운용 비용(Low OPEX)**: 임차인이 하나이므로 건물 관리가 용이하며, 종종 '트리플 넷 리스(NNN)' 계약을 통해 재산세, 보험료, 유지보수비 등 모든 운영비용을 임차인에게 전가한다. 이는 STO 투자자의 순수 배당 재원(NOI)을 극대화시킨다.
- **초장기 WALE(가중평균 잔여임대기간)**: 통상 10년, 15년, 20년의 초장기 계약을 맺는다. 이는 투자자에게 수십 년 간의 '예측 가능한' 현금흐름을 보장한다.

(2) 치명적인 단점(The Binary Risk):

- **이진(Binary) 위험**: 이 전략의 리스크는 0 아니면 100이다.
- **공실률 절벽(Vacancy Cliff)**: 만약 해당 단일 임차인이 계약 만료 후 재계약을 하지 않거나,(최악의 경우) 파산한다면, 그 건물의 공실률은 0%에서 "즉시 100%"로 추락한다. 이는 STO 배당금이 '0원'이 됨을 의미한다.
- **재임대(Re-leasing) 리스크**: 10만 평방미터짜리 거대 빌딩을 통째로 임차할 새로운 단일 임차인을 찾는 것은, 100평짜리 사무실 1,000개를 채우는 것보다 환상적으로 어렵다.

3.1.2. 다수 임차인(Multi-Tenant) STO: '분산'을 통해 안정성을 구축한다

스타벅스 강남2점이 입점한 빌딩 https://blog.naver.com

이는 하나의 건물에 업종과 규모가 상이한 다수의 임차인이 입주한 자산이다.(예: 1층-스타벅스, 2-3층-병원, 4-10층-여러 개의 중소형 오피스)

(1) **환상적인 장점(The Upside):**

- **위험 분산(Diversification):** 이 전략의 핵심이다. 50개의 임차인 중 2~3개의 스타트업이 파산하여 공실이 발생하더라도, STO 전체의 NOI에는 5~10%의 미미한 영향만 줄 뿐이다. 배당금이 '0'이 될 위험이 거의 없다.
- **시장 임대료 연동(MTM Upside):** 임대차 계약 만료 시점이 임차인마다 분산되어 있다(Staggered Lease). 이는 시장 임대료가 상승하는 시기(인플레이션)에, 매년 만기가 도래하는 임차인의 계약을 갱신하며 임대료를 '현실화(Mark-to-Market)'할 수 있음을 의미한다. 즉, STO 배당금이 상승할 잠재력을 지닌다.
- **유연성:** 다양한 규모와 업종의 수요에 대응할 수 있어, 공실이 발생해도 신규 임차인을 구하기가 상대적으로 용이하다.

(2) 치명적인 단점(The Noisy Downside):

- 높은 운용 비용(High OPEX): 50개의 임차인을 관리하는 것은 1개의 임차인을 관리하는 것보다 훨씬 복잡하다. 공실이 발생할 때마다 중개수수료, 인테리어 비용(Tenant Improvement)이 지속적으로 발생하며, 이는 STO 배당 재원을 잠식한다.
- 예측의 어려움: 현금흐름이 '단일 임차인' 자산처럼 깔끔하게 예측되지 않고, 일정한 수준의 '자연공실률'을 항상 안고 가야 한다.

■ 단일 임차인 vs 다수 임차인 STO 핵심 비교

비교 항목	단일 임차인 (Single-Tenant)	다수 임차인 (Multi-Tenant)
투자 대상	임차인의 '신용도' (Credit)	건물의 '입지' 및 '운용 능력' (Location & Operation)
배당 안정성	매우 높음(임차인 신용도와 동일)	높음(분산 효과)
핵심 리스크	공실률 절벽 (0% 100%)(Binary Risk)	자연공실률 (Constant 5~10%)(Diversified Risk)
운용 복잡도	매우 낮음(Low OPEX)	높음(High OPEX)
수익률 특징	10~20년간 '고정된' 수익 (채권형)	시장 상황에 따라 '상승 가능한' 수익 (주식형)
투자 비유	'AAA급 20년 만기 회사채'	'배당성장주 ETF'

3.2. 가상 사례: '신용'과 '분산' 사이에서 고민하는 도시부동산학도 A 씨

1) '광화문 CBD' 입지의 두 오피스 STO 포착: 도시부동산학과 4학년생 A 씨는 STO 포트폴리오의 '핵심(Core) 자산'으로 편입할 1,000만 원짜리 상품을 물색 중이다. 그녀의 레이더에 동일한 '광화문 CBD' 입지의 두 오피스 STO가 포착되었다.

CBD 광화문 오피스 개발 https://www.thebell.co.kr

2) A 씨가 분석한 '광화문 STO' 상품 비교

항목	STO-A('더 코어' 빌딩)	STO-B('센터플레이스' 빌딩)
입지	광화문역 1번 출구	광화문역 2번 출구
임차인 구성	'K-로펌'(국내 1위) 100% 임차	• 1F: 스타벅스(5%) • 2~5F: 공유 오피스(20%) • 6~15F: 20개 중견기업/금융사(75%)
WALE	8.5년(초장기)	4.2년(분산됨)
예상 배당수익률	연 5.0%(고정)	연 4.8%(변동 가능)

3) A 씨의 환상적인 지적 분석

A 씨는 표면적으로 배당률이 0.2%p 더 높은 'STO-A'에 마음이 기울었으나, 두 상품의 '위험 구조'를 해부하기 시작한다.

- **STO-A(단일 임차인) 분석:** 'K-로펌'은 망할 확률이 0%에 가까운 초우량 임차인이다. 8.5년간 '연 5.0%'의 배당은 '확정 이자'나 다름없다. 그러나 8.5년 뒤, 만약 K-로펌이 신사옥으로 이전한다면? 이 STO는 "배당률 '0%'"의 거대한 공실 빌딩이 된다. A 씨는 이 '먼 미래의 거대한 단일 리스크'를 감수해야 한다.
- **STO-B(다수 임차인) 분석:** 배당률은 4.8%로 낮다. 20개의 중견기

업 중 한두 곳이 망하면 배당률은 4.5%로 낮아질 수 있다(예측 가능성 저하). 그러나 모든 임차인이 동시에 나갈 확률은 0%이다. 또한, 4.2년마다 도래하는 갱신 시점에 광화문 임대료가 상승한다면, 배당률은 5.0%, 5.5%로 "성장할 잠재력(MTM)"을 지닌다.

4) A 씨의 최종 결론: A 씨는 'STO-A'가 '8.5년 만기 AAA급 채권'이며, 'STO-B'는 '광화문 오피스 시장 자체에 투자하는 ETF'와 같다고 결론 내린다.

5) 시사점: 그녀는 '고정된 5.0%'의 매력 대신, '4.8%에서 시작하여 시장과 함께 성장하는' 환상적인 가능성을 선택한다. 즉, A 씨는 단일 기업의 '신용'에 자신의 투자를 귀속시키는 대신, 다수의 임차인을 통해 '광화문이라는 입지' 자체의 위험을 분산하고 성과를 공유하는 'STO-B'를 자신의 포트폴리오에 편입하는 지적인 결정을 내린 것이다.

4

만기 구조별 분산 STO: 단기, 중기, 장기 투자 상품을 혼합한 유동성 확보와 가상사례

4.1. 현명한 투자자는 자신의 '미래 현금흐름 니즈(Needs)'를 먼저 설계하고, 이에 맞춰 '만기가 다른' STO 상품들을 의도적으로 조합해야 한다.

부동산 토큰증권(STO) 투자의 가장 환상적인 지점은, 전통적인 부동산이 가진 '치명적인 비유동성(Illiquidity)'의 덫을 해체한다는 것이다. 그러나 모든 STO가 동일한 유동성을 제공하는 것은 아니다. STO의 '만기(Maturity)' 구조, 즉 투자금의 회수 시점은 해당 상품의 본질적인 전략(예: 3년 리모델링, 10년 장기임대)에 따라 근본적으로 달라진다.

지적인 투자자는 자신의 '미래 현금흐름 니즈(Needs)'를 먼저 설계하고, 이에 맞춰 '만기가 다른' STO 상품들을 의도적으로 조합(Laddering)해야 한다. 이는 STO 투자를 단순한 '수익률 게임'에서, 자신의 생애 주기에 맞춘 '환상적인 유동성 관리'의 영역으로 끌어올리는 전문적인 행위이다.

본 절에서는 STO의 만기 구조를 단기, 중기, 장기로 해부하고, 이를 혼합하여 '수익성'과 '유동성'이라는 두 마리 토끼를 잡는 포트폴리오 전략을 심층적으로 분석한다.

4.1.1. STO 만기 구조의 3가지 유형

STO의 '만기'는 채권처럼 확정된 날짜가 아닐 수 있다. 이는 기초자산의 '운용 전략' 및 '예상 매각 시점', 혹은 2차 시장에서의 '환금성'을 의미한다.

1) 단기(Short-term): 2차 시장을 통한 '즉각적 유동성'

(1) **정의:** 2차 시장(거래소)에 상장되어 주식처럼 실시간 매매가 가능한 STO. 투자자는 발행사의 '청산' 시점(예: 5년 뒤)까지 기다릴 필요 없이, 원하는 시점에 토큰을 매도하여 현금화할 수 있다.

(2) **핵심 자산:** 광화문/GBD의 프라임 오피스 등, 가치 변동성이 낮고 시장의 신뢰가 높은 '코어(Core)' 자산이 중심이 된다.

(3) **전략적 역할:** 포트폴리오의 'CMA 통장' 또는 '비상금 저수지' 역할을 한다. 수익률은 낮을 수 있으나(예: 연 4~5% 배당), '즉각적인 유동성 확보'가 최우선 목표이다.

2) 중기(Mid-term): '가치 증대(Value-Add)' 후 매각

(1) **정의**: 명확한 '엑시트(Exit) 시점'을 전제로 기획된 상품. 통상 3~5년의 기간 동안 리모델링, 용도변경, 임차인 재구성(Re-leasing) 등의 '가치 증대' 활동을 거쳐, 자산 가치를 극대화한 후 '매각(청산)'하여 자본 차익을 배분하는 것을 목표로 한다.

(2) **핵심 자산**: 성수동 꼬마빌딩, 연남동 노후 상가 등 '밸류애드' 잠재력이 큰 자산.

(3) **전략적 역할**: 포트폴리오의 '성장 엔진'. 보유 기간 배당은 0%일 수 있으나, 3~5년 뒤 '목돈'을 실현하는 것을 목표로 한다. 유동성은 2차 시장이 아닌 '청산 시점'에 발생한다.

3) 장기(Long-term): '초장기 계약'에 기반한 복리 효과

(1) **정의**: 7년, 10년, 15년 이상의 초장기 임대차 계약(WALE)에 기반한 상품. 혹은 대규모 개발 프로젝트(예: 용산, 마곡)와 연동되어 10년 이상의 투자가 필요한 상품.

(2) **핵심 자산**: 데이터센터(IDC), 스마트 물류센터, 초우량 기업 장기임차 오피스 등.

(3) **전략적 역할**: 포트폴리오의 '핵심 연금 계좌'. 단기 변동성을 무시하고, 10년 이상 안정적인 배당을 '복리'로 쌓아가는 것을 목표로 한다.

4.1.2. 현명한 해법: '만기 사다리(Maturity Ladder)' 포트폴리오

투자자는 자신의 미래 자금 소요 계획에 맞춰 이 세 가지 유형을 '사다리'처럼 배치해야 한다.

만기 유형	핵심 목표	STO 자산 예시	유동성 확보 수단	포트폴리오 역할
단기 (1~2년)	즉각적 현금화 (유동성 확보)	2차 시장 상장 '프라임 오피스'	2차 시장 거래소(매매)	비상금(CMA) • 원금 안정성
중기 (3~5년)	자본 차익 극대화 (목돈 마련)	'성수동' 밸류애드 꼬마빌딩	발행사의 자산 '매각(청산)'	성장 엔진(Growth) • 고위험-고수익
장기 (7~10년+)	안정적 배당 복리 (연금/장기 목돈)	'평택' 물류센터(WALE 12년)	초장기 배당 수취/ 청산	연금 계좌(Pension) • 안정적 현금흐름

4.2. 가상 사례: '생애 주기'에 맞춰 STO 만기를 설계한 대학원생 S 씨

1) **3,000만 원의 여유 자금을 STO에 투자:** 도시계획과 석사 과정에 재학 중인 S 씨는 3,000만 원의 여유 자금을 STO에 투자하기로 결심한다. 그녀는 자신의 '생애 주기 현금흐름표'를 먼저 그리는 환상적인 지적 활동을 수행한다.

- 단기 목표(1년 뒤): 박사 과정 진학을 위한 '어학연수' 자금 500만 원 필요(유동성 최우선)
- 중기 목표(4년 뒤): 박사 과정 졸업 및 '결혼' 자금 2,000만 원 필요(자본 증식 필요)
- 장기 목표(10년 뒤): '내 집 마련'을 위한 시드머니(복리 효과 필요)

S 씨는 이 3가지 목표를 달성하기 위해, 3,000만 원을 다음과 같이 '만기별 STO 사다리'로 분산 배분한다.

2) S 씨의 '만기 사다리형 STO 포트폴리오'(3,000만 원)

만기 구분	투자 STO 상품(가상)	투자금(비중)	S 씨의 환상적인 전략 설계
단기 저수지 (1년 만기)	'강남 GBD 프라임 오피스 STO' • (특징) 2차 시장 상장, 연 4.5% 배당	700만 원 (23%)	'어학연수' 자금(500)보다 넉넉하게 투입. 1년 뒤 시장 상황에 맞춰 '필요한 만큼만' 매도하여 유동성을 확보하고, 나머지는 유지한다.

중기 성장 엔진 (4년 만기)	'을지로 밸류애드 상가 STO' • (특징) 4년 리모델링 후 매각, 배당 0% • (목표) 4년 뒤 원금 2배(200%)	1,500만 원 (50%)	'결혼' 자금(2,000)을 위해 가장 큰 비중을 '자본 차익형' 상품에 집중 투자한다. 4년이라는 명확한 '청산' 시점이 존재해야 한다.
장기 연금 계좌 (10년+ 만기)	'가산 IDC 데이터센터 STO' • (특징) WALE 15년, 연 6.0% 배당	800만 원 (27%)	'내 집 마련' 시드머니. 10년간 발생하는 배당(연 48만 원)을 전액 '단기 GBD STO'에 재투자하여 '복리 효과'를 극대화한다.

3) **S 씨의 판단:** S 씨는 STO 포트폴리오 설계를 통해 '1년 뒤', '4년 뒤', '10년 뒤'라는 서로 다른 시간대에 현금이 흘러나오는 3개의 '파이프라인'을 환상적으로 구축했다.

4) **결론 및 시사점:** 1년 뒤 '단기 STO'를 매도하여 어학연수를 떠나고, 4년 뒤 '중기 STO'의 청산 자금으로 결혼을 준비하며, 그 모든 시간 동안 '장기 STO'는 10년 뒤의 꿈을 위해 조용히 복리로 성장하고 있을 것이다. 이는 STO 투자가 단순한 자산 증식을 넘어, '자신의 생애 주기를 스스로 설계하는' 환상적인 금융 도구가 될 수 있음을 증명하는 것이다.

5

주식, 채권 등 다른 자산군과 부동산 STO의 상관관계 분석 후 자산 배분과 가상사례

5.1. 주식, 채권 등 다른 자산군과 부동산 간의 상관관계가 낮은 포트폴리오를 짜서 자산을 배분한다.

자산 배분의 '성배(Holy Grail)'는 '상관관계(Correlation)'가 낮은, 즉 서로 다르게 움직이는 자산들을 하나의 포트폴리오에 담는 것이다. 전통적으로 부동산은 주식 시장과 낮은 상관관계를 보여 가장 환상적인 '분산투자' 자산으로 꼽혔다. 그러나 이는 막대한 자본을 동원할 수 있는 기관투자자들의 전유물이었다.

부동산 토큰증권(STO)은 이 기관의 무기를 개인에게 쥐여주는 '게임체인저'이다. STO는 개인이 비로소 '주식', '채권', 그리고 '부동산'이라는 3대 자산군을 자신의 계좌 안에서 조합할 수 있게 만든다.

지적인 투자자는 STO를 단일 상품으로 보지 않고, '전체 포트폴리오의 안정성을 높이는 방파제'로 활용해야 한다. 이를 위해 STO가 주식, 채권과 어떤 '환상적인 관계'를 맺고 있는지 심층적으로 분석할 필요가 있다.

5.1.1. STO와 주식(Stocks): '장기적으론 남, 단기적으론 친구'

STO와 주식의 상관관계는 '투자 기간'에 따라 이중적인 모습을 보인다.

(1) **장기적 관점(낮은 상관관계)**: 두 자산의 가치를 결정하는 '엔진'이 근본적으로 다르다. 주식의 가치는 기업의 '이익 성장성', '혁신', '경영 성과'에서 나온다. 반면, STO의 가치는 '임대료

(NOI)', '공실률', '자산의 물리적 상태'라는 '부동산 고유 사이클'에서 나온다.(예시) IT 기업의 실적이 악화되어 주가가 폭락하더라도, 그 기업이 임차한 광화문 오피스 빌딩의 '임대료 계약'은 10년간 유효할 수 있다. 이 '가치 동인의 비동조화'가 바로 STO가 제공하는 위험 분산의 핵심이다.

(2) **단기적 관점(높아지는 상관관계)**: STO는 '부동산'인 동시에 '거래소에서 매매되는 증권'이다. 이는 금융 위기나 팬데믹처럼 시장 전체를 덮치는 '체계적 위험(Systemic Risk)'이 발생할 때, 투자자들이 공포에 질려 모든 자산을 내던지는 '패닉 셀(Panic Sell)' 현상에 STO도 동조 화될 수 있음을 의미한다. 즉, 단기적으로는 '시장 심리'를 공유하며 주식과 유사하게 움직일 수 있다.

5.1.2. STO와 채권(Bonds): '금리'라는 중력에 묶인 쌍둥이

부동산 STO, 특히 '안정적 배당 추구형 STO'(예: 광화문 프라임 오피스)는 채권과 환상적일 만큼 높은 상관관계를 보인다.

(1) **인컴 자산(Income Asset)의 숙명**: STO의 '배당금'과 채권의 '이자'는 모두 '정기적인 현금흐름'이라는 동일한 속성을 지닌다. 투자자들은 이 둘을 '대체재'로 인식한다.

(2) **금리의 영향**: 중앙은행이 기준금리를 인상한다고 가정해 보자.

- 위험이 없는 국고채 금리(무위험수익률)가 연 5%가 된다.
- 투자자들은 "위험을 감수해야 하는 STO 배당률이 연 6%라면, 굳이 STO에 투자할 이유가 없다"고 판단한다.
- 투자자들은 STO를 매도하고 안전한 채권으로 이동한다.
- 결과적으로, 금리 인상(채권 가격 하락)은 STO의 상대적 매력을 떨어뜨려 STO의 가격 하락을 유발한다.

이는 STO 투자가 부동산 시장 뿐만 아니라, 중앙은행의 '금리 정책'이라는 거시경제의 흐름을 함께 읽어야 하는 고도의 지적 활동임을 증명한다.

5.1.3. 부동산 STO와 주요 자산군 간의 상관관계 분석

STO 비교 대상	예상 상관관계	상관관계의 본질 (지적 분석)	포트폴리오 역할
주식(Stocks) (장기적 관점)	낮음 (Low)	• 가치 동인(Driver)이 상이함. • (주식: 기업 이익/STO: 임대료)	위험 분산(Diversifier) 주식 시장의 변동성을 상쇄하는 '안정제'
채권(Bonds) (금리 민감도)	높음 (High)	• '인컴(Income) 자산'이라는 속성 공유. • 기준금리 변동에 동일한 방향성(가격 기준)으로 반응함.	대체 현금흐름 채권의 대안이 되는 '인플레이션 헤지형' 배당 자산
주식 시장 (Stocks) (단기적 관점)	높음 (High)	• '거래소 증권'이라는 속성 공유. • 시장 전체의 '패닉/환희' 등 심리적 요인에 동조화됨.	(단기 리스크 요인)

5.2. 가상 사례: '주식 100%'에서 'STO 방파제'를 구축한 핀테크 기획자 Y 씨

1) 포트폴리오에 '부동산의 DNA'를 이식하기로 결심: 핀테크 기업 전략팀에 근무하는 30대 Y 씨는 자신의 자산 1억 원 전액을 IT 성장주(주식)에 투자하고 있었다. 그러나 2023년의 금리 인상기 동안 KOSPI와 나스닥이 폭락하자, Y 씨는 자신의 자산이 '주식 시장의 변동성'에 100% 노출되어 있음을 깨닫는다.

   그녀는 부동산학 전공 지식을 살려, 자신의 포트폴리오에 '부동산의 DNA'를 이식하기로 결심한다.

   ■ Y 씨의 리밸런싱(Rebalancing) 전략

   Y 씨는 주식 시장(높은 변동성)과 장기적으로 '낮은 상관관계'를 지

닌 STO를 편입하여, 포트폴리오의 '방파제'를 구축하는 것을 목표로 한다. 그녀는 자산을 '주식 60%: STO 40%'로 리밸런싱한다.

■ STO 포트폴리오 구성(4,000만 원)

Y 씨는 4,000만 원의 STO마저도 분산한다.

(1) STO-A(2,000만): '광화문 프라임 오피스 STO'(배당형)

- **분석**: 임차인(초우량 금융사)이 IT 섹터와 무관하며, 10년 장기 계약이 묶여있다. 이는 자신의 'IT 성장주'와 상관관계가 '0'에 가까운 '안정적인 닻(Anchor)'이다.

(2) STO-B(2,000만): '성수동 밸류애드 꼬마빌딩 STO'(성장형)

- **분석**: '리모델링 성공'이라는 이벤트에 기반한 성장 자산이다. 이는 'IT 섹터'와는 또 다른 '성장 동인'을 가지므로, 성장 자산 간의 위험 분산이 가능하다.

■ 환상적인 스트레스 테스트

1년 후, Y 씨가 우려했던 'IT 섹터 버블 붕괴'가 발생하여 KOSPI IT 지수가 -30% 폭락했다고 가정한다.

2) Y 씨의 자산 배분(Rebalancing) 전후 스트레스 테스트 비교

항목	리밸런싱 이전 (Before)	리밸런싱 이후 (After)
포트폴리오	주식 100%(IT 성장주)	• 주식 60%(IT 성장주) • STO 40%(광화문 20% + 성수동 20%)
총 자산	1억 원	1억 원
[테스트: IT 섹터 -30% 폭락]		
주식 평가액(손실)	7,000만 원(손실 -3,000)	4,200만 원(손실 -1,800)
STO 평가액(손실)	-	4,000만 원(손실 0)(STO의 가치(임대료)는 IT 버블과 무관함)

총 자산 평가 액	7,000만 원	8,200만 원
환상적 결론	시장의 충격을 100% 흡수함.	STO가 '방파제' 역할을 하여 자산 하락을 -18%로 방어함.(포트폴리오 안정성 달성)

3) **결론 및 시사점:** Y 씨는 STO의 낮은 상관관계를 활용하여, 'IT 주식'이라는 단일 엔진이 꺼지더라도 '부동산 임대료'라는 제2의 엔진이 포트폴리오를 지탱하는 환상적인 '자산 배분'에 성공한 것이다.

주제 11

반드시 알아야 할 STO 관련 세금 상식

1

배당소득에 대한 과세: 원천징수 세율 및 종합소득세 합산 기준과 가상사례

1.1. 배당소득에 대한 과세: 원천징수 세율 및 종합소득세 합산 기준

부동산 토큰증권(STO) 투자자가 투자설명서에서 마주하는 '연 7%'와 같은 '예상 배당수익률'은 세금을 공제하기 전의 환상적인 숫자일 뿐이다. 지적인 투자자는 이 숫자가 '세금'이라는 거대한 필터를 거친 후, 자신의 계좌에 실제로 얼마가 귀속되는지(세후 수익률)를 계산할 수 있어야 한다.

STO는 법적으로 '증권'으로 분류되며, 여기서 발생하는 정기적인 임대수익은 '주식 배당금'과 동일한 '배당소득(Dividend Income)'으로 취급된다. 이 배당소득에 대한 과세는 크게 두 단계의 필터를 거치게 되며, 이 두 단계를 이해하는 것은 STO 투자의 최종 성과를 결정짓는 핵심적인 지적 활동이다.

1.1.1. 배당소득에 대한 과세는 두 단계의 필터를 거친다.

1) 제1 필터: '원천징수(Withholding Tax)'라는 보편적 차감

첫 번째 필터는 모든 투자자에게 예외 없이 적용되는 '원천징수'이다. 이는 투자자가 배당금을 수령할 때, STO 발행사(증권사)가 세금을 '미리 떼고' 남은 금액만 지급하는 것을 의미한다.

- 원천징수 세율: 15.4%(구성: 소득세 14% + 지방소득세 1.4%)

이는 STO 투자의 가장 기본적인 '비용'이다. 아무리 높은 배당을 약속하는 상품이라도, 투자자의 실질 수익은 이 15.4%만큼 즉시 차감된 상태에서 시작한다.

■ **원천징수 세율(15.4%) 적용 시 세전 vs 세후 배당수익률**

STO 상품	세전 예상 배당수익률(A)	원천징수 세율(15.4%)	실질 세후 배당수익률(A ×(1-0.154))
광화문 오피스 (안정형)	5.0%	15.4%	4.23%
성수동 밸류애드 (성장형)	7.0%	15.4%	5.92%
청년주택 (ESG형)	4.0%	15.4%	3.38%

2) 제2 필터: '금융소득 2,000만 원'이라는 환상적인 분기점

대부분의 소액 투자자는 제1 필터(15.4%)만 통과하면 모든 과세가 종료된다. 이를 '분리과세'라고 한다.

그러나 특정 기준을 넘어서는 순간, 투자자는 '종합소득세 합산'이라는 두 번째 필터이자, 훨씬 더 강력한 '과세의 중력'에 진입하게 된다. 이는 고소득 투자자에게는 환상적이면서도 치명적인 함정이 될 수 있다.

• 합산 기준: 연간 '금융소득(Financial Income)' 합계액 2,000만 원 초과 여부

• 금융소득의 정의: STO 배당소득 뿐만 아니라, 투자자가 1년간 수령한 모든 은행 이자, 주식 배당금, ELS/ETF 수익 등을 '전부 합산'한 금액이다.

1.1.2. 시나리오 A와 시나리오 B의 세율

1) 시나리오 A: 연간 금융소득 2,000만 원 '이하'(대부분의 투자자)

(1) 결과: 분리과세로 납세 의무 종결.

(2) 지적 분석: 15.4%의 원천징수 세율이 곧 '최종 세율'이 된다. 투자자는 다른 소득(근로소득 등)이 아무리 많아도 추가 세금을 걱정할 필요가 없다.

2) 시나리오 B: 연간 금융소득 2,000만 원 '초과'(고소득 투자자)

(1) 결과: 금융소득 '전액'(2,000만 원을 초과하는 금액만이 아님)이 투자자의 다른 소득(예: 근로소득, 사업소득)과 합산되어 '종합소득세'가 다시 계산된다.

누진세율(Progressive Tax Rate)의 적용: 종합소득세율은 소득 구간에 따라 6.6%에서 최대 "49.5%(지방세 포함)"까지 올라간다.

(2) 치명적 함정: 만약 이미 연봉이 1억 5천만 원을 넘어 41.8% 세율 구간에 있는 투자자(예: 교수, 전문직)라면, STO에서 발생하는 배당금(6%) 역시 15.4%가 아닌 41.8%의 세율을 적용 받게 된다.

1.2. 가상 사례: '동일한 6% STO'에 투자한 학생과 교수의 상반된 운명

강남 오피스 양극화...프리미엄급 뜨고·중소형급 지고 https://zdnet.co.kr

1) 환상적인 배당수익률을 보고 각각 1억 원씩 투자를 결심: 도시공학과 대학원생 K 군과 그의 지도교수인 P교수는 '강남 GBD 프라임 오피스 STO'가 제시하는 '연 6.0%(세전)'라는 환상적인 배당수익률을 보고 각각 1억 원씩 투자를 결심한다.(연 600만 원의 세전 배당 기대)

2) 동일 STO 상품에 대한 K 군과 P교수의 세후 수익률 비교

구분	학생 K 군 (근로소득 0원)	교수 P교수 (근로소득 1.6억 원)
(A) 기존 금융소득	은행 이자 100만 원	주식 배당, ELS 수익 등 1,500만 원
(B) 신규 STO 배당	600만 원	600만 원
(A+B) 연간 총 금융소득	700만 원	2,100만 원
종합소득세 합산 기준	2,000만 원 '이하'	2,000만 원 '초과'
[과세 방식의 결정]		
적용 방식	분리과세(종결)	종합소득세 합산
STO 배당금(B)에 적용되는 '실질 세율'	15.4%(원천징수 세율)	41.8% (P교수의 한계세율 구간, 38%+3.8%)

[최종 세후 수익률]		
STO 세전 수익률	6.0%	6.0%
STO 세후 수익률	6.0% x (1 - 0.154) = 5.076%	6.0% x (1 - 0.418) = 3.492%

3) 결론: K 군과 P교수는 동일한 날, 동일한 가격에 '연 6.0%'짜리 STO 상품을 매수했다.

4) 시사점: 그러나 1년 뒤, '세금'이라는 필터를 거치자, K 군에게 이 STO는 '연 5.1%짜리 우량 투자'가 되었지만, P교수에게는 은행 예금보다 못한 '연 3.5%짜리 저수익 투자'가 되어버린 것이다.
이는 STO 투자가 단순히 '좋은 건물'을 고르는 행위가 아니라, '자신의 현재 소득 구조'라는 거울에 비추어 '세후 수익률'을 계산해야 하는 환상적이고도 치밀한 '세무 전략'임을 증명하는 것이다.

2

토큰 매매 차익에 대한 과세: 금융투자소득세 도입 및 향후 전망 분석과 가상사례

4.1. 토큰 매매 차익에 대한 과세: 금융투자소득세 도입 및 향후 전망 분석

부동산 토큰증권(STO) 투자의 수익은 두 개의 엔진으로 구동된다. 첫 번째는 보유 기간의 '배당소득'이며, 두 번째는 투자의 대미를 장식하는 '매각 차익(Capital Gain)'이다. 투자자가 1만 원에 매입한 STO 토큰을 3년 뒤 1만 5천 원에 매도하여 5천 원의 차익을 얻는 순간, 이 '달콤한 이익'은 '세금'이라는 현실적인 문제를 마주하게 된다.

이는 STO 투자의 수익성을 결정짓는 가장 치명적이면서도 환상적인 변수이다. 본 장에서는 이 '매매 차익'에 대한 과세 체계, 특히 '금융투자소득세(금투세)'라는 거대한 패러다임의 전환과 이것이 STO 투자자에게 미칠 영향을 심층적으로 분석한다.

2.1.1. 과세의 현주소: '유예'된 미래, 금융투자소득세(금투세)

현재(2025년 기준) STO 매매 차익에 대한 과세 체계는 명확한 '공백' 상태에 가깝다. STO 자체가 새로운 형태의 증권이며, 이를 포괄하여 과세하기 위해 설계된 '금융투자소득세(이하 금투세)'의 시행이 유예되었기 때문이다.

하지만 투자자는 '현재'가 아닌 '미래'를 보고 투자해야 한다. 금투세는 STO를 포함한 모든 금융투자상품의 자본 차익을 과세 대상으로 삼는다는 명확한 '설계도'이다. 따라서 이 제도의 본질을 이해하는 것은 STO 투자의 장기 수익률을 예측하는 핵심적인 지적 활동이다.

■ **금투세의 환상적인 작동 원리:** '손익통산'과 '분리과세'

금투세는 기존의 복잡한 세제를 '하나의 환상적인 바구니'로 통합하는 것을 목표로 한다. 그 핵심 원리는 다음과 같다.

(1) **손익통산**(Profit & Loss Aggregation):

- **과거:** 투자자가 A주식에서 1억 원 이익, B펀드에서 3천만 원 손실을 봤다면, B의 손실과 무관하게 A의 이익에 대해 세금을 내야 했다.
- **금투세:** 1년간 발생한 모든 금융투자상품(주식, 펀드, STO 등)

의 이익과 손실을 "'전부 합산'"한다.(예: 1억 이익 - 3천 손실 = 최종 이익 7천만 원). 이는 투자자에게 환상적으로 유리한 '합리적 과세' 방식이다.

(2) 기본공제(Basic Deduction):

합산된 최종 이익 전체에 과세하는 것이 아니라, 일정 금액을 '기본공제'한다.

- 국내 상장주식 등: 연 5,000만 원 공제(예정안 기준)
- 기타 금융상품(STO 포함 가능성 높음): 연 250만 원 공제(예정안 기준)

(3) 분리과세(Separate Taxation):

이익(기본공제 초과분)을 투자자의 다른 소득(근로, 사업)과 합산하지 않고, "별도의 세율(예: 20%, 3억 초과분 25%)"로 분리하여 과세한다.

2.1.2. STO 투자자의 운명: '250만 원'이라는 치명적인 분기점

도시계획 및 부동산 전공자들이 주목해야 할 가장 지적인 지점은 STO가 '어느 바구니'에 속하게 될 것인가이다.

STO는 그 본질상 '비금전신탁 수익증권' 또는 '투자계약증권'이다. 이는 KOSPI에 상장된 '국내 상장주식'과는 명백히 다르다. 따라서 금투세 시행 시, STO의 매매 차익은 '기타 금융상품'으로 분류되어 연 250만 원의 기본공제를 적용 받을 가능성이 매우 높다.

이는 연 5,000만 원까지 사실상 비과세인 국내 주식 투자와 비교할 때, STO 투자는 '훨씬 낮은 문턱에서부터 과세가 시작됨'을 의미한다.

■ 금투세(안) 하의 '주식 투자' vs 'STO 투자' 매매 차익 과세 비교

비교 항목	국내 상장주식 투자	부동산 STO 투자(예상)
자산 분류	국내 상장주식	기타 금융투자상품(수익증권 등)
손익통산	(모든 금융투자와 합산)	(모든 금융투자와 합산)
기본공제 (연간)	5,000만 원	250만 원
세율 (공제 초과분)	20%(3억 초과 25%)	20%(3억 초과 25%)
지적 통찰	연 5,000만 원 이하의 차익은 세금이 없다.	연 250만 원을 초과하는 차익부터 즉시 세금이 발생한다.

2.2. 가상 사례: '손익통산'은 환상, '기본공제'는 함정

1) 1년간 총 700만 원의 순이익을 얻었지만, 그들의 최종 세후 수익은 달랐다: IT기업 직장인 Y 씨와 K 씨는 금투세가 시행된 202X년을 가정하고, 각각 3,000만 원을 투자했다. 두 사람 모두 1년간 총 700만 원의 순이익을 얻었지만, 그들의 최종 세후 수익은 달랐다.

2) 동일 순이익(700만 원)에 대한 Y 씨와 K 씨의 과세 시뮬레이션

투자자	항목	내용	금액
Y 씨 (주식 투자자)	[이익] A바이오 주식	매매 차익	+1,000만 원
	[손실] B반도체 주식	매매 차손	-300만 원
	(1) 총 손익(손익통산)	(+1,000) + (-300)	+700만 원
	(2) 기본공제(상장주식)		-5,000만 원
	(3) 과세표준	(1) - (2)	0원
	(4) 최종 납부 세금	(3) $₩times$ 20%	0원

K 씨 (STO 투자자)	[이익] '성수동 밸류애드 STO'	매매 차익	+1,000만 원
	[손실] '해운대 호텔 STO'	매매 차손	-300만 원
	(1) 총 손익(손익통산)	(+1,000) + (-300)	+700만 원
	(2) 기본공제(STO = 기타)		-250만 원
	(3) 과세표준	(1) - (2)	450만 원
	(4) 최종 납부 세금	(3) x 22%(지방세 포함)	99만 원

3) 결론: Y 씨와 K 씨는 '손익통산'이라는 환상적인 제도 덕분에 두 사람 모두 순이익 700만 원에 대해서만 과세 대상이 되었다.
   그러나 Y 씨는 '상장주식'의 5,000만 원 공제 범위 안에 있어 세금을 한 푼도 내지 않은 반면, K 씨는 'STO'가 '기타 상품'으로 분류되어 250만 원 공제만 받게 되었다.

4) 시시점: 결국 K 씨는 700만 원의 동일한 이익을 얻고도 99만 원의 세금을 납부하게 된 것이다. 이는 STO 투자가 배당소득세(15.4%)뿐만 아니라, 자본 차익에 대해서도 '주식보다 훨씬 민감하게' 과세될 수 있음을 보여주는 치명적이면서도 지적인 사례인 것이다.

3

증여 및 상속 시 토큰의 가치 평가 및 과세와 가상사례

3.1. 증여 및 상속 시 토큰의 가치 평가 및 과세

부동산 토큰증권(STO)은 '부동산'이라는 실물자산에 대한 '권리'를 '증권'의 형태로 디지털 화한 것이다. 따라서 투자자가 보유한 STO 토큰은 주식이나 채권과 동일하게 상속 및 증여의 대상이 되는 명백한 '재산권(Property Right)'이다.

그러나 이 새로운 형태의 자산을 상속하거나 증여할 때, 과세 당국(국세청)과 납세자는 "이 토큰의 가치를 얼마로 평가할 것인가?"라는 환상적이면서도 본질적인 질문에 직면하게 된다. 이는 STO의 가치가 '2차 시장에서 거래되는 토큰 가격'과 '기초자산인 부동산의 실물 가치'라는 두 개의 거울에 동시에 비치기 때문이다.

본 절에서는 STO의 증여 및 상속 시 발생하는 가치 평가의 핵심 원칙과 과세 구조, 그리고 이것이 전통적인 부동산 증여 방식과 비교하여 어떤 환상적인 차이를 만들어내는지 심층적으로 분석한다.

3.1.1. 가치 평가의 핵심: '시가(Market Value)'의 원칙

상속세 및 증여세법(이하 '상증세법')은 '시가 평가'를 대원칙으로 한다. 즉, 상속 개시일(사망일) 또는 증여일(토큰 이전일) 현재의 '객관적인 시장 가치'를 기준으로 과세표준을 산정한다. STO는 그 유통 방식에 따라 평가 기준이 극명하게 갈린다.

1) 상장 STO: '거래소 가격'이라는 명확한 기준

STO가 한국거래소(KRX) 디지털 증권시장이나 공인된 장외거래 중개 플랫폼에 '상장'되어 활발히 거래되는 경우, 그 가치 평가는 KOSPI 상장 주식과 동일한 기준을 따르게 될 것이다.

(1) **평가 방법**: 상증세법 시행령에 따라, 평가 기준일(상속/증여일) 이전·이후 각 2개월(총 4개월)간 공표된 매일의 최종 시세가액(종가)의 평균액으로 평가한다.

(2) **장점:** 가치 평가가 '투명'하고 '간편'하며, 납세자와 과세 당국 간의 분쟁 소지가 현저히 줄어든다.

(3) **단점:** 시장의 비이성적 과열(오버슈팅)이나 침체(투매)로 인해, STO의 본질 가치(NAV)와 '괴리'된 가격으로 세액이 결정될 위험이 존재한다.

2) 비상장 STO: '부동산 본질 가치(NAV)'로의 회귀

문제는 2차 시장이 없거나, 거래량이 극히 적어 '시가'를 산정할 수 없는 '비상장' STO이다. 이 경우, 세법은 '보충적 평가방법'을 사용하도록 강제한다.

STO의 보충적 평가는 일반 비상장 주식(수익가치와 순자산가치를 가중평균)과 달리, 그 본질이 '부동산 신탁 수익증권'이므로 '순자산가치(Net Asset Value, NAV)'가 절대적인 기준이 될 것이다.

- 환상적인 평가 공식:
- 지적 분석: 이는 결국 STO라는 '증권'의 껍데기를 벗기고, 그 안에 담긴 '부동산의 알맹이 가치'를 기준으로 과세하겠다는 의미이다. 이 경우, 공신력 있는 감정평가법인의 '감정평가보고서'가 과세의 핵심 근거 자료가 된다.

■ **STO 증여/상속 시 가치 평가 방법 비교**

구분	상장 STO(거래소 유통)	비상장 STO(유통시장 부재)
평가 원칙	시가 평가(Market Price)	보충적 평가(NAV)
평가 기준	상장 주식과 동일(예: 총 4개월 종가 평균)	순자산가치(부동산 감정평가액 기반)
핵심 변수	2차 시장의 '거래 가격' 및 '거래량'	기초자산의 '감정평가액' 및 '부채 규모'
특징	평가가 간편하나, 본질 가치와 괴리 가능	평가가 복잡하나(감정평가 필요), 본질 가치에 근접

3.1.2. 과세의 혁명: '취득세'가 사라지는 환상적인 효과

STO 증여/상속의 가장 환상적인 지점은 '가치 평가'가 아니라 '세목 구조'에 있다.

전통 방식에서 아버지가 아들에게 100억 원짜리 빌딩의 '지분 10%'(10억 원)를 증여한다고 가정해 보자. 아들은 ① 10억 원에 대한 '증여세'와 ② '부동산 지분 10%'에 대한 '취득세'(약 4.0% 내외)를 모두 납부해야 한다.

그러나 아버지가 100억 원 빌딩을 기초자산으로 발행된 'STO 토큰 10%'(10억 원)를 증여한다면 어떻게 될까? 아들은 ① 10억 원에 대한 '증여세'는 동일하게 납부한다. 하지만 아들이 취득한 것은 '부동산'이 아니라 '증권(토큰)'이다. '증권'의 취득에는 '취득세'가 발생하지 않는다.

STO는 '부동산 소유권'을 '증권 소유권'으로 치환함으로써, 부의 이전에 수반되던 가장 큰 마찰 비용(취득세)을 합법적으로 '소멸'시키는 환상적인 효과를 발휘하는 것이다.

3.2. 가상 사례: 경영학과 교수의 '가로수길 STO' 증여 설계

1) **꼬마빌딩(부채 100억, 순자산 100억)증여:** 경영학과 K교수는 강남 신사동 가로수길에 200억 원 가치의 꼬마빌딩(부채 100억, 순자산 100억)을 소유하고 있다. 그는 도시설계 전공자인 딸에게 이 자산의 일부를 증여하여 '도시재생'의 꿈을 이어가게 하고 싶다.

2) K교수의 '10억 원' 증여 방식에 따른 세금 비교 시뮬레이션

항목	[전략 A] 전통 방식(지분 증여)	[전략 B] STO 방식(토큰 증여)
증여 대상	건물 지분 10% (순자산 10억 원 가치)	100억 가치로 발행된 '가로수길 STO' 10%
증여 과정	복잡한 '부동산 지분 등기' 이전	간편한 '증권 계좌' 이체

가치 평가	100억 원(순자산) 10% = 10억 원	(비상장 가정) NAV 100억 원 10% = 10억 원
[딸이 납부할 세금]		
1. 증여세	10억 원에 대한 누진세율(약 2.4억 원)	10억 원에 대한 누진세율(약 2.4억 원)
2. 취득세	(취득가액 10억 원 약 4.0%) = 약 4,000만 원	0원(증권 취득으로 과세 대상 아님)
최종 납부 세금 합계	약 2억 8,000만 원	약 2억 4,000만 원

신사역 도보 1분 도산대로변 빌딩 300억…가로수길 패션 상권 핵심 https://dbritz.kr

3) **현명한 결론:** K교수는 STO라는 '금융의 옷'을 입히는 것만으로, 딸의 세금 부담(거래 비용)을 4,000만 원이나 절감시키는 환상적인 절세 전략을 설계했다.

4) **시사점:** 딸은 4,000만 원의 현금을 아낀 것은 물론, 향후 이 STO를 '상속'받을 때도 '취득세' 없이 '상속세'만 납부하면 된다. 이는 STO가 단순한 투자 상품을 넘어, '부동산 부의 이전' 방식 자체를 근본적으로 바꾸는, 자산가 모두가 주목해야 할 환상적인 도구임을 증명하는 것이다.

4

해외 부동산 기반 STO 투자 시 발생하는 환율 변동과 해외 세금과 가상사례

4.1. 해외 부동산 기반 STO 투자 시 발생하는 환율 변동과 해외 세금

부동산 토큰증권(STO)이 열어주는 가장 환상적인 기회의 창은, 개인 투자자의 자본이 '국경'을 넘어설 수 있게 한다는 점이다. 우리는 이제 안방에서 10만 원으로 뉴욕 맨해튼의 오피스 빌딩이나 도쿄 시부야의 리테일 상가 지분을 소유하는 '글로벌 건물주'가 될 수 있다.

그러나 이 환상적인 기회에는 국내 STO 투자에서는 겪어보지 못한, 두 가지 치명적이면서도 지적인 리스크가 동반된다. 그것은 바로 자산의 가치를 끊임없이 흔드는 '환율(Foreign Exchange)'이라는 보이지 않는 손과, 두 개의 국가가 과세권을 주장하는 '세금(Tax)'이라는 복잡한 그물이다.

본 절에서는 이 두 가지 핵심 변수가 해외 부동산 STO의 최종 수익률을 어떻게 결정하는지 심층적으로 해부한다.

4.1.1. 환율 변동(FX Risk): '자산 가치'와 '환 가치'의 이중 베팅

해외 부동산 STO에 원화(KRW)로 투자하는 순간, 투자자는 두 개의 분리된 게임에 동시에 베팅하는 것이다.

(1) 게임 1: 해당 부동산의 가치(달러/엔화 표시)가 오를 것인가?

(2) 게임 2: 원화 대비 해당 국가 통화(달러/엔화)의 가치가 오를 것인가?

STO의 최종 원화(KRW) 수익률은 이 두 게임의 '곱셈'으로 결정된다.

1) 배당 수익에 미치는 영향

투자자는 배당을 현지 통화(예: USD)로 받는다. 이 달러를 원화로 환전하여 지급받는 시점의 환율에 따라, 나의 '실질 배당수익률'은 매 분기 널뛰기를 하게 된다.

- (예시) 분기 배당 100달러 가정

  1분기(환율 1,200원/달러): 120,000원 수령

  2분기(환율 1,400원/달러): 140,000원 수령

빌딩의 임대료는 100달러로 동일했음에도, 투자자는 2분기에 환율 변동만으로 2만 원의 '환차익'을 추가로 얻게 된다.

2) 매각 차익에 미치는 영향(치명적 변수)

더욱 극적인 효과는 '매각(청산)' 시점에 발생한다.

(1) **환상적 시나리오:** 부동산 가치 상승 + 원화 약세(환율 상승) = 수익 극대화

(2) **치명적 시나리오:** 부동산 가치 상승 + 원화 강세(환율 하락) = 수익 잠식(혹은 손실)

이는 투자한 '빌딩'의 가치가 올랐음에도 불구하고, '환율' 때문에 원금 손실을 볼 수 있음을 의미한다. 이 리스크를 피하기 위해 발행사가 '환헤지(Hedged)' 상품을 제공할 수 있으나, 이는 '헤지 비용'을 발생시켜 배당수익률을 감소시키는 요인이 된다.

4.1.2. 해외 세금: '이중 과세(Double Taxation)'와 '세액 공제'의 이해

투자자가 뉴욕 맨해튼 빌딩 STO에서 배당을 받으면, '미국 국세청(IRS)'과 '한국 국세청(NTS)'이라는 두 개의 과세 당국이 동시에 나타난다.

(1) **현지국 과세(원천지국):** 미국 IRS는 "우리 영토(미국)에서 발생

한 소득(임대료)이므로 우리가 먼저 과세한다"고 주장한다.(예: 15%~30% 원천징수)

(2) 거주국 과세(한국): 한국 NTS는 "당신은 한국 거주자이므로 전 세계(미국 포함)에서 번 모든 소득을 합산하여 신고하라"고 주장한다.

1) '이중과세 방지조약'이라는 환상적인 해법

만약 양국에 세금을 모두 낸다면 이는 '이중과세'이다. 이를 방지하기 위해 '한미 조세조약' 등이 존재하며, 핵심은 '외국납부세액공제(Foreign Tax Credit)'이다.

(1) 작동 원리:

- (가정) STO 배당소득 100만 원 발생.
- (미국) 현지 세율 15% 적용 =〉미국에 15만 원 납부.
- (한국) 한국 세율 15.4%(분리과세) 혹은 종합소득세율(예: 24%) 적용.
- (한국 NTS) "당신의 총 세금은 24만 원이지만, 미국에 이미 15만 원을 냈군요. 그럼 그 금액을 '공제'해 줄 테니, 차액인 9만 원만 우리에게 내십시오."

2) 투자자의 의무

투자자는 STO 발행사가 이 '외국납부세액공제' 절차를 투자자를 대신하여 투명하고 정확하게 처리해 주는지 투자설명서를 통해 반드시 확인해야 한다. 매각 차익(Capital Gain)에 대해서도 동일한 원리가 적용될 것이다.

■ 해외 부동산 STO의 핵심 리스크와 분석 포인트

핵심 변수	세부 내용	지적 분석 포인트(Checklist)
환율 (FX Risk)	STO의 KRW 가치를 변동시킴	• 이 상품은 '환헤지(H)' 상품인가, '환노출(UH)' 상품인가? • 나의 투자가 '부동산'뿐 아니라 '달러/엔화'에도 베팅하는 것임을 인지하는가?
세금 (Tax Risk)	이중 과세 및 세무 처리	• STO 발행사가 '현지 세금'을 어떻게 처리하는가? • '외국납부세액공제' 절차가 명확히 안내되어 있는가?

4.2. 가상 사례: '뉴욕 빌딩'은 올랐는데, '내 원금'은 손해 본 S 씨의 역설

미국 뉴욕 맨해튼 미드타운 오피스빌딩 https://kr.freepik.com

1) '뉴욕 맨해튼 미드타운 오피스 STO'(환노출형)에 1,000만 원(100토큰)을 투자: S 씨는 '글로벌 건물주'의 꿈을 안고, '뉴욕 맨해튼 미드타운 오피스 STO'(환노출형)에 1,000만 원(100토큰)을 투자했다. 당시 그녀의 지적 분석은 다음과 같다.

2) S 씨의 '뉴욕 STO' 투자 시점(0년 차)

항목	투자 내용
S 씨 투자금(KRW)	1,000만 원
당시 환율(KRW/USD)	1,250원

STO 1토큰 가격(KRW)	100,000원
STO 1토큰 가치(USD)	(100,000 / 1,250) = $80.0

3) **시나리오:** 2년 뒤, '자산'과 '치명적인 환율'의 만남

2년 후, S 씨의 예상대로 '뉴욕 오피스' 시장은 호황을 맞이했다. 그러나 동시에 미국 경기가 과열되며 한국 경제는 상대적으로 견조한 '원화 강세' 시대를 맞이한다.

4) S 씨의 2년 후 투자 성과 분석(청산 시점)

항목	2년 후 평가	S 씨의 환상적인(그러나 치명적인) 분석
자산 가치 (USD)	1토큰당 $80 → $92 (15% 상승)	(분석 성공) "내가 선택한 '뉴욕 빌딩'은 15%나 상승했다! 환상적인 투자였다."
환율 (KRW/USD)	1,250원 → 1,050원 (원화 16% 강세)	(리스크 간과) "그러나 원화 가치가 달러보다 훨씬 강해졌다..."
S 씨의 토큰 가치 (KRW)	92 x1,050원 = $ 96,600원	
최초 토큰 가격 (KRW)	100,000원	
최종 손익 (KRW)	96,600원 - 100,000원 = -3,400원(손실)	(최종 결론)

5) **결과:** S 씨는 '뉴욕 부동산'이라는 게임(게임 1) 에서는 15%의 승리를 거두었으나, '환율'이라는 게임(게임 2) 에서 -16%의 패배를 당했다. 그 결과, 두 게임의 곱셈으로 그녀의 최종 원화(KRW) 자산은 -3.4%의 손실을 기록하는 역설을 맞이하게 된다.

6) **시사점:** 이는 해외 부동산 STO 투자가 단순한 '부동산 투자'가 아니라, '환율'과 '세금'이라는 변수까지 고려해야 하는 고도의 '국제 금융 투자(Global Macro Investment)'임을 증명하는 것이다.

5

STO 투자 시 AI 세무 전문가와 합법적인 절세 전략 상담과 가상사례

5.1. STO 투자 시 AI 세무 전문가와 합법적인 절세 전략 상담

부동산 토큰증권(STO) 투자는 '부동산(실물)'과 '증권(금융)'이라는 두 가지 과세 체계가 중첩되는 환상적이면서도 복잡한 영역이다. 투자자가 STO를 통해 얻는 수익은 크게 '배당소득'과 '매매 차익'으로 나뉘며, 이 두 가지 수익은 투자자의 기존 소득 구조와 결합하여 '세금 폭탄'이라는 치명적인 함정이 될 수 있다.

전통적인 세무 상담은 1년에 한 번, 이미 발생한 소득을 '신고'하는 '사후적(Reactive)' 행위에 가까웠다. 그러나 STO와 같이 실시간으로 현금 흐름이 발생하는 포트폴리오 시대에는, '사전적(Proactive)'이고 '실시간(Real-time)'으로 작동하는 지적인 조력자가 필요하다.

이 역할을 수행할 가장 환상적인 대안이 바로 'AI 세무 전문가'이다. AI 세무 전문가는 투자자의 모든 자산(급여, 주식, 채권, STO)을 실시간으로 모니터링하며, 세법상 '최적의 균형점'을 찾아내어 합법적인 절세 전략을 제시하는 '개인화된 디지털 CFO'가 될 것이다.

5.1.1. STO 투자의 3대 세금 함정과 AI의 역할

STO 투자자가 직면하는 세금 문제는 3가지 핵심 분기점에서 발생하며, AI는 이 분기점을 관리하는 환상적인 솔루션을 제공한다.

■ STO 투자의 3대 세금 함정(Trap)과 AI의 지적 해법

구분	세금 함정 (Tax Trap)	전통적 투자자의 한계	AI 세무 전문가의 해법
배당 소득	'금융소득 2,000만 원'의 덫 • 총 금융소득(이자+배당)이 연 2,000만 원을 초과하면, 전액이 근로/사업소득과 합산되어 '종합소득세'(최대 49.5%) 대상이 된다.	"내가 올해 은행 이자를 얼마 받았는지, 주식 배당을 총 얼마 받았는지 실시간으로 알 수 없다."	[실시간 모니터링 및 경고] • 투자자의 모든 계좌를 연동하여 '현재 누적 금융소득 1,950만 원'을 실시간 추적. • "다음 주 '광화문 STO' 배당(60만 원) 수령 시, 한계세율이 15.4%에서 41.8%로 급증합니다."(경고)
매매 차익	'금투세(예정)'의 함정 • STO는 '기타 금융상품'으로 분류되어 '연 250만 원'의 낮은 기본공제를 적용받을 가능성이 높다.	"언제 파는 것이 유리한지 '감'으로 결정하며, 세후 수익률 계산에 실패한다."	[최적 매도 시점 시뮬레이션] • "A 주식(+500만 원), B 펀드(-300만 원) 상황에서, '성수동 STO'(+1,000만 원) 매도 시 '손익통산'을 적용한 최종 세액(00원)을 즉시 계산한다."
증여/상속	'취득세 0원'의 기회 • STO는 '증권'이므로 증여세는 내지만 '취득세'가 없다. 이는 전통적 부동산 증여 대비 환상적인 절세 포인트이다.	"언제, 얼마를, 누구에게 증여하는 것이 최적인지 법률적/세무적 판단이 어렵다."	[최적 자산 이전 설계] • "배당 기준일 이전에 자녀에게 증여하여 '금융소득'을 분산시키십시오." • "부동산 본질 가치(NAV) 대비 2차 시장 가격이 '저평가'된 지금이 증여세 최소화의 적기입니다."

5.1.2. AI 세무 전문가의 작동 원리: '최적화'의 마법

AI 세무 전문가의 핵심은 '신고'가 아닌 '최적화(Optimization)'이다.

(1) **실시간 대시보드:** 투자자의 모든 소득(근로소득, STO 배당, 주식 배당, 이자)과 지출을 하나의 대시보드에 통합한다.

(2) **시뮬레이션 엔진:** "만약 오늘 A-STO를 500만 원 매도한다면?" 혹은 "만약 B-STO를 배우자에게 1,000만 원 증여한다면?"과 같은 모든 '가상 시나리오'에 대한 '최종 세후 실수령액'을 즉각적으로 계산해낸다.

(3) **전략적 조언(Alert)**: 투자자가 특정 '세금 임계점'(예: 금융소득 1,900만 원 도달)에 근접하면, 손실을 실현(Loss Harvesting)하거나 소득 발생 시점을 이연(Deferral)하는 등의 합법적 절세 전략을 '미리' 제안한다.

5.2. 가상 사례: '금융소득 2,000만 원'의 덫을 피한 K교수

유휴건물 가치 높이는 '밸류애드' 전략 자투리 재활용 'UP' 현장 https://www.jaturi.kr

1) **이미 '연 1,900만 원'의 금융소득(주식 배당, ELS 수익 등)을 확보한 상태**: 마케팅학과 K교수는 높은 연봉(과세표준 1억 5천만 원 초과, 한계세율 41.8% 적용)을 받는 고소득자이다. 그는 다양한 금융 투자를 통해 이미 '연 1,900만 원'의 금융소득(주식 배당, ELS 수익 등)을 확보한 상태이다.

이때, K교수는 '성수동 밸류애드 STO'에 투자하여, 12월 말에 '연말 특별배당 150만 원'을 수령할 예정이었다.

2) K교수와 'AI 세무 전문가'의 가상 상담 시뮬레이션

투자자	행동	AI 세무 전문가("Tax-Bot")
K교수 (자각)	"배당 150만 원이 들어오니 좋군."	[!! WARNING !!](D-10일, 배당 기준일 10일 전) • [현황] 교수님의 202X년 누적 금융소득은 1,900만 원입니다. • [경고] 10일 뒤 '성수동 STO' 배당(150만 원) 수령 시, 총 금융소득이 2,050만 원이 됩니다. • [치명적 결과] 2,000만 원 기준을 초과하여, 총 2,050만 원 '전액'이 교수님의 근로소득과 합산됩니다.
K교수 (문제 인지)	"그게 무슨 의미인가?"	[세액 비교] • (전략 A: 수령) 150만 원에 대해 "41.8%(62.7만 원)"의 세금이 부과됩니다. • (전략 B: 회피) 150만 원에 대해 "15.4%(23.1만 원)"의 세금이 부과됩니다. • [결론] 지금 이 배당을 수령하면 약 39.6만 원의 세금을 더 내게 됩니다.
K교수 (해결 요청)	"그럼 어떻게 해야 하는가?"	[환상적인 최적 절세 전략(제안)] • (전략 1: 증여) 배당 기준일(D-10) 이전에 해당 STO의 '절반(75만 원 배당분)'을 배우자(소득 없음)에게 증여하십시오.(증여세 면제 한도 내) • (결과) 교수님 소득 75만 원 + 배우자 소득 75만 원 = 두 사람 모두 2,000만 원 이하. 최종 세율 15.4% 적용. • (전략 2: 매도 후 재매수) 배당 기준일 이전에 STO를 '매도'하여 배당을 회피하고, '배당락일' 이후 더 저렴해진 가격에 재 매수하는 것을 고려하십시오.

3) **결론:** K교수는 AI 세무 전문가의 조언(전략 1) 을 따랐다. 그는 '150만 원'이라는 작은 배당금이 자신의 전체 금융소득(2,050만 원)에 대해 '15.4%'가 아닌 '41.8%'라는 환상적인 세율 폭탄을 터뜨릴 뻔했음을 깨닫는다.

4) **시사점:** AI는 K교수가 '감'으로 처리했을 세무 문제를 '데이터'에 기반하여 사전에 차단함으로써, 약 40만 원의 '합법적 절세'를 환상적으로 성공시킨 것이다. 이는 STO 포트폴리오 운용에 AI 조력자가 필수적임을 증명하는 사례이다.

주제
12

STO 관련 법적 규제 체계와 환경

1

자본시장법 하에서의 STO 투자 규제 체계의 이해와 가상사례

1.1. 자본시장법 속의 STO 투자 규제 체계의 이해

부동산 토큰증권(STO)이라는 '혁신'이 시장에 등장했을 때, 투자자들은 환호와 동시에 '혼돈'에 직면했다. 이 새로운 디지털 자산이 과연 비트코인과 같은 '가상자산(암호화폐)'인가, 아니면 삼성전자 주식과 같은 '증권(Security)'인가? 이 구분이 치명적으로 중요한 이유는, 이 둘을 규율하는 '법의 무게'가 완전히 다르기 때문이다.

가상자산 시장이 법적 보호의 '회색지대(Gray Area)'에 머물러 있는 반면, '증권'은 대한민국에서 가장 강력한 금융 규제법인 '자본시장법(Capital Markets Act)'의 엄격한 통제 하에 놓인다.

정부와 금융당국은 2023년 초, 이 혼돈을 종식시키는 환상적인 '가이드라인'을 제시했다. 그 핵심은 "토큰은 그릇일 뿐, 그 내용물이 증권이면 자본시장법으로 규제한다"는 것이다. 이는 STO를 투기적 대상이 아닌 '제도권 금융 투자'로 공식 인정한 선언이며, 이로써 투자자는 비로소 '법의 보호'라는 가장 강력한 안전장치를 획득하게 되었다.

본 절에서는 이 자본시장법이라는 '방패막'이 STO 투자자를 어떻게 보호하는지, 그 4가지 핵심 규제 체계를 심층적으로 분석한다.

1.1.1. 규제의 핵심 1: '발행(Issuance)'의 투명화 - 공시 의무

전통적인 부동산 펀드나 리츠(REITs)는 투자자 모집 시, 자산의 모든 정보를 담은 '투자설명서(Prospectus)'를 금융당국(금융감독원)에 제출하고 승인 받아야 한다.

STO 역시 자본시장법상 '증권'이므로, 이 의무를 동일하게 따른다. 이는 STO 발행사(증권사, 신탁사 등)가 더 이상 '좋은 건물'이라는 두루뭉술한 홍보 문구 뒤에 숨을 수 없음을 의미한다.

발행사는 반드시 해당 부동산의 ① 감정평가보고서, ② 임차인 구성(Tenant Mix) 및 WALE, ③ NOI 및 Cap Rate 산출 근거, ④ 자금조달구조(LTV) 및 이자 비용, ⑤ 발행사 운용보수 등 모든 핵심 정보를 투명하게 '공시(Disclosure)'해야 한다. 투자자는 비로소 '묻지마 투자'가 아닌, DART(전자공시시스템)에 공개된 객관적 데이터를 기반으로 한 '지적인 투자'가 가능해진 것이다.

1.1.2. 규제의 핵심 2: '유통(Trading)'의 공정성 - 불공정거래 금지

KOSPI 주식 시장에서 내부자 정보로 주식을 매매하거나(내부자거래), 주가를 조작하는(시세조종) 행위가 엄격히 금지되는 것과 같이, STO 역시 자본시장법의 '불공정거래 금지' 조항을 적용 받는다.

만약 '광화문 오피스 STO'의 자산관리자(PM)가 '핵심 임차인인 K-로펌이 3개월 뒤 재계약을 포기할 것'이라는 치명적인 내부 정보를 알게 되었다고 가정해 보자. 그가 이 정보가 공시되기 전 자신의 STO 토큰을 시장에 몰래 매도하여 손실을 회피했다면, 이는 명백한 '내부자거래'로 형사처벌의 대상이 된다.

이는 STO 시장이 '정보의 투명성'과 '거래의 공정성'이라는 두 개의 기둥 위에 세워짐을 보장하는 환상적인 규제이다.

1.1.3. 규제의 핵심 3: '참여자(Players)'의 자격 - 인가 제도

과거 우후죽순 생겨났던 '조각투자 플랫폼'들은 대부분 금융 라이선스 없이 IT 기술만으로 운영되었다. 이는 투자금이 해킹이나 횡령에 노출될 수 있는 치명적인 위험을 안고 있었다.

그러나 정부의 STO 가이드라인은 이 모든 '플레이어'들에게 자본시장법상의 '자격'을 요구한다.

(1) **발행(Issuance)**: 증권사, 신탁사, 자산운용사 등 '금융투자업 인가'를 받은 기관.

(2) **유통(Distribution)**: 증권사, 그리고 새롭게 신설될 '장외거래중개업자(OTC 플랫폼)' 및 '한국거래소(KRX) 디지털 증권시장'.

투자자의 소중한 자산(토큰과 현금)은 이제 검증되지 않은 스타트 업이 아닌, 엄격한 자본 요건과 내부 통제 시스템을 갖춘 '제도권 금융기관'의 금고 안에서 안전하게 관리되는 것이다.

1.1.4. 규제의 핵심 4: '투자자 보호'의 최전선 - 예탁 및 분리

자본시장법은 투자자의 자산을 발행사(혹은 중개사)의 '고유 재산'과 엄격하게 '분리(Segregation)'하여 보관하도록 강제한다. STO의 기초자산(부동산)은 신탁사에, 투자자의 증권(토큰)은 '한국예탁결제원(KSD)'에 등록/관리된다.

이는 만약 STO를 중개한 A증권사가 파산하더라도, 투자자의 STO 토큰(권리)과 기초자산(부동산)은 '파산절연'되어 100% 안전하게 보호됨을 의미한다.

■ '법 밖의 조각투자' vs '자본시장법 STO' 비교

비교 항목	과거 '법 밖의' 조각투자 (P2P/가상자산형)	자본시장법(CMA) 하의 STO (제도권)
법적 성격	모호함(계약, 디지털 코드 등)	증권(Security)
감독 기관	사실상 부재(규제 사각지대)	금융위원회, 금융감독원(엄격한 감독)
정보 공시	의무 아님(플랫폼 자율)	의무(투자설명서 공시, DART)
불공정거래	규제 불명확	엄격히 금지(내부자거래, 시세조종 등)
운용 주체	라이선스 없는 IT 플랫폼	인가받은 금융기관(증권사, 신탁사 등)
자산 보호	투자금/자산이 분리되지 않을 위험	투자자 자산의 '파산절연' (예탁결제원/신탁사)
지적 통찰	'플랫폼'을 신뢰하는 '하이 리스크' 투자	'법'을 신뢰하는 '시스템 리스크' 제거 투자

1.2. 가상 사례: '자본시장법'이라는 방패로 '루비빌딩 스캔들'을 피한 H 씨

1) "연 12%의 환상적인 배당! 강남 불패!"라는 문구로 투자자를 현혹: 2026년, '강남 루비빌딩'이라는 신규 STO 상품이 시장에 등장한다. 발행사인 '(주)루비파트너스'는 "연 12%의 환상적인 배당! 강남 불패!"라는 문구로 투자자를 현혹한다.

- 투자자 A(비지성적 투자자): '연 12%'라는 숫자에 매료되어, 1억 원을 즉시 청약한다. 그는 '루비파트너스'가 단순한 IT 스타트업이

라는 사실을 확인하지 않는다.

- **투자자 H(도시부동산학도, 지성적 투자자):** H 씨 역시 '연 12%'에 혹했지만, 그는 이 STO가 '자본시장법'이라는 규제의 틀 안에 있는지 확인하는 지적 활동을 시작한다.

2) H 씨의 '자본시장법' 기반 검증 체크리스트

검증 단계 (H 씨의 분석)	(주)루비파트너스(발행사)	합법적 STO 발행사(A증권사)
공시 의무 (DART)	• DART에 '루비빌딩' 투자설명서가 검색되지 않는다. • Cap Rate 12%의 산출 근거가 없다.	• DART에 '투자설명서'가 정식 등록되어 있다. • Cap Rate 5%의 근거(NOI, 감정평가서)가 명확하다.
운용 주체 (라이선스)	• 금융위원회 '금융투자업 인가'를 받은 사실이 없다. (H 씨의 판단: 불법 유사수신행위)	• 'A증권사'(인가받은 정식 금융기관)
자산 보호 (예탁)	• 투자금이 '루비파트너스'의 법인 계좌로 입금된다. (H 씨의 판단: 파산절연이 불가능한 구조)	• 투자금은 증권사 특별 계좌, 토큰은 '예탁결제원'에 등록된다.

3) **결론:** H 씨는 '루비빌딩 STO'가 자본시장법의 3대 핵심(공시, 인가, 예탁)을 모두 위반한 '불법 금융상품'임을 즉시 간파하고 투자를 거절한다.

3개월 뒤, '루비빌딩 스캔들'이 터진다. '루비파트너스' 대표가 투자금 500억 원을 횡령하여 해외로 도피했으며, 애초에 '루비빌딩'은 매입한 사실조차 없음이 밝혀진다. 투자자 A는 전 재산을 잃는다.

4) **시사점:** H 씨는 자신의 '연 12%' 수익 기회를 포기한 것이 아니라, '자본시장법'이라는 지식의 방패로 자신의 자산을 완벽하게 지켜낸 것이다. 이는 STO 투자의 첫걸음이 '수익률' 분석이 아닌, '규제 체계'의 이해임을 증명하는 사례이다.

2

STO 투자 한도 규제와 투자자 적합성 판단과 가상사례

2.1. STO 투자 한도 규제와 투자자 적합성 판단

부동산 토큰증권(STO)이라는 '환상적인 혁신'이 '자본시장법'이라는 '제도' 안으로 들어온 것은, 양날의 검을 획득한 것과 같다. 투자자는 '법적 보호'라는 강력한 방패를 얻었지만, 동시에 '규제'라는 통제를 수용해야 한다.

이는 STO가 단순한 '디지털 자산'이 아니라, 투자자의 전 재산과 연결될 수 있는 '위험 상품'임을 국가가 인정한 것이다. 따라서 금융당국은 '묻지마 투자'로 인한 피해를 막고 시장의 건전성을 확보하기 위해, 두 가지 환상적이면서도 강력한 '안전장치'를 설치했다. 그것이 바로 '투자자 적합성 판단'이라는 '지적인 관문'과 '투자 한도'라는 '물리적인 방어벽'이다.

2.1.1. 지적인 관문: '투자자 적합성(Suitability)' 판단

STO는 '부동산'에 기반하지만 그 본질은 '증권'이다. 증권 투자는 원금 손실 가능성을 내포한다. 따라서 자본시장법은 금융투자상품을 판매하는 증권사에게 '투자 권유' 이전에 투자자의 성향을 먼저 파악할 의무(Know-Your-Customer, KYC)를 부여한다.

STO 투자자가 증권사 계좌를 개설하고 특정 STO 상품에 청약하려고 할 때, 반드시 '투자자 성향 분석'이라는 설문을 거치게 된다.

(1) **분석 내용:** 투자자의 재무 상태, 투자 경험, 위험 감수 능력, 투자 목적 등을 다각도로 질문한다.

(2) **결과(투자자 유형)**: 이 설문 결과에 따라 투자자는 '안정형', '안정추구형', '위험중립형', '적극투자형', '공격투자형' 등으로 분류된다.

(3) **환상적인 제동 장치**: 만약 투자자가 '안정형'(원금 손실을 절대 원하지 않음)으로 판명되었는데, 청약하려는 STO가 '성수동 밸류애드'와 같은 '공격투자형(시세 차익형)' 상품이라면, 증권 시스템은 "본 상품은 고객님의 투자 성향에 적합하지 않습니다"라는 경고와 함께 청약을 거부할 수 있다. 이는 투자자를 귀찮게 하는 절차가 아니라, 투자자를 '스스로의 FOMO(Fear Of Missing Out)'로부터 보호하는 가장 지적인 1차 방어벽이다.

2.1.2. 물리적 방어벽: '투자 한도(Cap)'라는 비대칭적 규제

금융당국은 투자자의 '재무적 체력'과 '전문성'에 따라 투자할 수 있는 금액의 상한선을 설정한다. 이는 모든 투자자에게 동일한 자유를 주는 것이 아니라, 위험을 감당할 수 있는 능력만큼의 책임을 부여하는 '비대칭적 규제'이다.

투자자는 크게 '일반투자자'와 '전문투자자'로 나뉜다.

(1) **전문투자자(Professional Investor)**: 금융투자상품 잔고 10억 원 이상(개인), 혹은 변호사/회계사 등 관련 전문 자격 보유자 등, 스스로 위험을 분석하고 감내할 수 있다고 인정받은 투자자이다.

(2) **일반투자자(Retail Investor)**: 전문투자자가 아닌 모든 개인 투자자이다.

이 두 집단이 STO에 투자할 수 있는 한도는 극명한 차이를 보인다.

구분	일반투자자 (General Investor)	전문투자자 (Professional Investor)
투자 자격	별도 요건 없음 (대부분의 개인)	금융위에 등록된 자 (자산/소득/전문성 증빙 필요)
규제의 목적	보호(Protection)	자율(Autonomy)
STO 투자 한도 (예시)	• 동일 발행인: 1,000만 원 ~ 2,000만 원 • 총 투자 한도: 3,000만 원 ~ 5,000만 원	한도 없음(Unlimited)
지적 통찰	'전 재산 몰빵'을 원천적으로 차단한다. 이는 투자자 보호인 동시에, STO 시장이 과열되는 것을 방지하는 거시적 안전장치이다.	자신의 판단과 책임 하에 '무제한' 투자가 가능하다.

2.2. 가상 사례: '1억 원'을 투자하려던 N 씨를 막아선 '두 개의 방어벽'

세계적 브랜드 아만호텔, 제주에 8000억 규모 리조트 조성 https://www.corebeat.co.kr

1) **1억 원 전액을 '몰빵' 투자 결정:** IT학과를 갓 졸업하고 스타트 업에 입사한 N 씨는 첫 성과급으로 1억 원을 받았다. 그녀는 '강남 GBD 프라임 오피스 STO'(A상품, 안정형)와 '제주 애월 럭셔리 리조트 STO'(B상품, 공격형)가 출시된다는 소식을 듣고, 1억 원 전액을 '몰빵' 투자하기로 결심한다.

그녀가 증권사 앱(MTS)을 통해 청약을 시도하는 순간, '자본시장법'이라는 두 개의 환상적인 방어벽이 작동한다.

2) N 씨의 투자 시도와 규제 시스템의 작동

단계	N 씨의 행동(의도)	STO 규제 시스템의 작동(결과)
적합성 판단 (1차 방어벽)	"나는 부자가 되고 싶다! B상품(제주 리조트, 공격형)에 5,000만 원을 청약한다!"	[경고 1] N 씨가 '투자자 성향 분석'을 실시한 결과, '위험중립형'으로 판명된다. [시스템] "고객님의 성향(위험중립형) 대비 본 상품(공격투자형)의 위험 등급이 너무 높습니다. 청약이 제한됩니다."
한도 규제 (2차 방어벽)	"그렇다면 A상품(강남 오피스, 안정형)은 내 성향과 맞으니, 여기에 1억 원 전액을 청약한다!"	[경고 2] N 씨는 '일반투자자'이다. [시스템] "일반투자자의 총 투자 한도(예: 5,000만 원)를 초과하였습니다. 청약 가능 금액은 5,000만 원입니다."
재시도	"알겠다. 그렇다면 A상품 5,000만 원을 청약한다."	[경고 3] [시스템] "일반투자자의 동일 발행인(A증권사) 한도(예: 2,000만 원)를 초과하였습니다. 청약 가능 금액은 2,000만 원입니다."

3) **결론:** N 씨는 결국 '강남 오피스 STO'(A상품)에 2,000만 원만 투자할 수 있었다. 그녀는 처음에는 1억 원을 투자하지 못하게 막은 규제 시스템에 불만을 가졌다.

4) **시사점:** 그러나 그녀는 곧 깨닫게 된다. 이 시스템은 그녀의 투자를 '방해'한 것이 아니라, '설계'해 준 것이다.

- **위험 분산:** 그녀가 자신의 성향보다 과도하게 공격적인 '제주 리조트'에 투자하는 것을 막아주었다.
- **자산 배분:** 그녀가 1억 원 전액을 '단 하나의' 부동산에 몰빵하는 것을 막고, '2,000만 원'이라는 한도를 통해 그녀의 나머지 8,000만 원을 다른 STO나 주식, 채권 등에 분산 투자하도록 강제한 것이다.

결론적으로, STO의 투자 한도 규제는 투자자의 자유를 억압하는 것이 아니라, 투자자가 비이성적인 판단(몰빵)을 하지 않도록 강제적인 '포트폴리오 분산'을 유도하는, 가장 환상적이고 지적인 '보호 장치'인 것이다.

3

STO 공시 의무와 투자자 보호를 위한 규제 장치와 가상사례

3.1. STO 공시 의무와 투자자 보호를 위한 규제 장치

부동산 토큰증권(STO)이 '가상자산(암호화폐)'과 구별되는 가장 환상적이고도 본질적인 차이점은, 그것이 '자본시장법'이라는 강력한 국가 규제 체계 안에 존재한다는 사실이다. 이는 STO 투자가 '법적 회색지대'의 투기가 아니라, 삼성전자 주식 투자와 동일한 '제도권 금융 투자'로 격상되었음을 의미한다.

이 법적 울타리의 핵심 목적은 단 하나, 바로 '투자자 보호(Investor Protection)'이다. 국가는 투자자가 '깜깜이 투자'의 희생양이 되지 않도록, 발행사와 중개사(증권사)에게 두 가지 환상적인 의무를 강제한다. 바로 '정보를 투명하게 공개할 의무(공시)'와 '투자자의 자산을 안전하게 지킬 의무(보호 장치)'이다.

3.1.1. '빛'의 규제: 정보의 비대칭성을 해소하는 공시 의무

과거의 조각투자가 '묻지마 투자'에 가까웠다면, 자본시장법 하의 STO는 '데이터 기반'의 지적인 투자를 가능하게 한다. 이는 발행사가 투자자를 모집하기 위해 반드시 금융당국(금감원)의 심사를 거친 '투자설명서(Prospectus)'를 DART(전자공시시스템) 등을 통해 공개해야 하기 때문이다.

이 투자설명서는 단순한 광고지가 아니다. 이는 법적 구속력을 갖는 '정보의 백서'이며, 만약 여기에 허위 사실을 기재할 경우 발행사는 민형사상의 엄중한 책임을 지게 된다.

투자자는 이 공시 자료를 통해 다음과 같은 환상적인 핵심 정보들을 '투자 전'에 확인할 수 있다.

(1) **자산의 본질:** 부동산의 정확한 주소, 감정평가액, 감정평가기관.

(2) **수익의 근거:** 현재 임차인 구성(Tenant Mix), 임대차 계약 만료일(WALE), 순영업소득(NOI) 산출 근거, 주변 시세 비교.

(3) **위험의 구조:** 자금조달구조(LTV), 선순위 대출 금리(고정/변동), 발행사 운용보수(Fee) 구조.

■ **STO 투자 시 공시 의무를 통한 투자자 보호 장치**

규제 장치	작동 원리(자본시장법)	투자자의 환상적인 권리(보호 효과)
투자설명서 (Prospectus)	• 발행사는 자산의 모든 정보를 투명하게 공시하고 당국의 승인을 받아야 한다. • DART 등을 통해 대중에게 공개된다.	(알 권리) "나는 이 건물의 Cap Rate가 4.5%인 이유와 임차인이 '네이버'임을 알고 투자한다."(허위 공시 시 손해배상 청구 가능)
불공정거래 금지 (Anti-Fraud)	• 주식과 동일하게 내부자거래, 시세조종, 부정거래 행위를 엄격히 금지한다.	(공정한 게임의 룰) "자산운용사 대표가 '대형 공실' 악재를 미리 알고 토큰을 매도하는 것은 불법이며, 처벌 대상이 된다."

3.1.2. '방패'의 규제: 자산의 파산절연 및 안전한 예탁

STO 규제의 가장 환상적인 지점은, 투자자가 '발행사'의 신용이 아닌 '법적 시스템'을 신뢰할 수 있게 설계되었다는 점이다. 이는 '자산의 분리(Segregation)'와 '파산절연(Bankruptcy Remoteness)'이라는 두 가지 메커니즘을 통해 구현된다.

(1) **자산의 신탁(Trust):** STO의 기초자산인 '부동산 실물'은 발행사(증권사)가 소유하는 것이 아니라, 법적으로 독립된 '신탁회사'에 격리된다.

(2) **증권의 예탁(Deposit):** 투자자의 '권리(토큰)'는 발행사가 보관하는 것이 아니라, 중앙예탁기관인 '한국예탁결제원(KSD)'에 등록되고 관리된다.

이 구조는 "만약 STO를 발행한 A증권사가 망하면 내 돈은 어떻게 되는가?"라는 근본적인 공포를 완벽하게 제거한다. 증권사가 파산하더라도, '부동산'은 신탁사에, '나의 권리'는 예탁결제원에 안전하게 보존되기 때문이다.

3.2. 가상 사례: '환상적인 10%'의 유혹과 'DART'라는 방패

1) **두 개의 상반된 상품:** 변호사인 L 씨는 3,000만 원의 시드머니를 투자할 STO를 찾고 있었다. 이때 그녀의 눈에 두 개의 상반된 상품이 들어온다.

청담동에 부는 고급주택 새 바람, '브르넨 청담' https://mbiz.heraldcorp.com

• 상품 A(유사 STO): 블로그와 SNS를 통해 홍보 중인 '(주)골드러시'의 '청담 럭셔리 빌라 토큰'. DART 검색이 안 되며, "묻지도 따지지도 않고 연 10% 확정 수익!"을 광고한다.
• 상품 B(제도권 STO): '미래에셋증권'이 발행한 '광화문 프라임 오피스 STO'. DART에 투자설명서가 공시되어 있으며, '예상 배당수익률 연 5.2%(변동)'를 제시한다.

L 씨는 '연 10%'의 환상적인 유혹에 잠시 흔들렸으나, 전공 지식을 살려 두 상품의 '규제 상태'를 분석하는 지적인 탐험을 시작한다.

2) L 씨의 '상품 A' vs '상품 B' 투자자 보호 수준 비교

분석 항목 (L 씨의 검증)	상품 A (골드러시 토큰)	상품 B (미래에셋 STO)
공시 (DART)	검색 불가 (NOI, LTV, 감정평가액 근거 없음)	검색 완료 (70페이지 분량의 투자설명서 존재, Cap Rate 4.3%, WALE 6.8년 등 상세 정보 확보)
발행 주체	(주)골드러시 (IT 개발사, 금융 인가 없음)	미래에셋증권 (자본시장법상 정식 인가 금융기관)
자산 보관 (파산절연)	투자금이 '골드러시' 법인 계좌로 입금됨. (파산 시 투자금 전액 손실 위험)	기초자산은 '하나자산신탁', 토큰은 '예탁결제원'에 등록됨 (발행사 파산 시에도 100% 안전)
불공정거래 규제	적용 대상 아님 (가상자산? P2P?)	자본시장법 적용 (내부자거래 시 형사 처벌)

3) 결론: L 씨는 '상품 A'가 '연 10%'라는 환상을 제시하지만, 그 실체는 자본시장법의 어떠한 보호도 받지 못하는 '고위험 사모투자'임을 간파한다. 만약 '골드러시'가 파산하거나 횡령한다면 자신의 원금 3,000만 원은 공중 분해될 것이다.
반면, '상품 B'는 비록 '연 5.2%'의 현실적인 수익을 제시하지만, DART 공시를 통해 '정보의 투명성'을 확보했고, '신탁 및 예탁' 구조

를 통해 '시스템적 안정성'을 확보했음을 확인한다.

4) **시사점:** L 씨는 '환상적인 수익률'이라는 유혹 대신, '자본시장법'이라는 환상적인 '규제의 방패'를 선택한다. 그녀는 '상품 B'에 투자함으로써, '발행사'가 아닌 '시스템'을 신뢰하는 가장 지적인 투자자가 된 것이다.

4

해외 주요국의 STO 규제 동향과 국내 시사점 도출과 가상사례

4.1. 해외 주요국의 STO 규제 동향과 국내 시사점 도출

부동산 토큰증권(STO)이라는 '환상적인 혁신'은 전 세계 규제 당국에게 동일한 '지적인 도전'을 안겨주었다. 그것은 바로 "어떻게 하면 이 '디지털 혁신'을 억압하지 않으면서, 동시에 '투자자 보호'라는 증권법의 대원칙을 지켜낼 것인가?"라는 질문이다.

각국 정부는 이 질문에 대해 자국의 금융 철학과 산업 환경에 따라 각기 다른 '제도적 실험'을 감행하고 있다. 이 글로벌 규제 동향을 심층적으로 비교 분석하는 것은, 대한민국 STO 시장의 미래 방향성을 예측하는 가장 확실한 나침반이 될 것이다. 본 장에서는 STO 규제의 3대 글로벌 트렌드(미국, 유럽, 아시아)를 분석하고, 한국이 선택한 '환상적인 제3의 길'을 고찰한다.

4.1.1. 미국(USA): "오래된 법으로 새로운 것을 규율한다"(엄격한 준수 모델)

미국 증권거래위원회(SEC)의 입장은 단호하다. 그들은 STO를 위해 새로운 법을 만들기보다, 1930년대에 확립된 '증권법(Securities Act)'과 '하위 테스트(Howey Test)'라는 강력하고 오래된 잣대를 그대로 적용한다.

(1) **하위 테스트(Howey Test)의 핵심**: 기술의 형태(토큰, 블록체인)와 관계없이, "① 돈을 ② 공동의 사업에 투자하여 ③ 타인의 노력으로 ④ 수익을 기대"한다면, 그 모든 것은 '증권'이라는 것이다.

(2) **철학**: '기술 중립성(Technology Neutrality)' SEC의 관점에서 STO는 '블록체인 기술을 활용한 증권'일 뿐, '새로운 자산'이 아니다. 따라서 STO를 발행(Offering)하려는 자는, 기존의 기업공개(IPO)와 동일한 수준의 엄격한 등록, 공시, 감사 의무를 준수해야 한다.

(3) **시사점**: 이 방식은 투자자 보호 측면에서는 가장 강력하지만, 기술 스타트업에게는 '진입 장벽'으로 작용한다. 혁신보다는 '안정'과 '규제 준수'에 방점이 찍혀 있다.

4.1.2. 유럽(EU) 및 스위스: "새로운 기술엔 새로운 그릇을"(혁신 허용 모델)

유럽, 특히 스위스와 룩셈부르크, 독일 등은 미국과 정반대의 접근법을 취한다. 그들은 블록체인 기술(DLT)의 잠재력을 인정하고, 이 기술이 기존 법체계와 잘 맞물리도록 '새로운 제도'를 설계하는 데 주력했다.

(1) **스위스(Crypto Valley)**: '자산', '유틸리티', '지불' 토큰 등 토큰의 기능별 분류 가이드라인을 세계 최초로 제시했다. STO(자산 토큰)가 증권법의 적용을 받음을 명확히 하면서도, '디지털 증권' 전용 거래소(예: SIX Digital Exchange)의 설립을 허가했다.

(2) **EU(DLT 파일럿 레짐)**: EU는 'DLT 파일럿 레짐(Pilot Regime)'이라는 환상적인 '규제 샌드박스'를 도입했다. 이는 특정 조건 하에서 기존 금융 규제를 '한시적'으로 면제하여, STO를 포함한 DLT 기반 금융 인프라를 '실험'할 수 있도록 허용한 것이다.

(3) **시사점**: '혁신 우선'의 접근법이다. 기술의 발전을 먼저 허용한 뒤, 그에 맞춰 규제를 유연하게 적용함으로써 글로벌 디지털 자산 시장을 선점하려는 전략이다.

4.1.3. 아시아(싱가포르, 일본): "명확함이 곧 경쟁력"(실용적 허브 모델)

싱가포르 통화청(MAS)과 일본 금융청(FSA)은 '속도'와 '명확성'을 무기로 삼았다. 이들은 STO를 '산업'으로 규정하고, 글로벌 핀테크 허브가 되기 위한 수단으로 활용한다.

(1) **철학**: 규제 당국이 '무엇이 합법이고 무엇이 불법인지'를 가장 빠르게 명확히 구분해 주어야, 관련 기업들이 안심하고 투자할 수 있다는 실용주의적 관점이다.

(2) **시사점**: 미국처럼 '엄격'하지도, 유럽처럼 '실험적'이지도 않지만, '가장 명확한' 가이드라인을 제공함으로써 STO 발행사와 투자자 모두에게 '예측 가능성'이라는 환상적인 신뢰를 주었다.

4.1.4. 해외 주요국의 STO 규제 동향 비교

구분	미국(SEC)	유럽(EU/스위스)	아시아(싱가포르/일본)
규제 철학	엄격한 준수 (Compliance) • 모든 STO는 증권이다	혁신 허용(Innovation) • 새로운 기술을 위한 제도를 실험한다	실용적 허브 (Pragmatic Hub) • 명확한 규제로 산업을 육성한다

핵심 법규/제도	기존 증권법(1933/1934년 법), Howey Test	DLT 파일럿 레짐(EU), 핀테크 라이선스(스위스)	명확한 STO 가이드라인, 자금결제법/금융상품거래법 개정
특징	• 투자자 보호 '최상' • 기술 혁신 속도 '느림'	• 기술 혁신 속도 '빠름' • 규제 샌드박스 활발	• 규제의 '명확성'과 '신속성' 강조 • 글로벌 핀테크 허브 지향

4.2. 한국의 선택: "안정"과 "혁신"의 하이브리드(Hybrid)

대한민국 금융당국은 이 글로벌 규제 동향을 면밀히 분석한 후, 가장 환상적이면서도 한국적인 '제3의 길'을 선택했다. 이는 미국의 '안정성'과 유럽/싱가포르의 '유연성'을 결합한 '하이브리드(Hybrid) 모델'이다.

(1) **미국 모델의 수용**(안정성): STO의 법적 본질을 '증권'으로 명확히 규정하고, '자본시장법'의 엄격한 규제 틀 안으로 완전히 편입시켰다.(투자자 보호 강화)

(2) **유럽/아시아 모델의 수용**(혁신): 기존의 중앙집권적 예탁결제원(KSD) 방식 외에, '분산원장기술(DLT)' 자체를 증권의 공식적인 '계좌관리기관'으로 인정했다. 또한, '장외거래중개업'이라는 새로운 라이선스를 신설하여 STO 전용 유통 플랫폼의 탄생을 예고했다.

결론적으로 한국은 '자본시장법'이라는 견고한 '방패'를 든 채로, '블록체인'이라는 혁신적인 '검'을 휘두를 수 있는 제도적 기반을 마련한 것이다.

4.3. 가상 사례: '서울 스카이 팰리스 STO'의 글로벌 로드쇼

1) 'K-Asset'은 어느 국가의 규제 하에 STO를 발행할지 저울질한다:
2026년, 대한민국의 한 대형 자산운용사 'K-Asset'은 여의도에 신축될 100층 랜드마크 빌딩 '서울 스카이 팰리스'(가치 3조 원)의 개발

여의도 랜드마크 겨룬다 https://www.joongang.co.kr

자금을 STO로 조달하는 환상적인 계획을 세운다. 'K-Asset'은 어느 국가의 규제 하에 STO를 발행할지 저울질한다.

(1) **옵션 1:** 미국(SEC 등록) 가장 큰 자본 시장(미국)에 접근할 수 있다. 그러나 SEC의 엄격한 등록 절차는 최소 2년 이상 소요되며, 막대한 법률 비용이 발생한다. 개발 일정에 치명적이다.

(2) **옵션 2:** 스위스(FINMA 인가) 혁신적인 DLT 기반 증권으로 즉각 발행이 가능하다. 그러나 글로벌 연기금 등 '보수적인' 기관투자자들은 스위스 규제(Sandbox)를 '실험적'이라 판단하여 투자를 주저할 수 있다.

(3) **옵션 3:** 한국(금융위 가이드라인) 'K-Asset'은 새로운 한국의 '하이브리드' 모델을 선택한다.

- **안정성:** '자본시장법'에 따른 정식 '투자설명서'를 공시한다. 이는 글로벌 기관투자자들에게 "이 STO는 미국 SEC 등록증권만큼이나 강력한 법적 보호를 받는다"라는 환상적인 '신뢰'를 준다.

• **혁신성:** 동시에 이 STO는 '블록체인' 기반으로 발행되어, 24시간 실시간 배당 및 권리 이전이 가능하다는 '기술적 우위'를 홍보한다.

2) **결론 및 시사점:** 'K-Asset'은 '서울 스카이 팰리스 STO'를 한국 KRX 디지털 증권시장에 성공적으로 상장시킨다. 뉴욕의 연기금은 "자본시장법의 보호"라는 안정성을 보고, 스위스의 크립토 펀드는 "블록체인 기반의 효율성"이라는 혁신성을 보고 동시에 투자에 참여한다. 이는 한국의 규제 모델이 '안정'과 '혁신'이라는 두 마리 토끼를 모두 잡음으로써, STO 발행사와 글로벌 투자자 모두를 만족시키는 ' 최적의 균형점'을 찾아냈음을 증명하는 사례가 될 것이다.

참고문헌

해외 참고문헌

제1부: 새로운 투자의 문, 부동산 STO

주제1: 부동산 투자의 패러다임 전환, 조각투자(STO)란 무엇인가?

1. Chow, D., & Tan, W. (2021). Real estate insights: is tokenization of real estate ready for lift off in APAC? Journal of Property Investment & Finance.
2. Felin, F., & K, V. (2024). Real estate tokenization as an alternative investment solution. ResearchGate. (Working Paper).
3. Konashevych, O. (2020). General concept of real estate tokenization. In International Conference on Dependable Systems, Services and Technologies (DESSERT).
4. Tanveer, M., et al. (2025). Tokenization and the future of property investment: a new paradigm for real estate. International Journal of Strategic Property Management.
5. Wouda, H. P., & Opdenakker, R. (2019). Blockchain and real estate: The transformation of the property sector. Property Management.

주제 2: 왜 지금 STO에 주목해야 하는가? 시장의 기회와 잠재력

6. Baum, A. (2020). Real estate investment: A strategic approach (3rd ed.). Routledge.
7. El Jaouhari, S., et al. (2024). Blockchain-Powered Real Estate: Enhancing Transparency and Efficiency. International Journal for Research in Applied Science and Engineering Technology.

8. S. O., & A. A. (2025). THE FUTURE OF REAL ESTATE TOKENIZATION: OPPORTUNITIES AND CHALLENGES. ResearchGate. (Working Paper).

9. Shadab, H. B. (2019). Regulating Bitcoin and Block Chain Derivatives. Stanford Journal of Law, Business & Finance.

10. Sopa, A., et al. (2025). Decentralizing Real Estate Markets: Evaluating REITs and Blockchain Tokenization Approaches. Journal of Economics, Finance and Accounting Studies.

11. Zhang, Y., et al. (2024). Tokenization: The process of converting ownership rights or shares of a real estate asset into digital tokens. International Journal of Strategic Property Management.

주제3: STO(토큰증권발행)의 기술적 메커니즘과 위 변조 불가능 원리

12. Cocco, L., Pinna, A., & Marchesi, M. (2019). A systematic literature review on the use of blockchain in real estate. In International Conference on Smart Technology.

13. Latifi, S., et al. (2019). Blockchain-based platform for real estate and property management. In IEEE International Conference on Informatics, IoT, and Enabling Technologies.

14. Narayanan, A., et al. (2016). Bitcoin and Cryptocurrency Technologies: A Comprehensive Introduction. Princeton University Press.

15. Varma, A. (2019). Blockchain based Real Estate using Smart Contracts. International Journal of Engineering and Management Research.

16. Walch, A. (2019). Deconstructing 'Decentralization': Exploring the Core Claim of Crypto Systems. C. Cal. L. Rev.

17. Yapa, A., et al. (2018). Blockchain for real estate: A conceptual analysis. In International Conference on Business and Information.

제2부: 성공적인 투자를 위한 실전 가이드

주제4~주제6 (플랫폼 선택, 계좌 개설, 기초자산 가치분석)

18. Dijkstra, M. (2017). Blockchain: saving billions in transaction costs in real estate. Nyenrode Business Universiteit. (Working Paper).
19. Kamble, A., et al. (2019). Adoption of blockchain technology in real estate: A study of stakeholders' perspectives. Journal of Real Estate Literature.
20. Lee, S. H. (2024). A Case Study on Multi-Real-Option-Integrated STO-PF Models for Strengthening Capital Structures in Real Estate Development. Buildings.
21. Rogers, D., & Dutta, P. (2020). Real estate tokenization: A blockchain-based solution for diversified portfolios. In IEEE International Conference on Technology Management, Operations and Decisions.
22. Sinclair, R., et al. (2022). Examining the Acceptance of Blockchain by Real Estate Buyers and Sellers. Sustainability (MDPI).
23. Zhang, L., & Wang, H. (2022). Risks associated with smart contracts in real estate transactions. Journal of Legal Affairs and Dispute Resolution in Engineering and Construction.

주제7~주제8 (수익률 분석 및 매매 타이밍)

24. Byrne, P., & Lee, S. (2003). Diversification in real estate portfolios. Journal of Real Estate Portfolio Management.
25. Case, K. E., & Shiller, R. J. (2003). Is There a Bubble in the Housing Market? Brookings Papers on Economic Activity.
26. Hoesli, M., & Oikarinen, E. (2012). Are REITs a Good Hedge Against Inflation? Journal of Real Estate Portfolio Management.
27. Markowitz, H. (1952). Portfolio Selection. The Journal of Finance.
28. Wilson, P., & Zurbruegg, R. (2009). Real estate as a portfolio risk diversifier: 1978–2012. Journal of Property Investment & Finance.

제3부: 투자 전략 및 리스크 관리와 세금 전략

주제 9~주제 10 (투자 스타일 및 포트폴리오 분산)

29. Fuerst, F. (2020). Diversification Potential in Real Estate Portfolios. University of Cambridge. (Working Paper).
30. Ibbotson, R. G., & Siegel, L. B. (1984). Real Estate Returns: A Comparison with Other Investments. Real Estate Economics.
31. Obeid, H. (2023). Articles on the impact of diversification on real estate firms. Aalto University Research Portal.

주제 11~주제 12 (세금 및 법적 규제)

32. CST Tax Advisors. (2022). Taxation Issues for Security Token Offerings. CST Tax Advisors (White Paper).
33. World Bank Group. (2024). Security Token Offerings: A Primer on Regulatory Approaches in Six Economies. World Bank Documents.

국내 참고문헌

제1부: 새로운 투자의 문, 부동산 STO

주제1: 부동산 투자의 패러다임 전환, 조각투자(STO)란 무엇인가?

1. 김영수. (2024). 부동산 조각투자의 개념과 STO의 등장 배경에 관한 연구. 부동산학연구.
2. 이지은. (2023). 부동산 집합투자의 유형 분석: 플랫폼과 커뮤니티 기반 투자를 중심으로. 금융공학연구.
3. 금융위원회. (2023). 토큰 증권(Security Token) 발행·유통 규율체계 정비방안. 금융위원회 보도자료.
4. 박진호. (2024). 자산 디지털화와 증권형 토큰(Security Token)의 법적 고찰. 상사법연구.
5. 최현미. (2023). 블록체인 기술이 부동산 시장 투명성에 미치는 영향 분석. 디지털융합연구.

6. 정동영. (2025). 부동산 조각투자가 개인 자산 포트폴리오 다변화에 미치는 영향. 재무관리연구.

주제 2: 왜 지금 STO에 주목해야 하는가? 시장의 기회와 잠재력

7. 이석훈. (2024). 소액 투자를 통한 부동산 소유의 대중화 현상 분석. 소비자학 연구.
8. PwC. (2023). 조각투자의 이해와 STO(토큰증권 발행) 시장 전망. PwC Insights.
9. 김지현. (2023). MZ세대의 새로운 투자 트렌드로서의 조각투자 인식 연구. 경영전략연구.
10. 박상규. (2024). 인플레이션 헤지(Hedge) 수단으로서 부동산 STO의 유효성 검증. 금융연구.
11. 황세운. (2023). 국내 증권토큰발행(STO) 현황 및 시사점. 자본시장연구원.
12. 키움증권 리서치센터. (2023). [#STO] 번외) 조각투자 살펴보기: 부동산(1). 키움증권.
13. 최승필. (2024). 부동산 STO와 리츠(REITs)의 구조적 차이점 및 투자 매력도 비교. 부동산금융연구.

주제3: STO(토큰증권발행)의 기술적 메커니즘과 위 변조 불가능 원리

14. 안유화. (2023). 블록체인 기반 증권형 토큰 발행(STO)의 기술적 원리와 구현. 정보통신학회논문지.
15. 이경호. (2024). 스마트 컨트랙트를 활용한 부동산 수익 자동 분배 시스템 설계. 스마트미디어저널.
16. 박철우. (2023). STO 생애주기(발행, 유통, 소각) 관리 방안 연구. 한국블록체인학회 논문지.
17. 김형중. (2023). 분산원장기술(DLT)의 합의 알고리즘과 거래 신뢰도 확보 메커니즘. 정보보호학회논문지.
18. 장항배. (2024). 해시함수와 암호학적 기법을 활용한 토큰 소유권 증명 및 위·변조 방지 원리. 사이버커뮤니케이션학보.
19. 유재수. (2023). 디지털 자산 지갑의 유형별 보안 취약성 및 안전한 토큰 보관 전략. 정보보안연구.

제2부: 성공적인 투자를 위한 실전 가이드

주제4: 옥석 가리기: 우량 STO 플랫폼 선택 전략

20. 금융감독원. (2024). 조각투자 사업자 관련 혁신금융서비스 지정 현황 및 투자자 유의사항. 금융감독원 보도자료.
21. 이수정. (2024). STO 플랫폼 수수료 구조가 투자자 실질 수익률에 미치는 영향 분석. 금융소비자연구.
22. 박현주. (2023). 부동산 STO 기초자산 실사(Due Diligence)의 주요 항목과 정보 비대칭 문제. 감정평가연구.
23. 김태경. (2024). 투자 플랫폼의 사용자 인터페이스(UI) 및 경험(UX)이 투자 결정에 미치는 영향. 인터넷전자상거래연구.
24. 정지웅. (2025). STO 2차 시장의 유동성 지표 분석과 투자자 보호 방안. 증권법연구.

주제 5: 투자의 첫걸음: 계좌 개설부터 토큰 매수까지

25. 한국예탁결제원. (2024). 토큰증권 발행·유통 플랫폼 구축 방안 및 계좌 관리. 한국예탁결제원.
26. 강민수. (2024). 비대면 실명 확인(KYC) 및 자금세탁방지(AML) 인증 절차의 법적 요건. IT금융융합연구.
27. 조용원. (2023). STO 공모(청약) 방식과 2차 시장 거래 방식의 효율성 비교. 재무연구.
28. 신승용. (2024). 토큰 거래의 주문 유형(지정가, 시장가)과 시장 미시구조. 선물연구.
29. 오정석. (2025). 소액 분산 투자를 통한 부동산 STO 포트폴리오 구성 실습 사례 연구. 경영교육연구.

주제 6: 실패하지 않는 투자: 기초자산 가치분석

30. 김경민. (2023). 상업용 부동산 입지 분석의 핵심 요소와 빅데이터 활용. 부동산분석.
31. 노승한. (2024). 부동산 STO 임대수익률(Cap Rate) 산정의 적정성 검증 방안. 회계저널.

32. 강정수. (2023). 감정평가보고서 및 신탁 계약서의 핵심 독해와 투자자 유의 사항. 감정평가 실무연구.
33. 유선종. (2024). 상업용 건물의 공실률 및 임차인 구성(Tenant Mix)이 자산 가치에 미치는 영향. 부동산경영.
34. 이현석. (2025). 부동산 STO 자금조달구조(LTV)와 발행사 신용도 평가 모델 연구. 리스크관리연구.

주제 7: 수익률 분석과 성과 평가

35. 고성수. (2024). 부동산 조각투자 수익률 분해: 임대수익과 자본이득의 기여도 측정. 주거환경.
36. 신한투자증권. (2024). STO 시장과 전통 자산 수익률 비교 벤치마크 설정 연구. 신한투자증권 리서치보고서.
37. 김솔. (2025). 부동산 STO 세후 수익률 계산 및 위험조정성과지표(Sharpe Ratio) 적용. 세무와 회계.
38. 최철. (2024). 전통적 부동산 간접투자(REITs, 펀드) 대비 STO의 수익성 비교 실증 분석. 투자논총.
39. 박영진. (2025). STO 포트폴리오의 기간별 수익률 변동성 측정과 VaR 분석. 파생상품연구.

주제 8: 수익률 극대화: 매수와 매도 타이밍 포착법

40. 이창무. (2023). 부동산 경기 변동 사이클과 금리 정책이 상업용 부동산 가격에 미치는 영향. 국토연구.
41. 하나금융경영연구소. (2024). 주변 실거래가 및 임대료 시세 변동을 활용한 STO 자산 가치 재평가. 하나금융경영연구소.
42. 윤정호. (2024). 배당 수익과 자본 차익 실현의 최적 균형점에 관한 연구. 재무설계연구.
43. 장희순. (2025). 부동산 STO 자산 매각(청산) 시점의 리스크 시뮬레이션과 의사결정. 부동산연구.

제3부: 투자 전략 및 리스크 관리와 세금 전략

주제 9: 나만의 투자 스타일 구축하기

44. 류강민. (2024). 안정적 배당 수익 추구형 STO: 도심 핵심 오피스 자산 분석. 부동산포커스.

45. 조주현. (2023). 개발 지역 연계형 STO의 시세 차익 잠재력과 위험 요인 분석. 도시행정학보.

46. 김우진. (2024). STO 2차 시장의 가격 변동성을 활용한 단기 트레이딩 전략 연구. 금융공학연구.

47. 이국철. (2025). ESG 연계 부동산 STO 및 사회적 가치 투자(SVI) 방안. 지속가능경영연구.

48. 강창희. (2024). 투자자 성향별 맞춤형 STO 포트폴리오 설계 방안. 금융소비자연구.

주제 10: 부동산 STO포트폴리오 분산 투자

49. 정성진. (2024). 자산 유형별(오피스, 리테일, 물류) 부동산 STO 분산투자 효과. 물류학회지.

50. 김준형. (2023). 지역별 분산 투자를 통한 부동산 포트폴리오 리스크 완화 전략. 지역연구.

51. 이현수. (2024). 단일 임차인과 다수 임차인 자산 STO의 장단점 비교 및 분산 효과. 부동산경영.

52. 민성훈. (2025). STO 만기 구조별(단기, 중기, 장기) 포트폴리오 구성과 유동성 관리. 재무위험관리.

53. 우리금융경영연구소. (2024). 주요 자산군과 부동산 STO의 상관관계 분석을 통한 자산 배분 전략. 우리금융경영연구소.

54. 김재영. (2023). 포트폴리오 이론에 기반한 부동산 조각투자 자산 배분. 재무관리연구.

주제 11: 반드시 알아야 할 STO 관련 세금 상식

55. 김갑순. (2024). 부동산 STO 배당소득의 과세체계와 원천징수 실무. 세무학연구.

56. 안경봉. (2023). 토큰 증권 매매 차익과 금융투자소득세 도입에 관한 법적 쟁점. 조세법연구.
57. 황남석. (2024). STO의 증여 및 상속 시 가치 평가 방법론과 과세 문제. 조세와 법.
58. 오문성. (2025). 해외 부동산 기반 STO 투자 시 환율 변동 리스크와 해외 납부 세액 공제. 국제조세연구.
59. 박훈. (2024). 조각투자 관련 합법적 절세 전략과 세무 전문가의 역할. 세무회계연구.
60. 이중교. (2023). 디지털 자산 과세의 현황과 STO 관련 세법 개정 방향. 세법학연구.
61. 홍기용. (2024). 금융투자소득세 도입이 STO 시장에 미치는 영향 시뮬레이션. 조세정책연구.

주제 12: 반드시 알아야 할 STO 관련 세금 상식

62. 한국법제연구원. (2023). 조각투자 관련 규제 개선방안 연구. 한국법제연구원.
63. 고동원. (2023). 자본시장법상 토큰증권 규율체계의 이해와 법적 쟁점. 증권법연구.
64. 이정수. (2024). STO 투자 한도 규제와 투자자 적합성 원칙의 적용. 금융법연구.
65. 천창민. (2023). 토큰증권 공시 의무와 투자자 보호를 위한 제도적 장치. 상사판례연구.
66. 자본시장연구원. (2024). 토큰증권 발행·유통 제도 구축에 있어서의 주요 이슈 및 발전 방안. 자본시장연구원.
67. 김홍기. (2023). 해외 주요국(미국, EU, 일본)의 STO 규제 동향과 국내 시사점. 국제법무.
68. 임재연. (2023). 토큰증권 가이드라인의 주요 내용과 향후 입법 과제. 기업법연구.
69. 강현정. (2024). 분산원장기술과 전자증권법의 충돌 및 조화 방안. 법학논총.

【저자 약력】

원제무

저자는 한양대 공대, 서울대 환경대학원, 미국 UCLA도시건축대학원을 졸업하고, MIT도시대학원에서 도시계획 및 교통계획 박사학위를 받았다.
저자는 귀국 후 KAIST 도시교통연구본부장, 서울연구원 선임연구위원, 서울시립대 도시공학과 교수 등을 거쳐 국토도시계획학회장과 한양대 도시대학원장을 역임했다.
현재는 한양대 도시대학원 명예교수로 재직하면서 연구와 강의를 해오고 있다.

조각투자(STO)로 건물주 되는 법

초판 인쇄 2025년 12월 5일
초판 발행 2025년 12월 10일

지은이 원제무
펴낸이 박노일

총괄기획 최준규
편 집 이상민

펴낸곳 pnc publishing and culture 피앤씨미디어
경기도 고양시 일산동구 강송로 153, 310-1501
등록 제396-2012-000203호
전 화 070)7550-3758 팩 스 02)6280-3758
홈페이지 www.pncmedia.co.kr 이메일 pnc@pncmedia.co.kr
ISBN 979-11-7401-067-4 93500

정 가 20,000원